布林线指标入门与实战精解

每位股民都学得会的指标分析入门书

为中国股民量身定做，即学即会的布林线指标实战操作技巧

刘振清◎著

中国宇航出版社

·北京·

图书在版编目(CIP)数据

布林线指标入门与实战精解 / 刘振清著. -- 北京 :
中国宇航出版社，2016.5（2025.1重印）

ISBN 978-7-5159-1100-7

Ⅰ. ①布… Ⅱ. ①刘… Ⅲ. ①股票投资－基本知识
Ⅳ. ①F830.91

中国版本图书馆 CIP 数据核字（2016）第071057号

责任编辑 田芳卿
责任校对 卢 珊 装帧设计 宇星文化

出版 发行 中国宇航出版社
社 址 北京市阜成路8号 邮 编 100830
(010)60286808 (010)68768548
网 址 www.caphbook.com
经 销 新华书店
发行部 (010)60286888 (010)68371900
(010)60286887 (010)60286804(传真)
零售店 读者服务部
(010)68371105
承 印 三河市君旺印务有限公司
版 次 2016年5月第1版 2025年1月第16次印刷
规 格 787×960 开 本 1/16
印 张 14 字 数 212千字
书 号 ISBN 978-7-5159-1100-7
定 价 35.00元

用布林线实现“相对完美”的交易

（代序）

最低点买入，最高点卖出，是所有股票投资者的梦想。正因为如此，很多投资者都努力寻找最佳的分析工具，设计最优化的交易策略。不过，梦想若不具备可实现性，也就只能是梦想，永远无法成为现实。

布林线的发明者约翰·布林格认为：各类市场间都是互动的，相互关联的，而且市场内和市场间的各种变化都是相对的，绝对的变化是不存在的。基于这样一种观念，布林线的设计初衷是追求“相对完美”，它的目标不是帮助投资者找到最低的买入点和最高的卖出点，实现最完美的交易，而是以布林通道为框架，将股价K线纳入其中进行分析，根据股价与布林通道的位置关系，帮助投资者判断股价的相对高低，从而实现一种能够接受的相对完美的交易。

即使利用布林线寻找股价的相对高点和低点，也不是一件容易的事。不过，若能以布林线指标为核心构建一套完整的交易系统，结合其他技术分析工具进行研判，那么，这件不太容易的事也许就真的可以实现了。

概括起来说，要想实现“相对完美”的交易，至少需要做到以下三点。

第一，正确理解布林线发出的交易信号。与其他技术指标不同，布林线发出的很多信号都不是绝对性的买入或卖出信号，而是相对的股价高低信号。因此，本书在介绍布林线实战应用方法时，着重讲解了布林线与成交量、其他技术指标的组合用法。

第二，建立一套符合个人特点的布林线交易系统。每个投资者都有自己的性格、爱好，这些个性化的特征必将作用于交易实战。当然，个性化的特点本身并无好坏优劣之分，关键是投资者要善加引导和利用，尽可能扬长避短，这样方可在交易中游刃有余。本书最后介绍了基于布林线指标设计的交易系统，投资者可以根据个人特点加以改进和完善，使之成为自己征战股市的“独门利器”。

第三，善于将布林线与其他技术指标组合应用。布林线是一种技术分析工具，同时也是一种技术分析框架。在这个框架内部，投资者还可以综合利用其他技术分析工具和方法，以确保自己的分析结论更加准确。

当然，作为一名投资者，能够熟练应用布林线指标并做到以上三点还远远不够。在股市中交易，还需要练就更加严格的纪律执行力、更成熟的心态和更敏锐的洞察力。这些东西任何一本书都无法直接传授给大家，而是需要通过不断的交易来积累和沉淀。

投资路上注定充满荆棘与坎坷，本书愿与你一路同行。

目 录 CONTENTS

第一章

布林线（BOLL）指标为何有用

股票技术分析领域，最核心的分析要素就是价格（价）、成交量（量）、时间（时）、空间（空）等四个方面。布林线最核心的效用，恰恰与其完全吻合。从某种意义上说，布林线是一种比较理想的技术分析工具。

第一节　布林线的核心效用

布林线又称布林带，英文简称为BOLL，是由约翰·布林格（John Bollinger）先生发明，并以其名字命名的。该指标根据统计学中的标准差原理求出股价的信道区间，从而划定股价的波动范围并预测未来可能的走势，同时利用波带显示股价安全的高低价位。如图1-1所示。

布林线由三条曲线组成，分别是上轨线、中轨线和下轨线。上轨线和下轨线之间的区域构成了布林线指标的价格通道，即布林通道，中轨线为股价

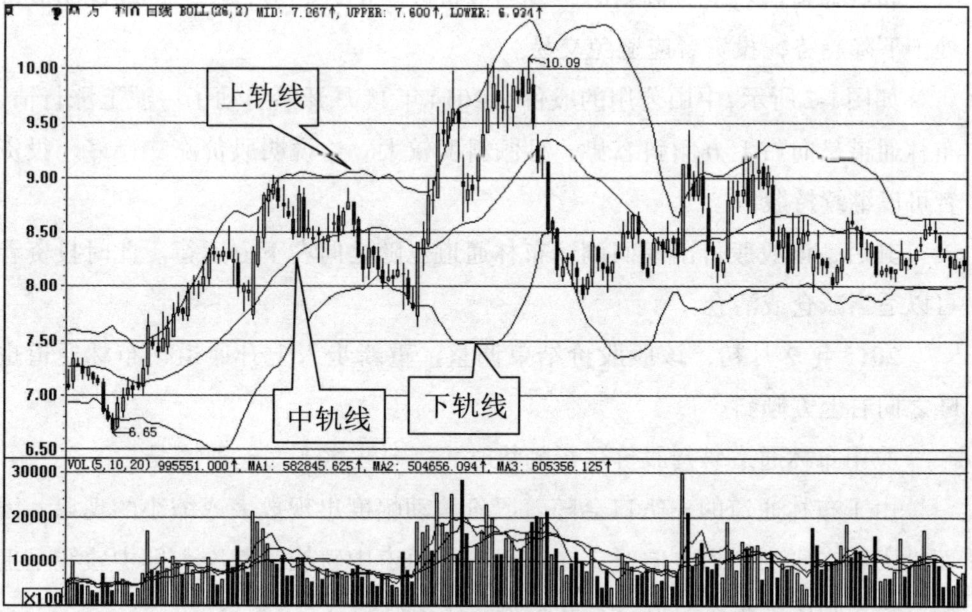

图1-1 布林线指标图示

波动的中轴线。

通常情况下，投资者在炒股软件（例如同花顺软件）中输入“BOLL”时，系统会默认在副图显示区给出该技术指标的走势图。若想将布林线或其他技术指标调入主图，可以在主图显示区右击鼠标，在弹出的菜单中找到“常用指标”，在下一级菜单中选中“BOLL”即可。

一、运行趋势判断

判断股价运行趋势，是布林线最基本、最重要的功能。布林线判断股价运行趋势的方法主要包括两种。

1. 布林通道指引股价运行趋势

在大多数炒股软件中，布林通道都是以20日均线为基础构建的。也就是说，布林线指标的中轨线是一条20日均线，上轨线和下轨线则是在20日均线基础上加减2个标准差形成的。因此，布林通道的走势在某种程度上与20日均线的走势存在一定的相似性。

布林通道向右上方倾斜时，说明股价处于上升趋势；反之，则说明股价处于下降趋势，投资者应避免交易。

如图1-2所示，中山公用的股价在2014年11月开始启动了一波上涨行情，布林通道呈向右上方倾斜态势，且倾斜度较大。这说明股价涨势良好，投资者可以继续持股。

其后，该股股价出现回调，布林通道也随之向右下方运行。此时投资者可以适当减仓或清仓。

2015年2月初，该股股价结束调整，重新步入上升通道，布林通道也随之向右上方倾斜。

应用布林通道研判股价运行趋势时，需要注意下面这种情况。

由于布林通道的喇叭口会随着股价波动幅度出现放大或缩小的现象，因而投资者在研判通道方向时，应该以布林通道中轨线为基准。即中轨线呈上升态势，则认定布林通道呈上升态势；反之亦然。

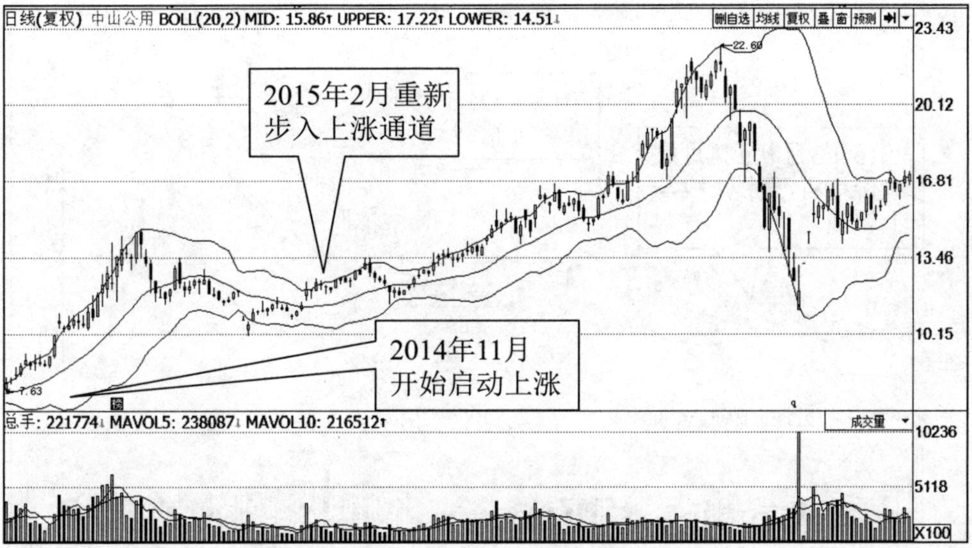

图 1-2 中山公用（000685）布林线指标走势图

2. 股价与轨道线的位置关系判断股价运行趋势

由于布林线指标中轨线是一条 20 日均线，因而当股价运行于中轨线和上轨线之间时，说明股价呈上升态势。若股价沿上轨线运行，则说明股价非常强势。

当股价运行于中轨线和下轨线之间时，说明股价呈下降态势。若股价沿下轨线运行，则说明股价表现非常弱势。

如图 1-3 所示，宏达新材的股价在 2015 年 3 月开始启动了一波上涨行情，其后股价一直在布林线指标的中轨线和上轨线之间运行。这说明股价上涨趋势良好，投资者可以耐心持股。

其后，该股股价出现回调。2015 年 5 月中旬，该股重新启动上涨，此时股价一直沿着布林线指标上轨线运行，说明股价涨势很迅猛。

股价启动上涨初期阶段，投资者可以追涨买入。不过，当股价上涨一段时间后，肯定会出现盛极而衰的情况，投资者应该谨慎对待。

二、股价走势预测

股价走势预测，也是布林线指标最核心的功能之一。布林线指标从股价

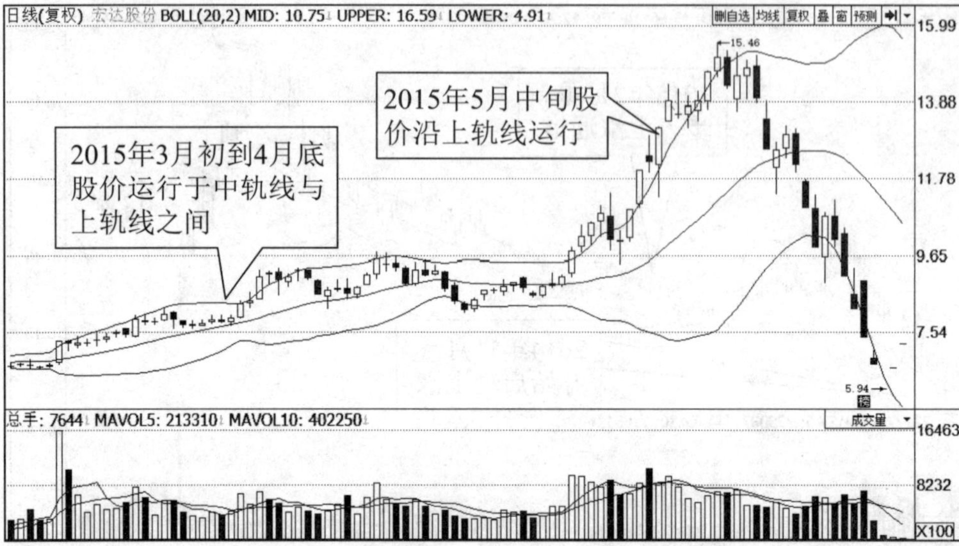

图 1-3 宏达新材（600331）布林线指标走势图

震荡的角度入手，将股价基本走势划分为盘整和突破。也就是说，布林线指标认为，股价走势从本质上来说就是一次又一次的盘整和突破。布林线指标能够告诉投资者股价即将出现盘整或突破，至于具体的突破方向，还需要根据其他指标或股价的具体走势形态，结合布林线指标进行综合研判。

如图 1-4 所示，盘江股份的股价在 2014 年 7 月结束下跌走势，出现上涨态势。此时布林通道逐渐由窄变宽，这说明股价波动范围逐渐增大。鉴于股价已经显现出上涨态势，因而可以判断未来股价上涨的可能性很高。

进入 2014 年 9 月，股价上涨势头减弱，布林通道开始逐渐收缩。这说明股价将进入盘整区间，投资者可以选择部分减仓或清仓。

2014 年 11 月，该股股价再度启动上攻，布林通道也迅速放大。这说明股价波动幅度将再次扩大，股价上涨可期。

三、辅助设计交易系统

布林线指标可以根据投资者的偏好设定不同的时间框架，而且针对不同的时间框架，能给出不一样的交易参考信号。这对设计交易系统的投资者来

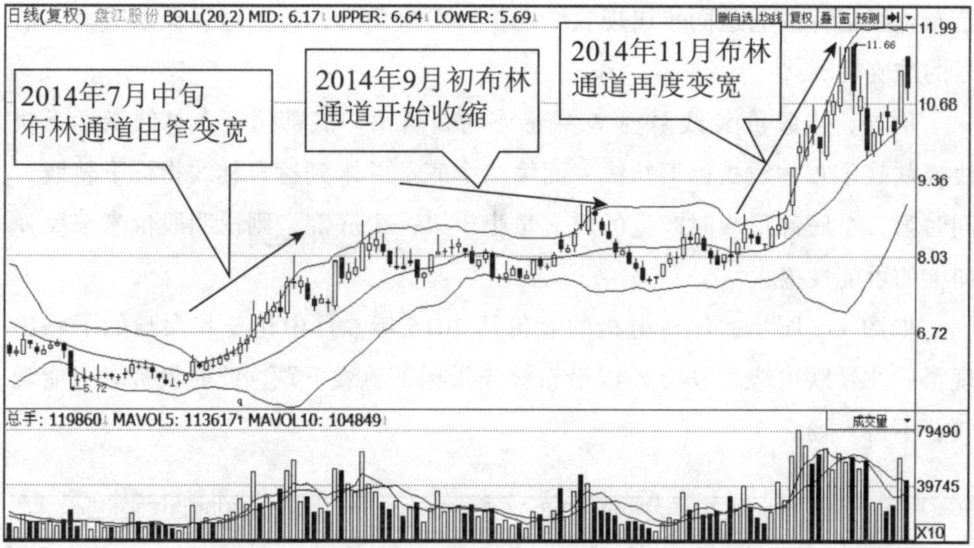

图 1-4 盘江股份（600395）布林线指标走势图

说，是个非常好的辅助和补充。

布林线指标提供的时间框架主要包括长线、中线和短线三种框架。

投资者可以综合利用三种时间框架的特点，设计适合自己的交易系统。布林线指标的发明人布林格，曾经建议投资者这样操作：利用长线时间框架规划资金，分析整个宏观经济形势；利用中线时间框架选择股票；利用短线时间框架寻找买卖时间和点位。

四、佐证买卖点

布林线指标与其他技术分析指标不同，它不会直接给出买入或卖出信号。也就是说，布林线指标只会通过自身指标线的变化，告诉投资者未来上升的可能性更大还是下跌的可能性更大，抑或是未来股价将开启剧烈波动行情或小幅波动的盘整行情。不过将布林线指标与其他技术指标综合起来分析，不但可以更加准确地识别买卖点信号，而且还能预测股价大致的上涨或下跌幅度。

1. 与 K 线结合研判买卖信号

股价 K 线在运行过程中出现典型的底部形态、顶部形态或反转形态时，若布林线指标的通道同步出现收缩、扩大等迹象时，可以增强买入或卖出信号的准确性。

例如，当股价 K 线呈现 W 底形态时，若第一底部位于布林线指标下轨线或跌破了布林线指标下轨线，而第二个底部并未到达布林线指标下轨线，同时第二个底部形成时产生的成交量小于第一个底部，则说明股价未来反弹向上的可能性很大。

如图 1-5 所示，江特电机的股价从 2015 年 6 月中旬随着大盘的下跌出现了一波暴跌走势。股价 K 线沿布林线指标下轨线下跌，此时投资者只能观望，不可入场。

图 1-5 江特电机（002176）布林线指标走势图

此后经过一段时间的震荡、盘整，股价 K 线在底部位置逐渐形成了 W 底形态，且第一个底刚好位于布林线指标下轨线外侧，第二个底位于布林线指标下轨线上方较远处，这说明股价下跌动能不足，未来有可能出现上涨走势。

2015 年 8 月 6 日，江特电机的股价拉出了一根大阳线。该阳线向上突破了布林线指标中轨线，且成交量明显放大，此时结合 W 底形态，可以认定该处是一个较佳的买点。若按照 W 底标准的买入方法，需要等到 8 月 10 日股价突破 W 底颈线时才能买入，但此时股价已经上升较大幅度了。

2. 与其他技术指标结合研判买卖信号

当其他技术指标发出买入或卖出信号时，若此时布林线通道由窄变宽，那么无疑将增加买入或卖出信号的准确性。

例如，当 KDJ 指标出现黄金交叉信号后，指标线进入超买区域，此时布林线指标通道逐渐变宽，股价沿布林线指标上轨线运行，则说明股价短线呈强势。若 KDJ 指标出现高位死叉，股价 K 线也从布林线指标上轨线外侧重返上轨线下方，则属于较明确的卖出信号。

如图 1-6 所示，伊利股份的股价从 2015 年 3 月中旬随着大盘的上升走出了一波震荡上涨走势。KDJ 指标同步发出了黄金交叉信号，且于 2015 年 3 月 18 日进入超买区间。此时股价 K 线已经上升至 BOLL 指标上轨线附近，并沿着上轨线向上运行。同时 BOLL 指标通道逐渐由窄变宽，这属于典型的

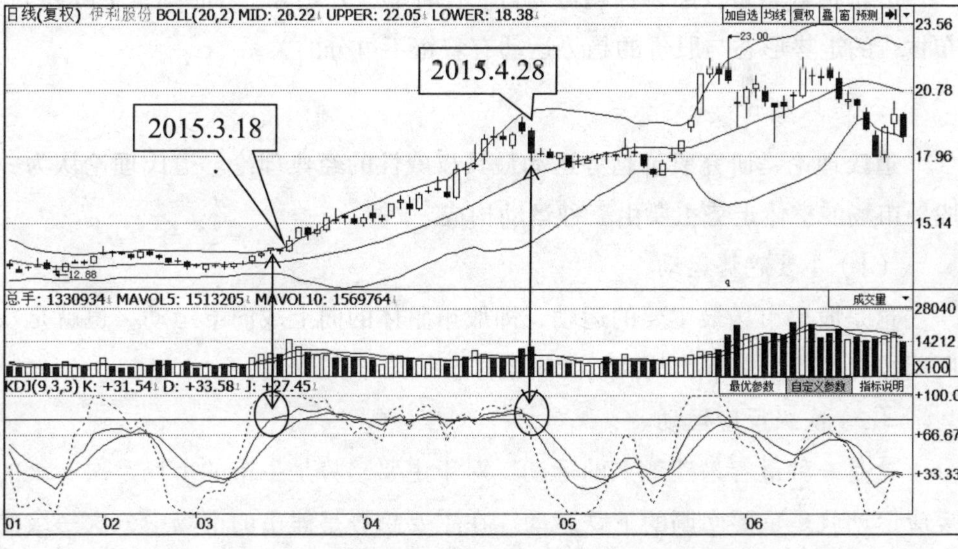

图 1-6 伊利股份（600887）布林线指标走势图

看涨信号，投资者可在 3 月 18 日当天买入该股。

其后股价一路上攻，KDJ 指标各条指标线也一直在超买区域震荡。4 月 28 日，KDJ 指标出现高位死叉，之后跌破超买区域，这说明股价上涨趋势有结束的可能。与此同时，股价 K 线跌破了 BOLL 指标上轨线，且未能再次向上突破上轨线，此时投资者可以考虑卖出该股。

第二节 布林线发挥作用的根源

尽管布林线是依据统计原理计算获得的，但其背后却反映了股价运动的几项基本原理。正是因为布林线与这几项原理相吻合，才能让其在股市中屡屡发挥神奇的作用。

一、趋势运动原理

股价走势总是按照某种趋势运行，有时呈上升趋势，有时则呈下降趋势。布林线的走势形态与股价的趋势运动有着密不可分的关系。

1. 道氏理论

道氏理论是研究股价趋势运动最具权威性的经典理论。道氏理论认为，股票市场的整体走势主要由三种运动构成。

（1）主要趋势运动。

这是股票市场最主要的运动，即股市整体的向上或向下运动，也就是众所周知的牛市或熊市，其持续时间也许会是几年。

（2）次级反应运动。

这是一种最容易迷惑人的运动。对于主要趋势是牛市的市场，次一级的反应运动就是重要回调的下跌运动。在主要趋势是熊市的市场中，次一级的反应运动就是反弹的上升运动。这些反应运动过程持续 3 周或数月。

（3）日间波动。

这是一种最不重要的运动。日间波动带有很大的随意性，或受到主力主观意愿的影响。除了超短线投资者外，可以忽略这些日间波动。

如图 1-7 所示，上证指数从 2014 年底开始启动了一波大牛市行情。上证指数自 2279 点启动上涨，到 2015 年 6 月 12 日已经上涨到了 5179 点。上涨毫无疑问是这一阶段股市运动的主要趋势。

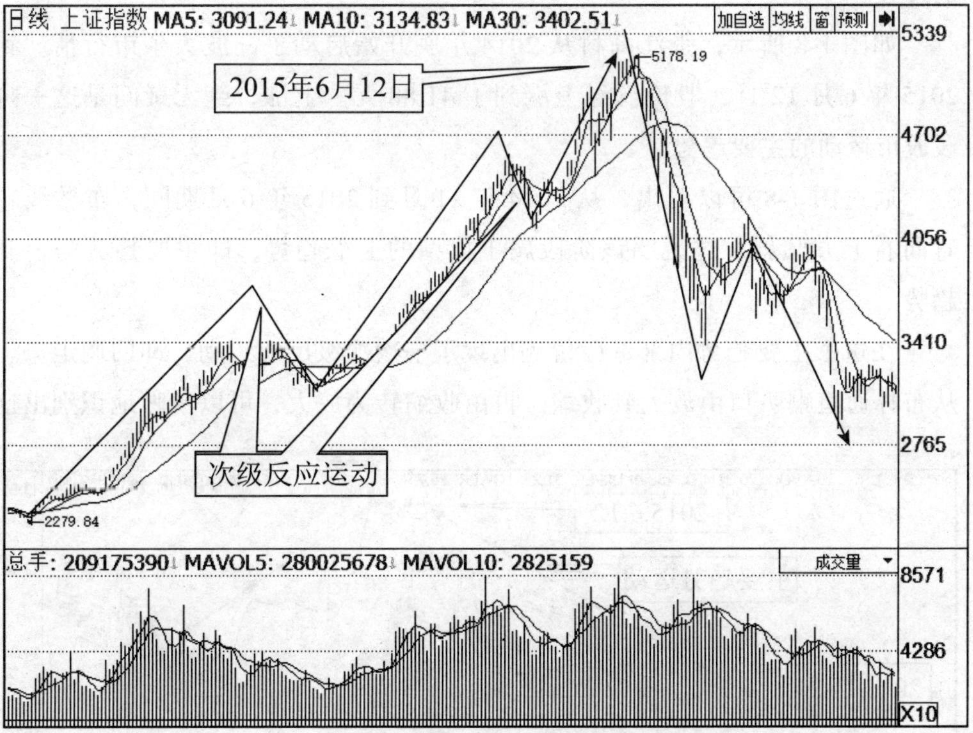

图 1-7　上证指数（1A0001）日 K 线走势图

在这个主要趋势内部，股指还出现了几次次级反应运动，即回调走势。由此可见，次级反应运动并不能改变股市的主要运动趋势。

在次级反应运动趋势内部，还包括了若干个上涨或下跌的交易日，它们对股市整体运动方向没有实质性的影响，因此可以忽略不计。

2. 布林线指标背后的道氏理论

布林线指标是以20日均线为中轨线，通过加减标准差的方式获得的。也就是说，相比均线和其他技术指标，它所发出的向上运行或向下运行的信号更加稳定，往往更能反映一段时间内的股价运行趋势。

按照道氏理论的描述，布林线反映的往往是股价的主要趋势运动和次要趋势运动。至于日间波动，布林线很少有反映。

事实上，布林线通道喇叭口每次放大与收缩，都可能反映一次股价运动的过程。

如图1-8所示，张江高科从2014年底开始启动了一波大牛市行情。到2015年6月12日，股价已经上涨到了41.88元。上涨，毫无疑问是这一阶段股市运动的主要趋势。

通过图1-8可以看出，从2014年11月到2015年6月期间，布林线一直向右上方倾斜，这说明该阶段属于典型的上涨趋势，即主要趋势为上升趋势。

在这个主要趋势内部，股价还出现了一次次级反应运动，即回调走势。从布林通道喇叭口由放大到收缩，再由收缩转为放大，可以清晰地识别出这

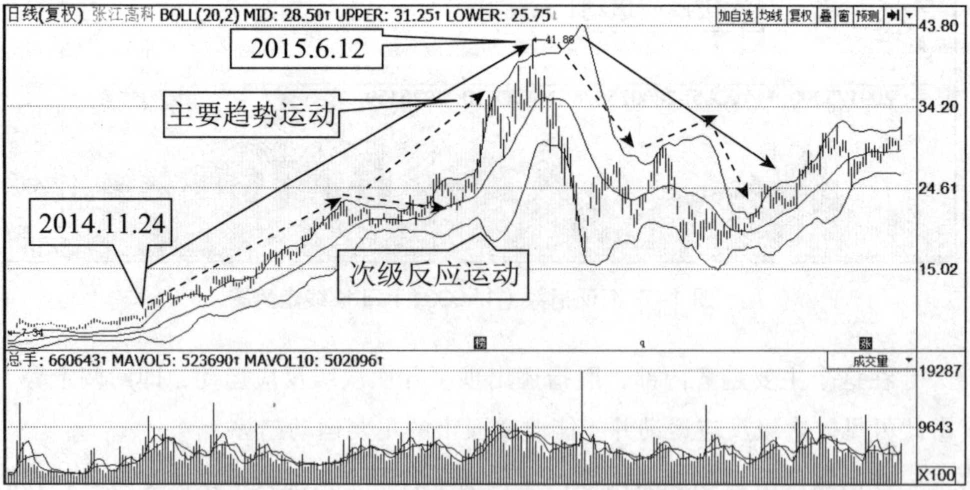

图1-8 张江高科（600895）日K线走势图

次次级反应运动。

当然，在次级反应运动趋势内部，即布林通道喇叭口每次放大或收缩过程中，还包括了若干个上涨或下跌的交易日，它们对股市整体运动方向没有实质性的影响，因此可以忽略不计。

二、动态平衡原理

动态平衡原理，是股市一切技术分析的基础。

1. 动态平衡原理

世界上的万事万物总是处于不断运行的过程中，绝对静止的物体是不存在的。所有运动的物体都处在相对的平衡和不平衡之中，平衡被打破就是不平衡，不平衡又会酝酿新的平衡。

股市也是如此。股价的运行往往围绕某一中心线波动。当股价上升过快时，就会向中心线回调靠拢；当股价下跌过快时，就会向上反弹靠拢；中心线也会根据股价的波动发生变化。整个股市就是处于这种动态平衡关系之中，如图 1-9 所示。

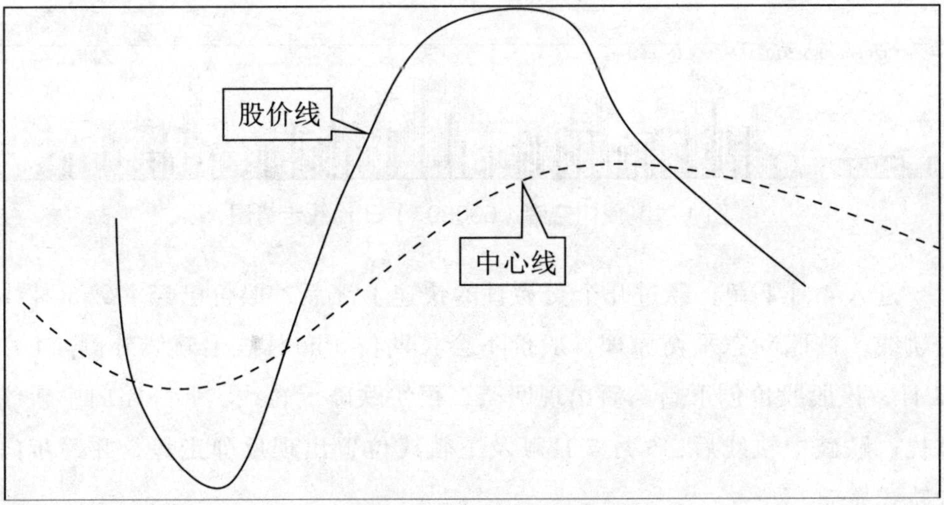

图 1–9 理想化的股市动态平衡系统图

2. 布林线指标背后的动态平衡原理

布林线指标的设计原理很好地体现了这种动态平衡思想。在布林线指标中，中轨线就是一条股价波动中心线，而且通过将上轨线和下轨线将股价波动范围予以框定，并借以向投资者提供股价相对高点和低点的比较数据。

按照布林线理论，股价不可能长期处于上轨线或下轨线外侧，最终都将向中轨线回归，且股价每次运行趋势的改变，都会以突破中轨线的形式完成。

下面看一看厦门空港的案例，如图 1-10 所示。厦门空港从 2015 年初开始启动了一波上涨行情。2015 年初，股价突破布林线中轨线后一直沿着上轨线运行，这说明股价处于良好的上涨趋势中，投资者只需持股待涨即可。

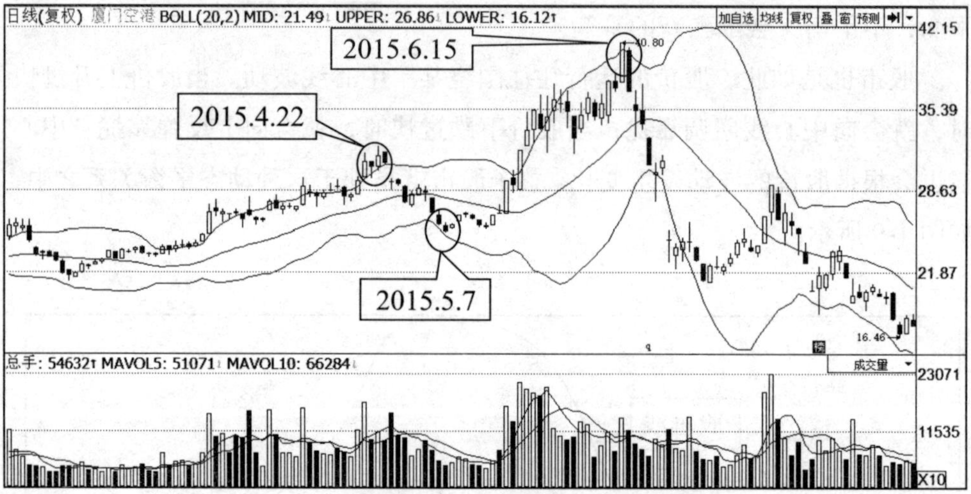

图 1-10 厦门空港（600897）日 K 线走势图

进入 4 月下旬，经过几个交易日的快速上涨后，股价已经突破布林线上轨线。按照动态平衡原理，股价不会长期位于布林线上轨线外侧。4 月 22 日，该股股价创下新高后出现回调，很快跌破上轨线，并一路向中轨线靠拢。跌破中轨线后，5 月 7 日触及下轨线位置出现反弹走势，并逐步向中轨线靠拢。

通过图 1-10 可以看出，在股价运动过程中，股价大部分都是位于布林线区域内部的，但更多的 K 线落在了中轨线和上轨线之间的区域，这说明股价处于强势上涨趋势中。

三、波动性平衡原理

波动性平衡原理，是布林线最核心的运动原理。波动性平衡原理认为，股价经过一段低波动性运动后，必将迎来高波动性运动。

布林通道喇叭口表现为逐渐放大时，说明股价波动性逐渐增大；喇叭口收缩时，说明股价波动性逐渐减弱。股价就是在这种低波动性到高波动性的不断切换过程中向前发展。正因如此，当股价处于低波动性运行的尾声时，投资者可以依据盘面的各种情况，预判可能到来的高波动性。高波动性往往预示着股价可能会出现大幅上涨或下跌。

下面来看一看北方创业的案例。

如图 1-11 所示，北方创业的股价在 2014 年 3 月到 6 月期间一直处于底部盘整趋势中，布林线通道逐渐变窄，股价波动幅度较小，这都属于低波动性的表现。按照波动性平衡原理，股价不可能长期处于低波动性过程中，未来必然会转为高波动性。

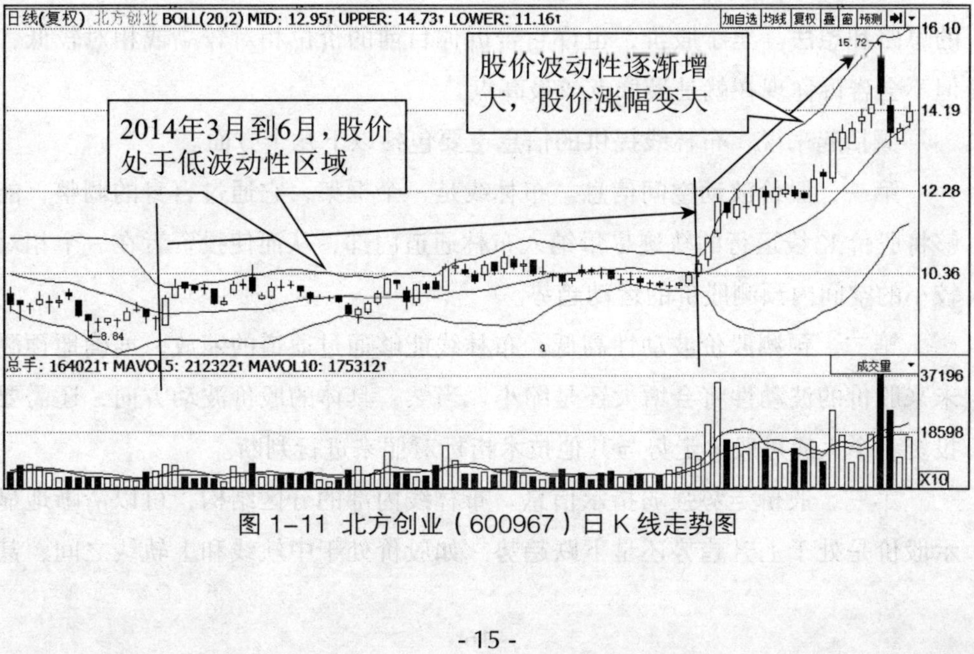

图 1-11 北方创业（600967）日 K 线走势图

进入2014年6月下旬，股价触底后强势反弹向上，逐渐抬升布林线的上轨线，这说明股价波动性逐渐增大。鉴于当时上升趋势愈发明显，可以判断股价未来大幅拉升的可能性极高。

第三节 如何使用布林线在股市中获利

布林线指标的有效性已经被市场广泛认可。有效地应用布林线指标并且在股市中获利，对于很多投资者来说却存在一定的难度。

应用布林线指标时，投资者必须把握两个关键点：其一，必须清楚布林线能够提供给我们什么；其二，如何才能利用布林线指标在股市中获利。

一、布林线指标提供了什么

布林线指标与其他技术指标不同，在大多数情况下，它并未向投资者发出明确的买入或卖出信号，而是给投资者提供了一个交易的框架，一种交易的思路和想法。至于股价，也许它告诉你目前的价位相对较高或相对较低，但不会告诉你现在就是最低点或最高点。

概括起来说，布林线提供的信息主要包括以下几个方面。

第一，股价波动空间信息。布林线是一个框架，它通过自身的调整，能够将股价K线运行的轨迹尽量纳入布林通道内部，从而使投资者在一个相对较小的空间内预测股价的运动趋势。

第二，预测股价波动性高低。布林线能够通过通道的缩放，准确地预测未来股价的波动性将会增大还是缩小。当然，具体的股价波动方向，还需要投资者个人通过股价走势与其他技术指标对照来进行判断。

第三，股价走势强弱指示信息。布林线内部的分区结构，可以清晰地显示股价是处于上升趋势还是下跌趋势。如股价处于中轨线和上轨线之间，甚至直接沿着上轨线运行，则强势显露无遗；反之，则说明处于弱势。

第四，股价相对位置信息。布林线通过上轨线、中轨线和下轨线的走势，为股价波动设置了不同的区间。当股价运行到不同区位时，都可以和布林线的各条指标线进行一个比较。此时投资者可以根据自己制定的操盘计划，判断合理的买入或卖出点。

二、如何使用布林线

相比其他技术指标，布林线指标在使用过程需要注意的要点较多，概括起来包括以下几个方面。

1. 选择布林线时间框架

不同的交易策略，必然会选用不同的时间框架。通常情况下，各个炒股软件默认给出的都是以日线图为基础的布林线。若投资者想从事中长线投资，则可考虑选用周线图代替日线图；从事短线或超短线交易的投资者，则可考虑将日线图换成 60 分钟图或 30 分钟图。

2. 布林通道宽度的变化

布林通道宽度的变化，直接反映了股价波动的幅度大小。投资者可以选择在布林通道逐渐变宽且股价上扬时入场交易；当布林通道逐渐变窄时，则退出交易。

3. 密切关注股价与布林线之间的位置关系

布林线的三条轨道线为股价走势划定了强弱区间以及界限。通过这三条轨道线与股价的位置变化关系，投资者可以研判股价相对较高或较低，以及何时买入符合自己的交易计划等。

4. 结合其他技术指标判断买卖点

布林线为投资者提供了一个比较宽泛的框架。在这个框架之下，投资者还可以使用其他技术分析工具和方法来研判股价的最佳买卖点。布林线和其他技术分析工具相结合，可以有效提升买入和卖出信号的准确性。

第二章

布林线解析——指标构造及交易含义

布林线主要由上轨线、中轨线、下轨线以及上轨线和下轨线形成的布林通道四部分构成。本章重点介绍这四个组成部分的技术参数设置、形态以及交易指示含义。

第一节　布林线的基本结构及交易含义

布林线指标是通过计算股价与均线的偏离程度，并进而引起布林通道的放大与收缩来预测未来股价波动趋势的，如图 2-1 所示。

炒股软件中，默认的布林线指标计算公式如下：

上轨线 = 中轨线 + 两个标准差。

中轨线 =20 日均线。

下轨线 = 中轨线 － 两个标准差。

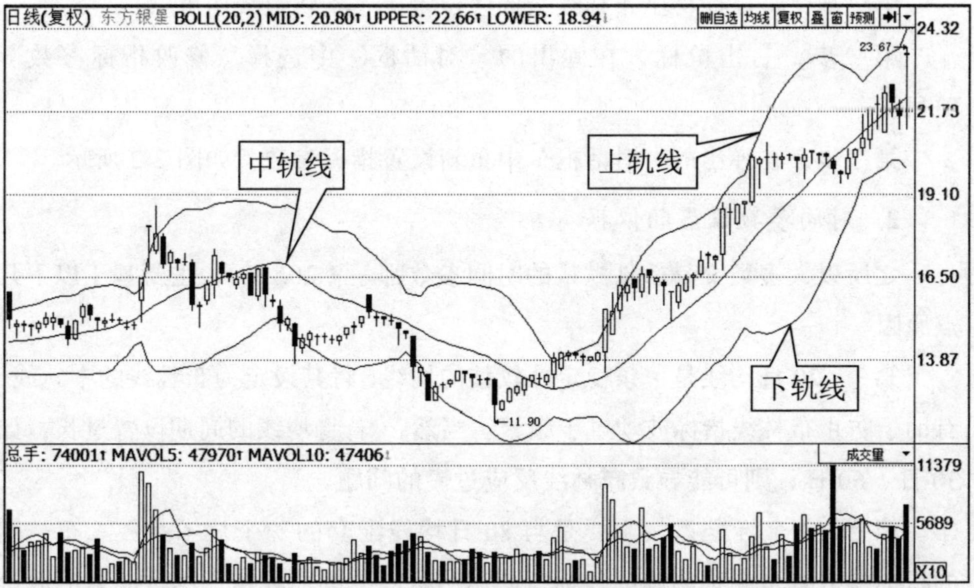

图 2-1　布林线指标示意图

标准差计算公式如下：

标准差 = 平方根 N 日的（$x_n - \dot{\mu}$）的两次方之和除以 N。

其中，x_n 为收盘价。

μ 为均价。

N 为均线周期（这里的实际取值是 20）。

这里主要讲解布林线指标及其组成部分的计算方法，同时对布林线各组成部分的交易含义进行简要的介绍。

一、布林线基本参数设置

如前所述，布林线参数设置的核心就是中轨线均线周期以及长短的设定。通常情况下，炒股软件会给出这样的信息 BOLL（20, 2），括号内的“20”，指的是 20 日均线，而“2”指的是两个标准差。

1. 时间参数设置

大多数投资者都会使用系统默认的技术参数。若投资者个人有需求，可以对布林线的技术参数进行调整，具体方法如下。

第一步，将鼠标移至布林线指标线位置，三条轨道线均可。

第二步，右击鼠标，在弹出的“对话框”中选择“修改指标参数”项目。

第三步，在弹出的“对话框”中重新设置指标参数，如图 2-2 所示。

2. 时间参数设置的依据

之所以大多数交易软件默认的时间参数都是（20, 2），主要基于以下几点原因。

第一，20 日均线是一条稳定性较佳的均线，将其设定为布林线的中轨线，有助于防止布林线指标波动过于频繁。当然，若将均线的周期设置过长，如 30 日、60 日，则可能导致布林线反应过慢的问题。

第二，2 个标准差，主要是与 20 日均线配套的一个技术参数。布林线的指标参数有一个很明确的目标，即用尽可能少的面积覆盖尽可能多的股价

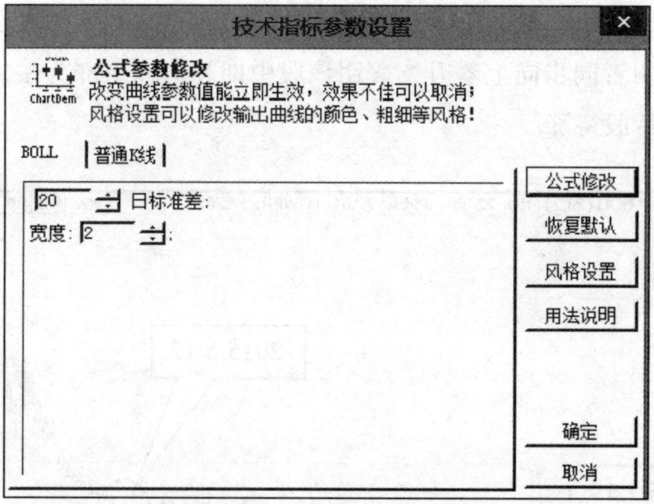

图 2-2 布林线指标参数设置

K 线。20 日均线和两个标准差组合，是一个比较理想的选择。正因如此，投资者若想调整布林线的技术参数时，一定要考虑布林线覆盖股价 K 线的程度，若覆盖面积达不到 80%，则布林线指标很难发挥应有的作用。

通常情况下，若投资者想缩短中轨线的分析周期，如将 20 日均线调整为 10 日均线，则需同步将 2 个标准差调整为 1.5 个标准差；若想放大中轨线的分析周期，也同样需要增加标准差的数量。

二、中轨线的参数及交易含义

中轨线，如前所述，通常情况下是一条 20 日均线，因而其交易指示含义与 20 日均线完全相同。若投资者将中轨线的参数换成 10 日均线，那么这条中轨线的分析方法就与 10 日均线等同。

以 20 为参数的中轨线，通常具有以下几项交易含义。

1. 股价与中轨线一起同向移动

如果股价在中轨线上方且与中轨线一起向上运行，那么表明市场的中期趋势是向上的；如果股价在中轨线下方且与中轨线一起向下运行，则表明市场的中期趋势是向下的。

如图 2-3 所示，从 2015 年 1 月 19 日开始，飞乐音响的股价一直处于中轨线上方。两者同步向上攀升，表明该股中期趋势以上涨为主，投资者可以逢低吸纳，持股待涨。

图 2-3 飞乐音响（600651）布林线指标走势图

这种上涨趋势一直持续到 2015 年 6 月中旬。2015 年 5 月中旬，该股股价曾短暂跌破中轨线，但很快又回到中轨线之上，这说明股价运行强势依旧。

2. 中轨线在运行中出现拐头现象

中轨线是中期趋势的跟踪线。中轨线在低位向下运行，当其拐头向上时，往往意味着股价将进入中线上升行情；中轨线在高位向上运行，当其拐头向下时，通常表示股价将进入中线调整或下降行情。

如图 2-4 所示，从 2015 年上半年开始，双象股份的股价一直处于中轨线上方。两者同步向上攀升，表明该股中期趋势以上涨为主，投资者可以逢低吸纳，持股待涨。

图 2–4 双象股份（002395）布林线指标走势图

这种上涨趋势一直持续到 2015 年 6 月中旬。2015 年 6 月 19 日，该股股价跌破中轨线，且中轨线出现拐头向下的迹象，这说明该股中期上升趋势已经结束，未来有下跌的风险，投资者可考虑卖出手中的股票。

3. *股价对中轨线的有效突破*

中轨线也是中线行情的分界线。一般情况下，股价上穿中轨线可以视为重要的买入信号，股价下破中轨线可以视为重要的卖出警戒信号。

需要注意的是，向上破位时必须伴随成交量的放大配合，否则可能是假突破；向下破位则不需要成交量的配合。

如图 2-5 所示，从 2015 年 6 月中旬开始，万家文化的股价一直处于中轨线下方。两者同步向下运行，表明该股中期趋势以下跌为主。

2015 年 9 月 17 日，经过多日试探，该股股价携量向上突破中轨线，且中轨线出现拐头向上的迹象，这说明该股中期下降趋势已经结束，未来股价上涨的可能性较高。

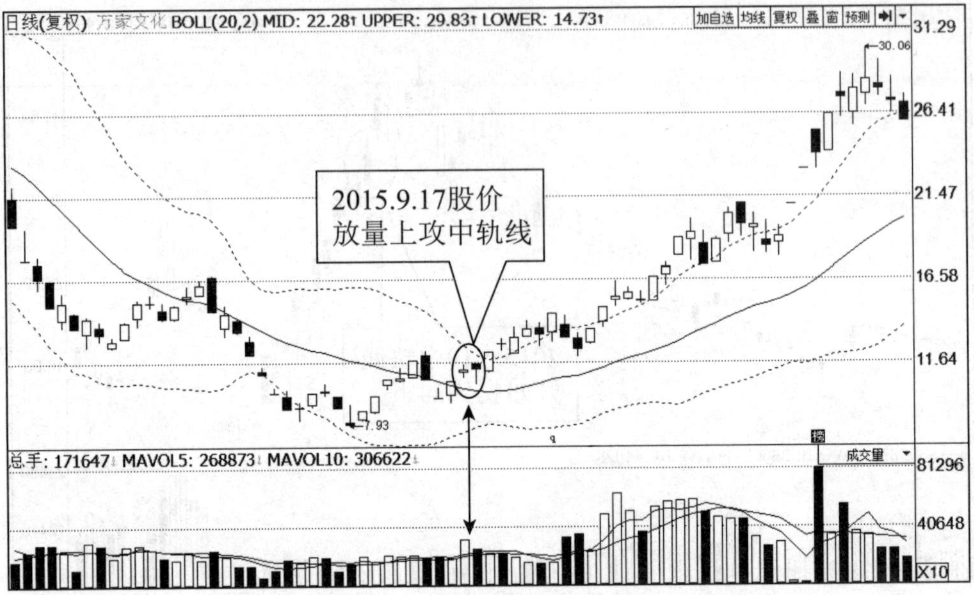

图 2-5 万家文化（600576）布林线指标走势图

4. 中轨线对股价反向运行的阻挡

在上升趋势中，如果股价缩量回调至中轨线附近得到支撑，然后企稳回升，则表明中期趋势还是向上的，是买入信号。投资者也可以按照这种方法在上涨行情中进行选股操作。

在下降趋势中，如果股价反弹到中轨线附近遇到阻力然后回落，则表明中期趋势仍是向下的，是卖出信号。

如图 2-6 所示，从 2015 年初开始，葛洲坝的股价一直处于中轨线的上方。两者同步向上运行，表明该股中期趋势以上涨为主。

在股价沿中轨线向上运行的过程中，2015 年 3 月到 4 月期间，股价曾经出现三次回调，且回调至中轨线位置时，因中轨线的支撑作用而再度向上运行，这说明中轨线对股价具有较强的支撑作用。只要股价未有效跌破中轨线，投资者可以继续安心持股。

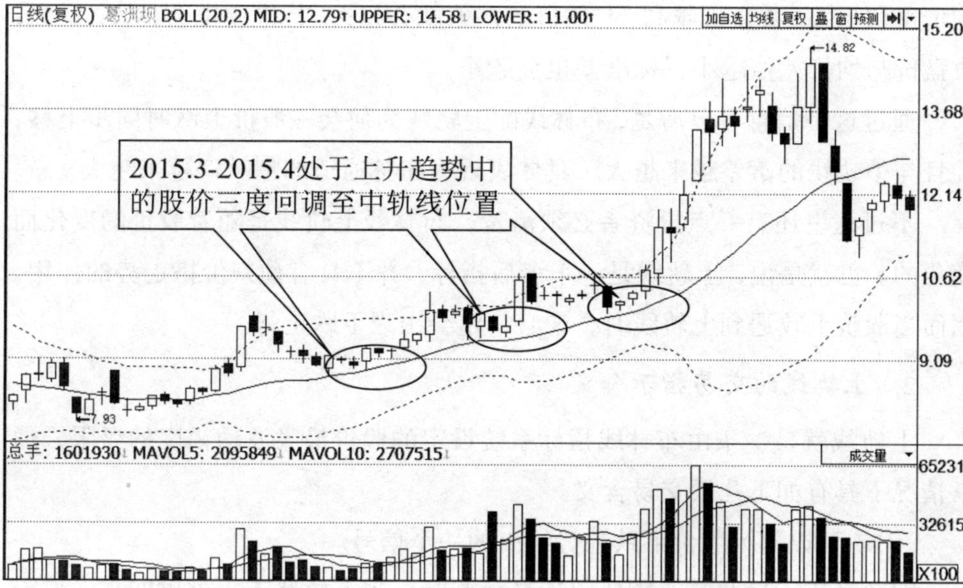

图 2–6 葛洲坝（600068）布林线指标走势图

三、上轨线的参数及交易含义

上轨线是以中轨线为基础发展出来的，其计算和交易指示作用的发挥，都与中轨线有着密切的关联。

1. 上轨线的计算方法及原理

如前所述，上轨线的计算公式为：

上轨线＝中轨线 +2 个标准差。

从某种意义上来讲，上轨线实质上就是在中轨线数值基础上增加了两个标准差后得到的曲线。其与中轨线最大的差别在于标准差。

前面已经讲到了标准差的计算公式：

标准差 = 平方根 N 日的（$x_n - \mu$）的两次方之和除以 N。

其中，x_n 为收盘价。

μ 为均价。

N 为均线周期（这里的实际取值是 20）。

按照标准差的计算公式可知，标准差的获得与每日股票的最新收盘价和均价密切相关。收盘价越高，与均价的差值就会越大，标准差也会越大；反之，收盘价与均价差值越小，标准差也会越小。

通过这一信息可以清楚，布林线的上轨线为何会在股价上涨时同步上移，并且与中轨线的落差越来越大（具体表现为布林通道的喇叭口越来越大）。

不过这里还有一点投资者必须清楚，布林线上轨线是随着股价的变化而变化的。也就是说，上轨线是一个滞后指标，并不具有预判价格走势的作用。因而当股价上攻遇到上轨线时，未必一定会出现下跌走势。

2. 上轨线的交易指示含义

上轨线就是一条由布林线指标系统设定的股价最大波动幅度的界限，通常情况下具有如下几项交易含义。

（1）可以作为股价下跌趋势结束的一个信号。

股价处于下跌趋势，喇叭口逐渐放大时，当上轨线不再创出新高，反而拐头向下时，说明股价下跌趋势有结束的可能，投资者应该留意更为明确的反弹信号。

如图 2-7 所示，从 2015 年 6 月中旬开始，东方电热的股价随着大盘的

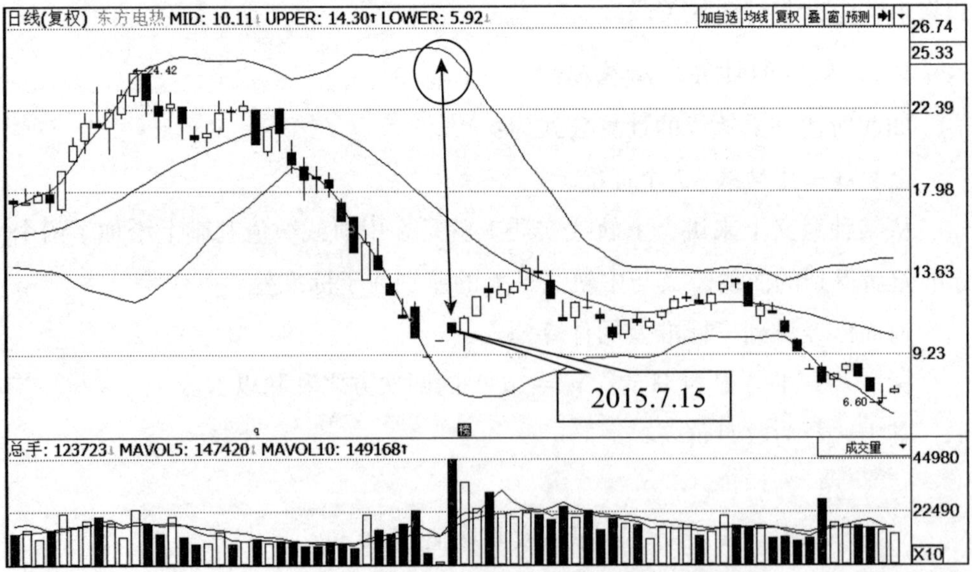

图 2–7 东方电热（300217）布林线指标走势图

下跌出现了暴跌走势。该股股价不断下跌，布林通道的喇叭口逐渐放大，布林线上轨线也随之不断向上攀升。

2015 年 7 月中旬，该股股价随着大盘的企稳出现了一波反弹走势。2015 年 7 月 15 日，该股以向上跳空假阴线收盘，当日布林通道的上轨线不再向上攀升，而是拐头向下。这说明股价有企稳迹象，投资者可以考虑少量试探建仓，或同时参考其他反弹信号确认最佳买入时机。

（2）股价进入危险区域的警示。

当股价上升速度过快时，布林线上轨线的调整速度肯定会落后于股价，因而这些股价 K 线就会出现在上轨线以上的位置。根据布林线的设计思想，股价 K 线绝大部分都会位于布林线通道内部，因此投资者可以认定，股价很快会回调至布林通道内。也就是说，股价短期有调整下跌的需求。

当然，这时上轨线发出的只是一个警示信号。若股价仍处于上升趋势中，短线可能会有较大的涨幅。只要股价不出现明显的调整迹象，投资者不应该过早卖出股票，如图 2-8 所示。

如图 2-8 所示，从 2015 年初开始，太阳电缆的股价一直处于中轨线的

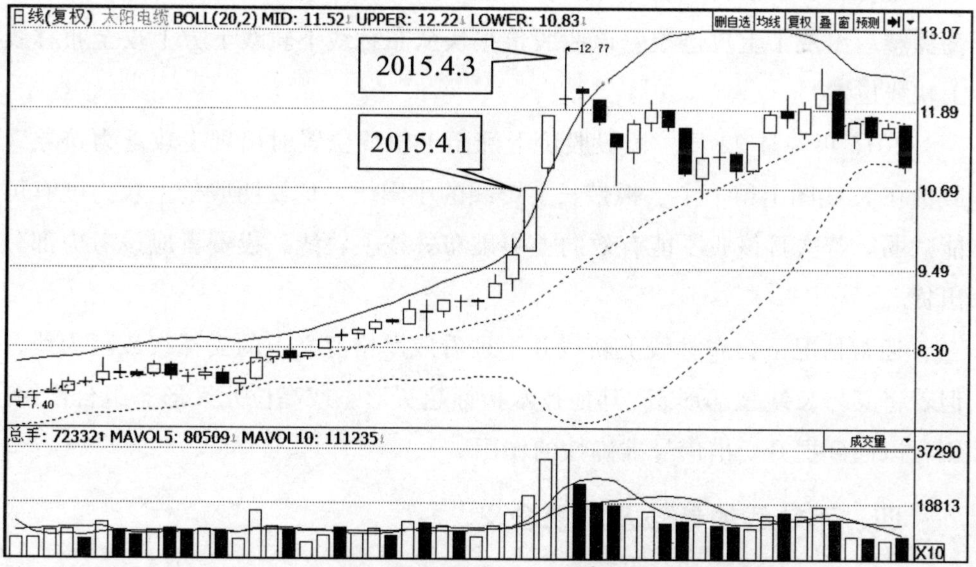

图 2-8 太阳电缆（002300）布林线指标走势图

上方，两者同步向上运行，表明该股中期趋势以上涨为主。

2015 年 3 月末，太阳电缆的股价上涨速度明显加快。4 月 1 日，该股股价已经向上突破了布林线上轨线，这说明股价已经进入危险区，投资者宜提高警惕，未来股价肯定会重新回到布林通道内。

该股股价经过多日强势上攻开始显现疲态，2015 年 4 月 3 日在 K 线图上留下一个带长上影线的十字线，这说明股价很可能会出现回调。由于此时股价还位于上轨线上方，因而可以认定股价有回调至布林通道内部的可能性，投资者可以考虑减仓操作。

（3）股价高低对比。

股市中没有绝对高点，只有相对高点。高点，往往收益与风险并存，高点越高，利润越高，风险也越大。相对高点，其实就是投资者自己能够承受的风险与损失的一个平衡点。当然，既然是相对高点，就必然有一个参照物，布林线上轨线就是这样一个参照物。

有些投资者将上轨线看成一个相对高点的可靠参照物，并据此采取交易行动。即当股价到达上轨线位置，且无法突破上轨线时，就会卖出股票。

如图 2-9 所示，从 2015 年初开始，东方银星的股价经过一段时间的震荡盘整后出现了上攻迹象。该股股价很快从布林线下轨线下方上攻至布林线上轨线位置。

2015 年 4 月 22 日，该股股价上涨至上轨线位置时出现上攻乏力迹象，股价在 K 线图上留下了一根带长上影线的小阳线，这说明股价上攻力度有可能减弱。若次日该股不能有效向上突破布林线上轨线，投资者应该考虑部分出货。

通常情况下，布林线上轨线并不被看成严格意义上的支撑线或阻力线，但若将其与 K 线顶部形态、其他技术指标超买形态或高位死叉形态组合使用，则可以起到提升卖出信号准确性的作用。

四、下轨线的参数及交易含义

与上轨线相同，下轨线也是以中轨线为基础计算出来的，其计算和交易

图 2-9　东方银星（600753）布林线指标走势图

指示作用的发挥都与中轨线有着密切的关联。

1. 下轨线的计算方法及原理

如前所述，下轨线的计算公式为：

下轨线＝中轨线 - 2 个标准差。

从某种意义上来讲，下轨线实质上就是在中轨线数值基础上减去两个标准差后得到的曲线，其与中轨线最大的差别在于标准差。

前面已经讲到了标准差的计算公式：

标准差 = 平方根 N 日的（$x_n - \mu$）的两次方之和除以 N。

其中，x_n 为收盘价。

μ 为均价。

N 为均线周期（这里的实际取值是 20）。

按照标准差的计算公式可知，标准差的获得与每日股票的最新收盘价和均价密切相关。收盘价越低，与均价的差值越大，标准差也会越大（收盘价低于均价时，产生的差值为负数，但计算标准差的公式是需要开方的，所以负值与正值并没有区别）；反之，收盘价与均价差值越小，标准差就会越低。

通过这一信息可以清楚，布林线下轨线为何会在股价下跌时同步下移，并且与中轨线的落差越来越大（具体表现为布林通道的喇叭口越来越大）。

这里还有一点投资者必须清楚，与上轨线相同，布林线下轨线也是随着股价的变化而变化的。也就是说，它是一个滞后指标，并不具有预判价格走势的作用。因而当股价下跌遇到下轨线时，未必一定会出现反弹走势。

2. 下轨线的交易指示含义

下轨线也是一条由布林线指标系统设定的股价最大波动幅度的界限，通常情况下具有如下几项交易含义。

（1）可以作为股价上涨趋势结束的一个信号。

股价处于上涨趋势，喇叭口逐渐放大时，当下轨线不再创出新低，反而拐头向上时，说明股价上涨趋势有结束的可能，投资者应该择机卖出部分股票。

如图 2-10 所示，从 2015 年上半年开始，艾比森的股价随着大盘的上涨

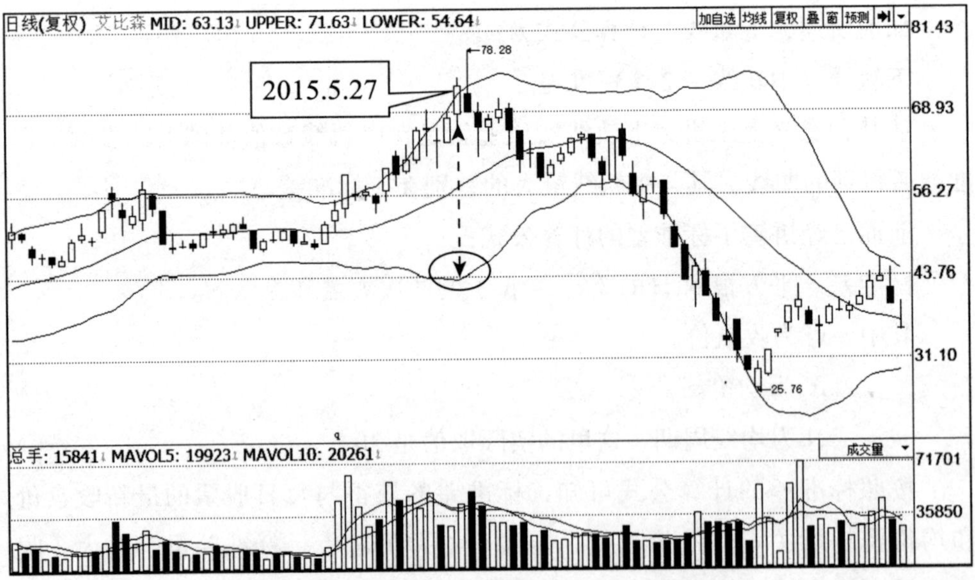

图 2-10 艾比森（300389）布林线指标走势图

出现了一波大幅上升走势。该股股价不断创出新高，布林通道喇叭口逐渐放大，布林线下轨线也随之不断向下延伸。

2015 年 5 月底，该股股价随着大盘的滞涨出现筑底迹象。2015 年 5 月 27 日，该股虽以大阳线报收，但当日布林通道下轨线不再向下延伸，而是拐头向上。这说明股价有反转向下的可能，投资者可以考虑先卖出部分股票。

（2）股价进入超跌区域的警示

当股价下跌速度过快，布林线下轨线的调整速度肯定会落后于股价，因而这些股价 K 线就会出现在下轨线以下位置。根据布林线的设计思想，股价 K 线绝大部分都会位于布林线通道内部，因此投资者可以认定，股价很快就会回调至布林通道内。也就是说，股价短期有反弹向上的需求。

当然，这时下轨线发出的只是一个警示信号，若股价处于下跌趋势中，短线仍可能会有较大的跌幅。只要股价不出现明显的反弹迹象，投资者不应过早买入股票。

如图 2-11 所示，从 2015 年 8 月初开始，天银机电的股价出现了一波下跌走势，股价很快跌破布林线中轨线，这说明股价中线呈下跌趋势。

图 2-11 天银机电（002300）布林线指标走势图

进入 8 月下旬，天银机电的股价下跌速度明显加快。8 月 21 日，该股股价 K 线跌破了布林线下轨线，这说明股价已经进入超跌区域，投资者宜密切关注，未来股价肯定会重新回到布林通道内。

该股股价经过多日大幅下跌，空头乏力，2015 年 8 月 27 日在 K 线图上留下了一根大阳线，这说明股价很可能会出现反弹。由于此时股价仍然位于下轨线下方，因而可以认定股价有回调至布林通道内部的可能性，投资者可以在股价站稳布林线下轨线位置后少量建仓。

（3）股价高低对比。

股市中没有绝对低点，只有相对低点。低点的选择和判断，往往需要投资者承担更多的风险。相对低点，其实就是投资者自己能够承受的风险与损失的一个平衡点。当然，既然是相对低点，就需要一个参照物，布林线下轨线就是这样一个参照物。

有些投资者将下轨线看成一个相对低点的可靠参照物，并据此采取交易行动，即当股价遇到下轨线且未跌破下轨线时，就会入场买入股票，如图 2-12 所示。

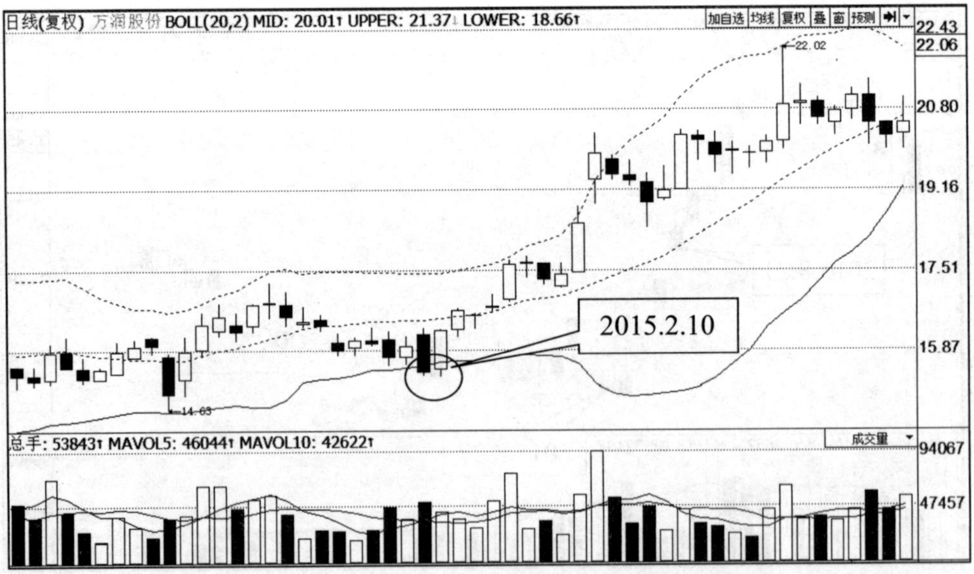

图 2-12 万润股份（002643）布林线指标走势图

如图 2-12 所示，从 2015 年初开始，万润股份的股价经过一段时间的震荡盘整后出现了下跌迹象，股价很快从布林线上轨线位置下跌至布林线下轨线位置。

2015 年 2 月 10 日，股价跌至下轨线位置时出现下跌乏力迹象，在 K 线图上留下了一根带小下影线的大阳线，这说明股价上攻力度有可能减弱。若次日该股能有效站稳布林线下轨线，投资者可以考虑少量建仓。

通常情况下，布林线下轨线并不被看成严格意义上的支撑线或阻力线，但若将其与 K 线底部形态、其他技术指标超卖形态或低位金叉形态组合使用，则可以起到提升买入信号准确性的作用。

第二节 通道宽度指标——准确判断通道缩放

在《布林线》一书中，布林格还给出了布林线的两个衍生指标，通道宽度指标就是其中之一。

一、通道宽度指标的参数及公式编写

布林线最核心的用法，就是通过布林通道的缩放来确认股价的波动性。对投资者来说，准确了解布林通道的变化是必不可少的。通道宽度指标就是这样一个指标，其具体计算公式如下：

通道宽度 =（上轨线 − 下轨线）/ 中轨线。

如果投资者有兴趣，也可以考虑自己编辑一个布林通道公式，具体步骤如下。

第一步，点击炒股软件中“工具”菜单中的“公式管理”，就会弹出如下对话框，如图 2-13 所示。

第二步，点击“新建”按钮，选择“技术指标”后，会弹出一个“公式编辑器”，如图 2-14 所示。

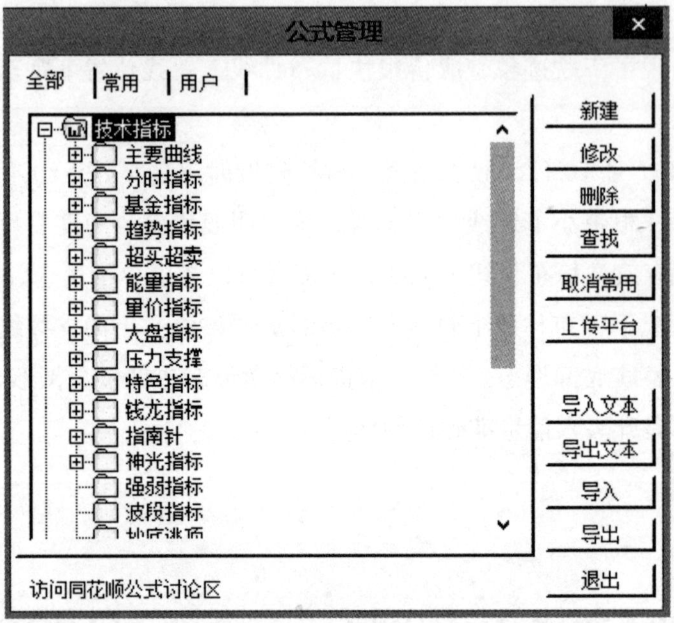

图 2-13 公式管理对话框（同花顺版）

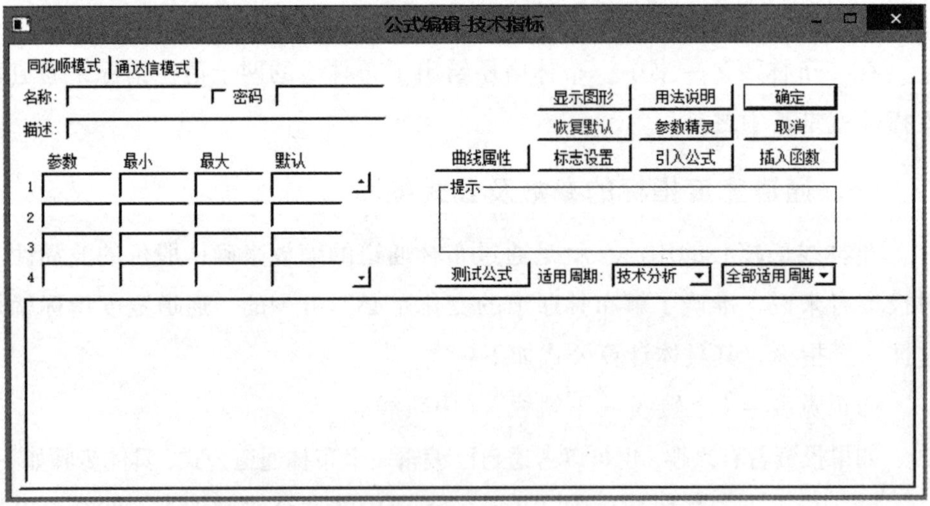

图 2-14 公式编辑器（同花顺版）

第三步：输入信息。

具体内容包括以下几点。

（1）名称：布林通道宽度（投资者可以按照个人喜好填写，只要自己能分清就可以）。

（2）如果公式中涉及具体变量，则需要填写参数，若不涉及也可忽略。

（3）公式内容编写（公式的编写方法有很多种，这里介绍的仅供读者参考，如图 2-15 所示）。

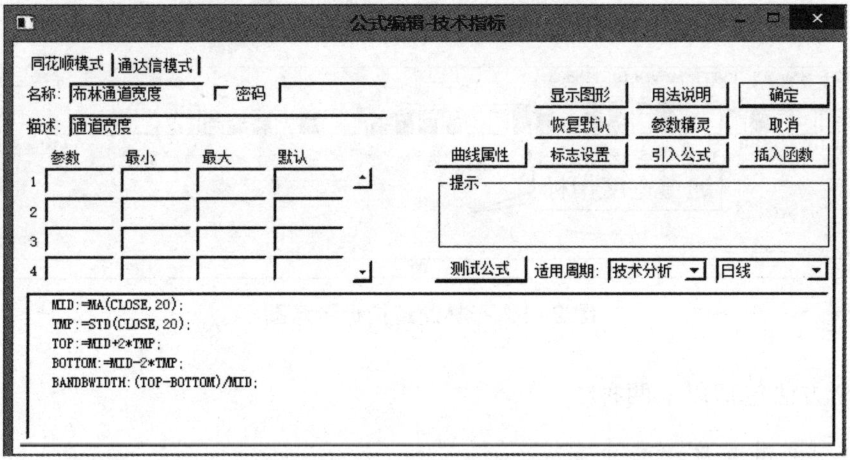

图 2-15　公式内容示范（同花顺版）

其中，MID——20 日均线。

TMP——标准差。

TOP——布林线上轨线。

BOTTOM——布林线下轨线。

BANDBWIDTH——布林通道宽度。

第四步，点击“确定”后，系统就会自动保存入“自定指标”。

第五步，使用“布林线（BOLL）指标”时，投资者可在炒股软件界面点击右键，选择“常用指标”，调出“布林通道宽度”指标，如图 2-16 所示。

二、通道宽度指标的实战应用方法

借助这个公式，投资者可以非常准确地了解布林通道数值的变化，其具

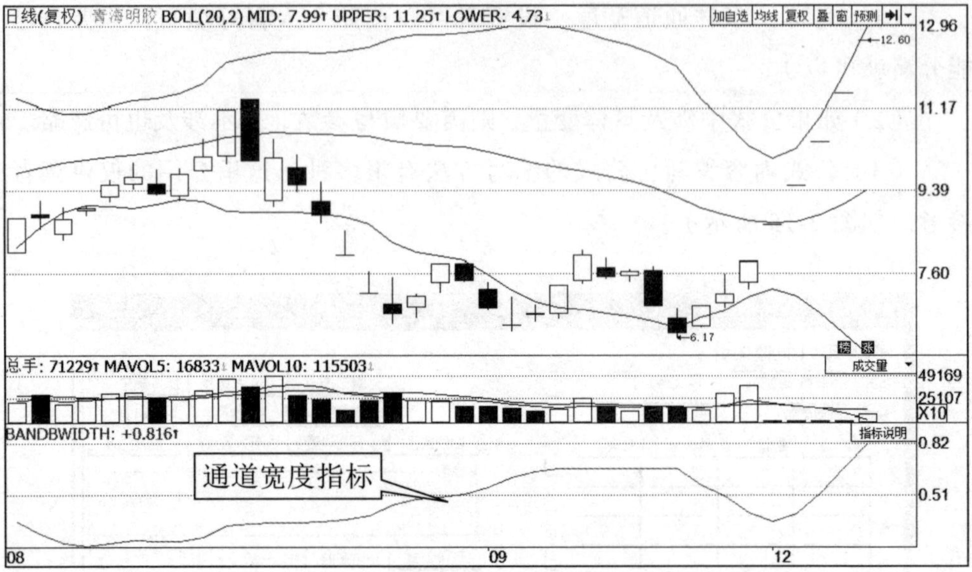

图 2-16 布林通道指标示意图

体判断方法包括以下两种。

1. 通道宽度逐渐变宽

股价波动性逐渐增强时，股价震荡的高点或低点就会逐渐远离，从而导致布林通道逐渐变宽，这说明股价即将迎来一波幅度较大的上涨或下跌行情。

如图 2-17 所示，盘江股份的股价在 2014 年 11 月初进入了横盘调整周期，股价波动幅度逐渐减小，布林通道也逐渐变窄。此时，投资者应该密切关注布林通道的变化，一旦通道重新开始变宽，就是股价选择突破方向的时刻。

2014 年 11 月 24 日，该股股价以涨停报收，此时布林通道明显较之前变宽了很多。这说明股价已经进入高波动区间，投资者可以考虑跟进买入股票。

2. 通道宽度逐渐变窄

股价波动性逐渐减弱时，股价震荡的高点或低点就会逐渐拉近，从而导致布林通道的宽度逐渐变窄。这说明股价波动幅度会逐渐减少，甚至出现横盘整理行情，股价未来走势具有极大的不确定性。

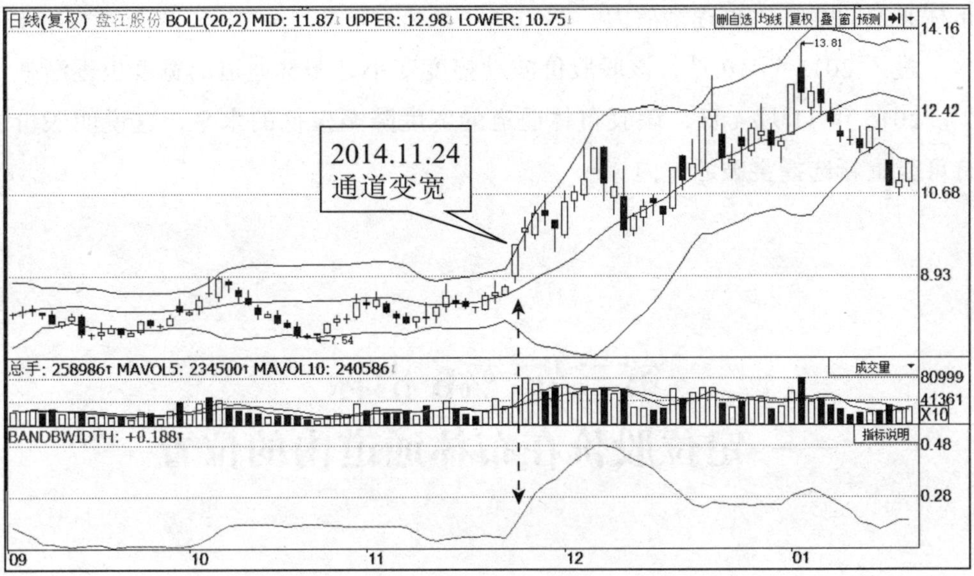

图 2-17　盘江股份（600395）布林线走势图

如图 2-18 所示，抚顺特钢的股价在 2015 年 6 月中旬出现暴跌行情，随后股价出现了两次规模较大的反弹。股价在震荡反弹过程中波动幅度非常大，

图 2-18　抚顺特钢（600399）布林线走势图

布林通道的喇叭口也逐渐放大。

进入 2015 年 10 月，该股股价波动幅度变小，布林通道的宽度也逐渐减少。2015 年 11 月 4 日，该股布林通道的宽度降至极低的水平，这说明股价有可能重新选择突破的方向。

第三节 %b 指标
——定位股价在布林通道内的位置

%b 指标，是布林格在《布林线》一书中给出的另外一个布林线衍生指标。

一、%b 指标的参数及公式编写

布林线是一个用来比较股价相对高点和低点的指标，而 %b 指标则直接反映了股价 K 线在布林通道内的相对位置。

%b 指标的计算公式如下。

%b=（最新价格 － 下轨线）/（上轨线 － 下轨线）。

当最新价格超过上轨线时，%b 指标就会大于 1；当最新价格低于下轨线时，%b 指标就会小于 0。为了准确掌握股价在布林通道内的相对位置，投资者也可考虑自行编写一个公式。其基本步骤与编写通道宽度指标相同，在公式编写栏需要输入相应的指标公式。

本书提供的公式编写内容仅供参考，如图 2-19 所示。

其中，MID——20 日均线。

TMP——标准差。

TOP——布林线上轨线。

BOTTOM——布林线下轨线。

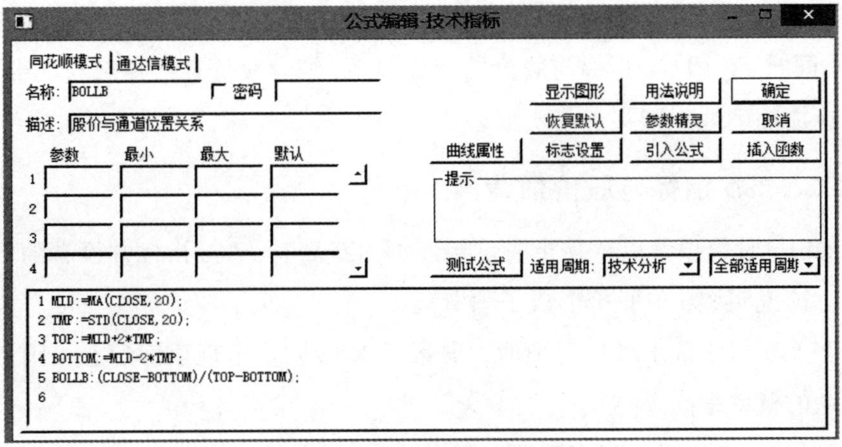

图 2-19 %B 指标公式编辑

CLOSE——最新收盘价。

BOLLB——%b 指标值。

公式编辑保存后，投资者可以在 K 线图界面调出相应的指标，如图 2-20 所示。

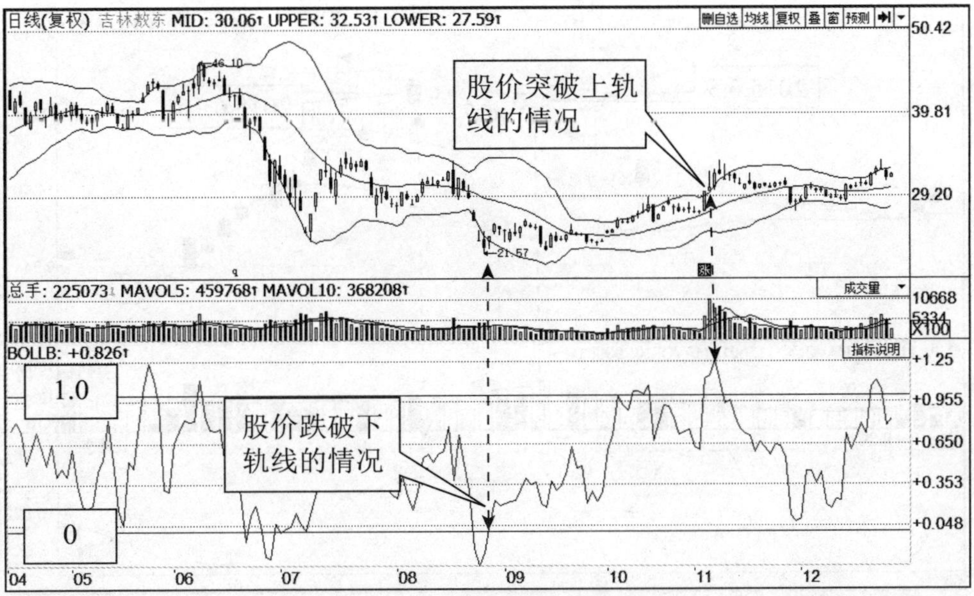

图 2-20 布林通道与 %B 指标走势图

借助这个公式，投资者可以非常准确地了解股价与布林通道的相对位置关系。同时，利用%b指标与股价的背离关系，结合股价K线顶部与底部形态，可以更加准确地识别买点与卖点。

二、%b 指标与股价顶背离

%b与股价顶背离，是指股价接连创出新高时，%b指标并没有随之创出新高，这说明%b与股价形成了顶背离。

当%b与股价出现顶背离时，若股价K线同步出现顶部形态，则说明未来下跌的概率很高。

如图2-21所示，惠泉啤酒的股价在2015年上半年随着大盘的上涨出现了大幅上涨走势。进入6月份，该股股价出现了明显的筑顶迹象。6月5日和6月16日，该股分别创下了两个高点，且后一个要高于前一个。这两个高点同时形成了M顶形态，这说明未来股价下跌的概率很大。

与此同时，%b指标却出现了一波比一波低的走势，这说明%b指标与股价出现了顶背离。顶背离属于典型的看跌信号。顶背离形成后，当股价自

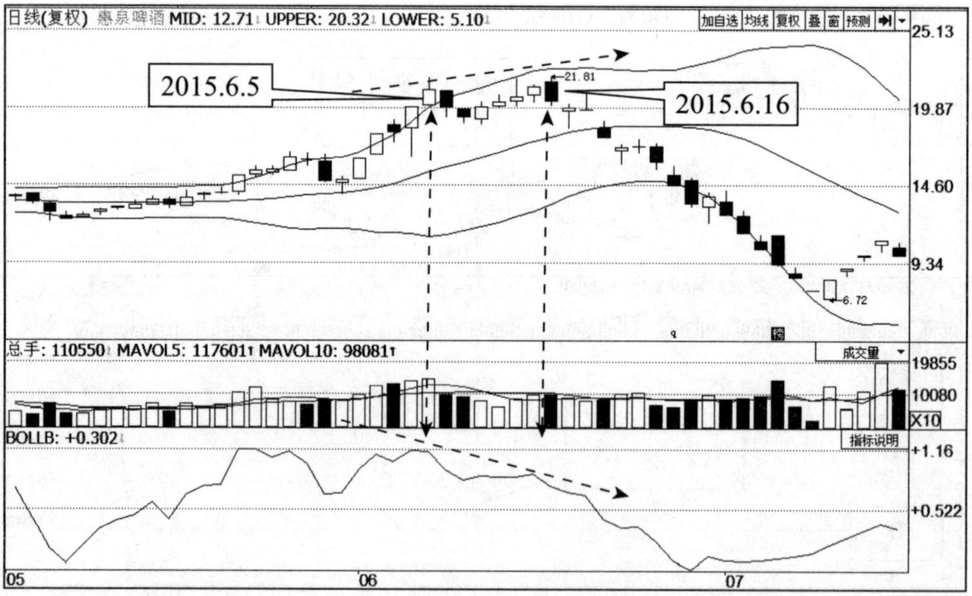

图2-21 惠泉啤酒（600753）BOLL指标与%b指标走势图

高点回落时，投资者就可以卖出股票了，无须等到股价跌破布林线中轨线或M顶颈线再卖出。

三、%b 指标与股价底背离

%b 与股价底背离，是指股价接连创出新低时，%b 并没有随之创出新低，这说明 %b 与股价形成了底背离。

当 %b 与股价出现底背离时，若股价 K 线同步出现底部形态，则说明未来反弹的概率很高。

如图 2-22 所示，天银机电的股价在 2015 年 8 月随着大盘的调整出现了一波下跌走势。进入 8 月底 9 月初，该股股价出现了明显的筑底迹象。8 月 26 日、9 月 2 日和 9 月 15 日，该股分别创下了三个低点，且后一个低于前一个。这三个低点同时形成了三重底形态，说明未来股价反弹的概率很大。

与此同时，%b 指标却出现了一波比一波高的走势，这说明 %b 指标与股价出现了底背离。底背离属于典型的看涨信号。底背离形成后，当股价自低点反弹时，投资者就可以买入股票了。

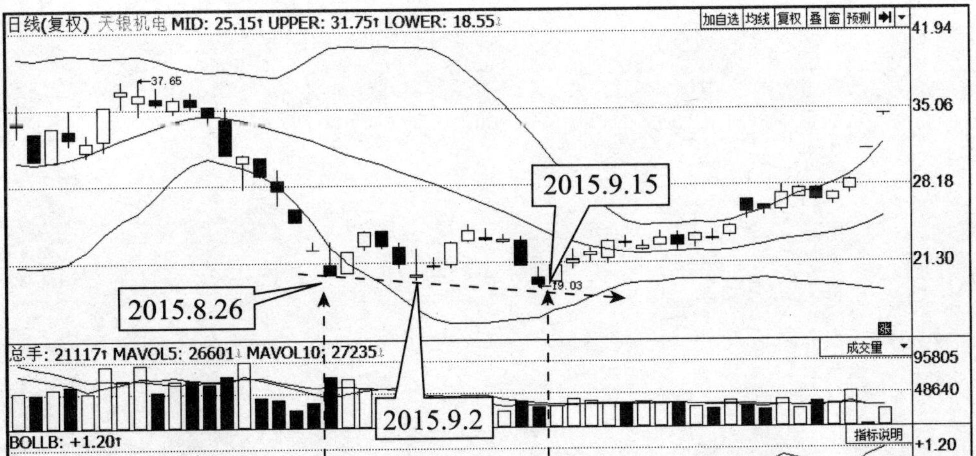

图 2-22 天银机电（300342）BOLL 指标与 %b 指标走势图

第三章

布林线基本交易指示作用

布林线的交易指示作用主要体现在趋势识别、股价突破确认以及波动性变化预测等方面。

第一节 趋势：上升趋势、下降趋势

布林线不仅可以帮助投资者识别股价短线运行趋势，还可以识别股价长线运行趋势。

一、利用布林通道识别中长线趋势

布林通道三条轨道线为股价的波动划定了一个大致的框架，这个框架对股价中长线运行趋势有一定的指示作用。随着股价的波动，布林通道喇叭口会出现有规律的放大与收缩。此时，若放大股价K线图就会发现，整个布林通道也会沿着某一趋势运行。

利用布林通道识别股价长线运行趋势，方法包括如下两种。

1. 中长线上升趋势识别

在布林通道喇叭口放大与收缩过程中，若下轨线回落形成的低点一个比一个高，则说明布林通道正运行在上升趋势中。也就是说，从中长线来看，股价正运行于上升趋势中。此时长线投资者可以坚定地持股待涨，短线投资者可以择机选择入场交易。

如图3-1所示，山东地矿的股价在2015年2月初启动了一波上涨行情，布林通道同步出现了敞口形态，这说明股价波动性加大，未来上涨趋势明显。该股股价上涨一段时间后出现回调，布林通道同步收缩。进入2015年4月，股价再次上涨，布林通道又一次出现敞口形态，这说明股价再度启动上涨行情。

此时，投资者可以沿着布林线下轨线两次收缩所形成的低点画一条趋势

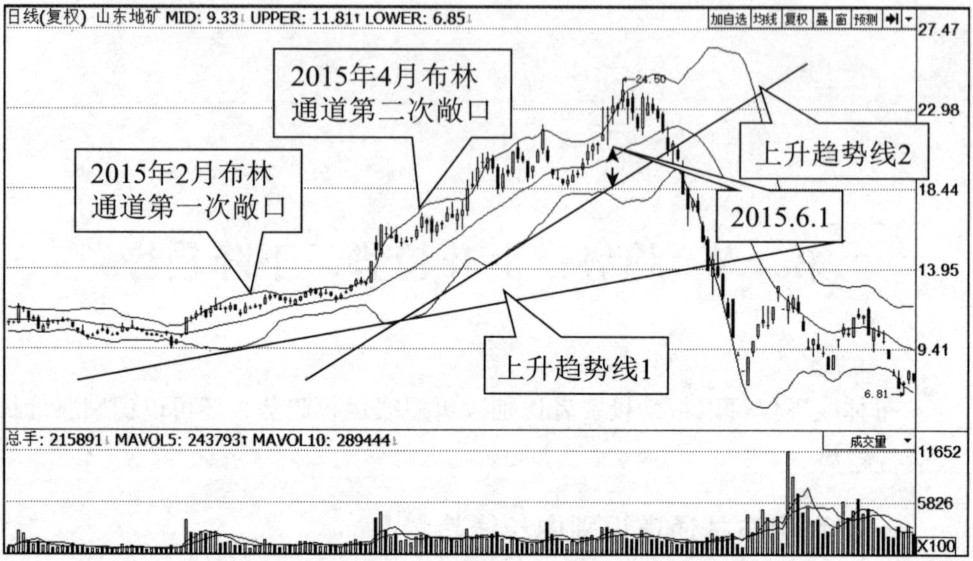

图 3-1 山东地矿（000409）布林线指标走势图

线，这条趋势线明显向右上方倾斜，说明股价上涨趋势明显。只要布林线下轨线不跌破该趋势线，中长线投资者就可以耐心持股。随后布林线下轨线回落的低点再度升高，投资者可以对上升趋势线的角度进行调整，以便提前锁定股价上涨带来的利润。

2015 年 6 月 1 日，山东地矿的布林线下轨线跌破了调整后的上升趋势线。尽管此时股价仍处于上涨趋势中，但股价强势上升趋势随时可能会结束。不过此时投资者并不需要卖出股票，只需密切关注盘面，一旦发出更加明确的卖出信号时，就可以卖出股票了。

投资者需要注意一点，布林线下轨线跌破上升趋势线并不是趋势结束的信号，也不是股票的卖点，只是提示投资者趋势可能出现转向或趋势减弱的警示信号。

2. 中长线下降趋势识别

在布林通道喇叭口的放大与收缩过程中，若上轨线冲高回落形成的高点一个比一个低，则说明布林通道正运行于下降趋势中。也就是说，从中长线来看，股价正运行于下降趋势中，此时投资者应尽量避免入场交易。

如图 3-2 所示，湖北宜化的股价在 2013 年启动了一波下跌行情，布林通道同步出现了敞口形态，这说明股价波动性加大，未来下跌趋势明显。该股股价下跌一段时间后出现回调，布林通道同步收缩。进入 2014 年 3 月，股价再次下跌，布林通道又一次出现敞口形态，这说明股价再度启动了下跌行情。

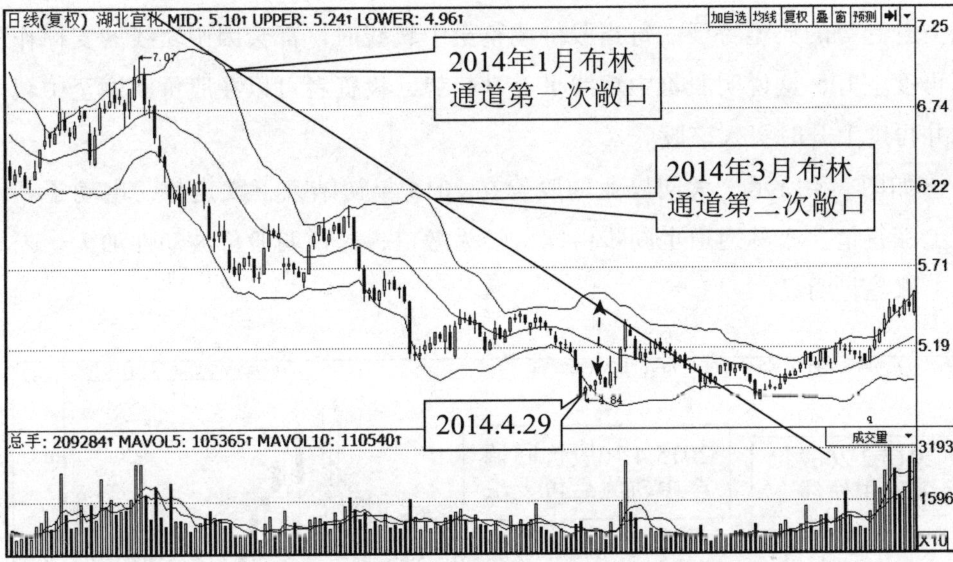

图 3-2 湖北宜化（000422）布林线指标走势图

此时，投资者可以沿布林线上轨线两次冲高回落形成的高点画一条趋势线。这条趋势线明显向右下方倾斜，说明股价下跌趋势明显。只要布林线上轨线没有向上突破该趋势线，投资者就应该避免入场交易。

2014 年 4 月 29 日，湖北宜化的布林线上轨线向上突破了下降趋势线，尽管此时股价仍处于下跌趋势中，但也说明股价强势下跌趋势有可能结束。不过此时投资者并不需要买入股票，只需密切关注盘面。

与上升趋势线相同，布林线上轨线向上突破下降趋势线，并不是趋势结束的信号，也不是股票的买点，只是提示投资者趋势可能出现转向或趋势减弱的警示信号。

二、利用中轨线识别中短线趋势

在布林线内部，中轨线是一条股价走势强弱的分界线。当股价位于中轨线上方时，股价呈强势；当股价位于中轨线下方时，说明股价呈弱势。

1. 中短线上升趋势识别

股价运行于中轨线与上轨线之间，且布林通道向右上方倾斜，这是中短线上升趋势的典型特征。每当股价调整至中轨线时，都会因中轨线的支撑作用再度上升，这说明股价中短线呈上升趋势，投资者可以在股价回调至中轨线并再度上升时买入该股。

如图 3-3 所示，大同煤业的股价在 2015 年初结束下跌走势，启动了一波上涨行情。布林通道也同步由缩口转为敞口，这说明股价波动性加大，未来上涨趋势明显。

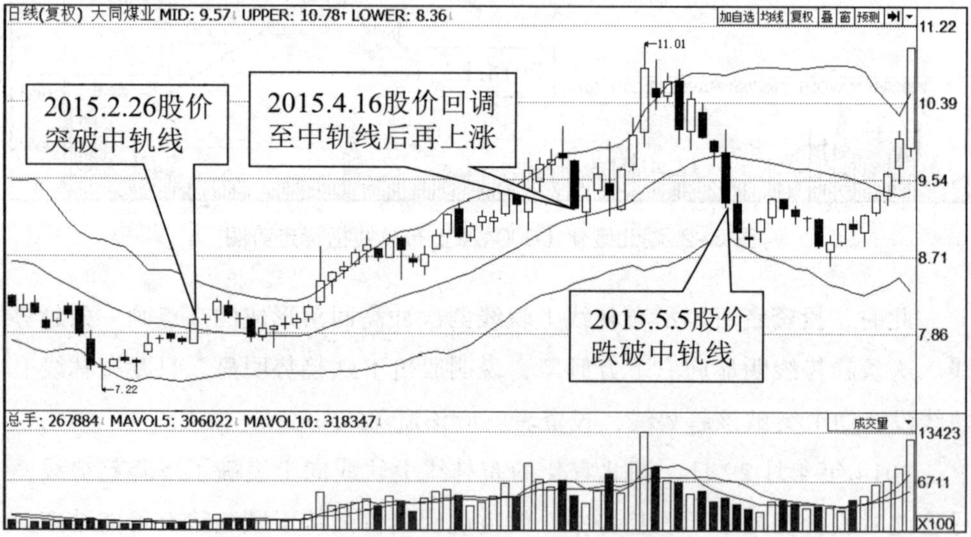

图 3-3 大同煤业（601001）布林线指标走势图

2015 年 2 月 26 日，股价向上突破布林线中轨线，说明股价有走强的可能。随后该股股价一直运行于布林线中轨线和上轨线之间的区域，且布林通道向右上方倾斜，这属于典型的看涨信号。期间股价几次回调至中轨线位置，因受中轨线支撑而再度上涨，这说明股价强势依旧，投资者可以考虑追涨买入。

2015年4月16日，该股股价又一次从中轨线位置启动上涨，投资者可在此时加仓买入。经过一段时间的上升后，获利盘开始涌出。5月5日，股价跌破中轨线，这说明股价有结束上涨趋势的可能，投资者可以考虑减仓操作。

2. 中短线强势上升趋势识别

股价运行于布林线中轨线之上时，说明股价处于上升趋势中。若股价上升速度明显加快，并向上突破了上轨线，且布林通道的喇叭口快速放大，则说明股价进入快速拉升期，投资者宜迅速跟进。

当然，股价快速上升时，也是即将创下阶段性高点的时刻，因而投资者必须注意风险防范。一旦股价出现滞涨迹象，需要立即清仓。

如图3-4所示，浙江东日的股价在2015年9月结束下跌走势，启动了一波上涨行情。

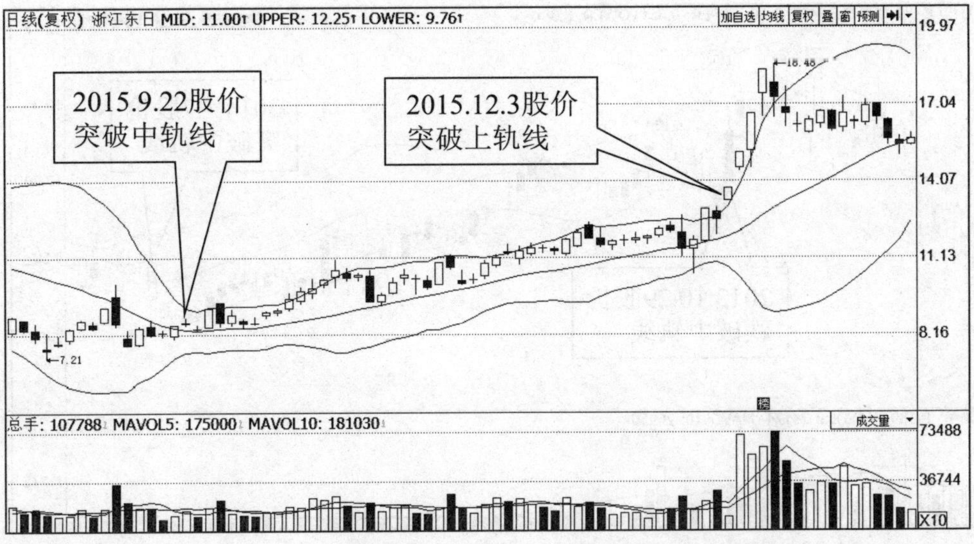

图3-4 浙江东日（600113）布林线指标走势图

2015 年 9 月 22 日，股价向上突破布林线中轨线，这说明股价有走强的可能。随后该股股价一直运行于布林线中轨线和上轨线之间的区域，且布林通道向右上方倾斜，这属于典型的看涨信号。期间股价几次回调至中轨线位置，因受中轨线支撑而再度上涨，这说明股价强势依旧，投资者可以考虑追涨买入。

2015 年 12 月 3 日，该股股价发力向上突破上轨线并以涨停报收，这说明该股已经启动了快速拉升行情，投资者宜迅速追涨买入。随后股价逐步向上拉升，布林通道的喇叭口也异常放大，这说明股价攻势较猛，但想要持续可能比较困难，投资者应该在股价攻势受挫时立即卖出股票。

3. 中短线下降趋势识别

股价运行于中轨线与下轨线之间，且布林通道向右下方倾斜，这是中短线下降趋势的典型特征。每当股价反弹时，上涨至中轨线，都会因中轨线的阻力作用而再度下跌，这说明股价中短线呈下降趋势，投资者应避免入场交易。

如图 3-5 所示，联美控股的股价在 2013 年 10 月结束上涨走势，启动了一波下跌行情。

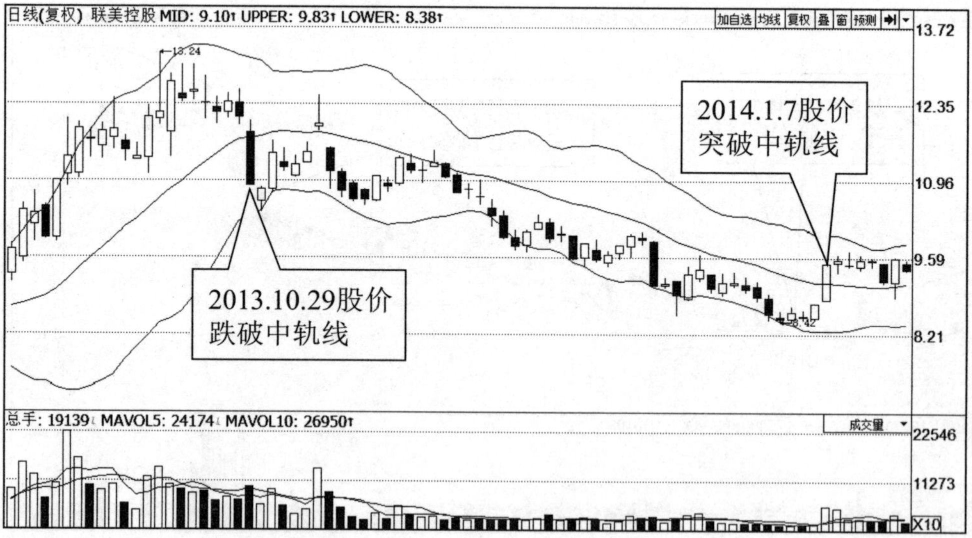

图 3-5 联美控股（600113）布林线指标走势图

2013 年 10 月 29 日，该股股价向下跌破布林线中轨线，这说明股价有走弱的可能。随后该股股价一直运行于布林线中轨线和下轨线之间的区域，且布林通道向右下方倾斜，这属于典型的看跌信号。期间股价几次反弹至中轨线位置，因受中轨线阻力而再度下跌，这说明股价弱势依旧，投资者不可入场。

2014 年 1 月 7 日，该股股价发力向上突破中轨线并以涨停报收，这说明该股很有可能站稳中轨线并结束下跌趋势。

此时投资者可密切关注该股随后的走势，一旦出现更为清晰的买入信号，则可大胆入场。

4. 中短线强势下跌趋势识别

股价运行于布林线中轨线之下时，说明股价处于下降趋势中。若股价下跌速度明显加快，并向下跌破下轨线，且布林通道的喇叭口快速放大，则说明股价进入快速下跌期，投资者保持观望即可。

如图 3-6 所示，全柴动力的股价在 2012 年 4 月结束上涨走势，启动了一波下跌行情。

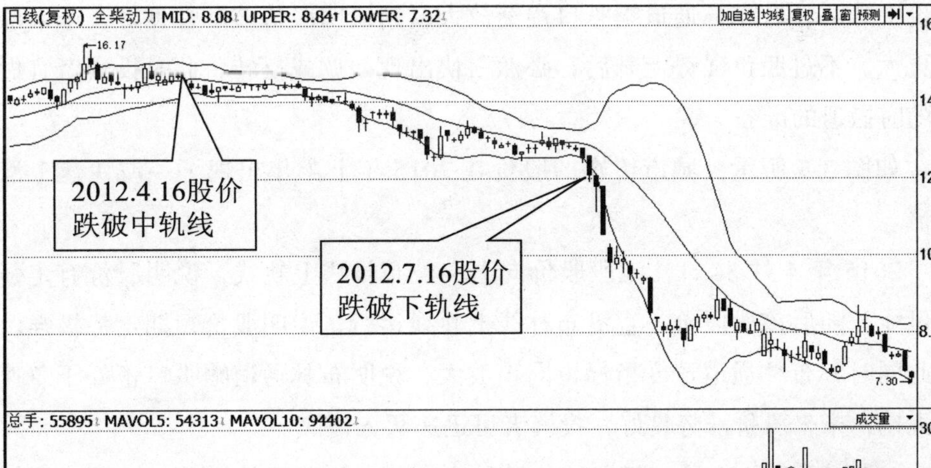

图 3-6 全柴动力（600218）布林线指标走势图

2012 年 4 月 16 日，股价向下跌破布林线中轨线，这说明股价有走弱的可能。随后该股股价一直运行于布林线中轨线和下轨线之间的区域，且布林通道向右下方倾斜，这属于典型的看跌信号。期间股价几次反弹至中轨线位置，因受中轨线阻力而再度下跌，这说明股价弱势依旧，投资者不可介入。

2012 年 7 月 16 日，该股股价发力向下跌破下轨线，这说明该股已经启动了快速下跌行情。随后股价连续大幅下跌，布林通道喇叭口也异常放大，这说明股价跌势较猛，投资者只能观望，不能介入。

三、利用上轨线或下轨线识别短线趋势

上轨线和下轨线是布林线指标为股价波动设定的最大震荡界限。若股价沿着上轨线或下轨线运行，则说明股价要么处于强势上涨趋势中，要么处于强势下跌趋势中。

1. 利用上轨线识别短线上升趋势

股价沿着中轨线向上运行一段时间后加速上涨，或自下而上突破中轨线后开始沿着上轨线运行，说明股价处于强势上涨趋势中，投资者可持股待涨。股价上涨时，若布林通道喇叭口逐渐放大，则说明股价波动性良好，未来涨幅更大。不过股价强势上升后，必然很快出现回调或反转，此时投资者宜做好随时撤退的准备。

如图 3-7 所示，城市传媒的股价在 2015 年上半年出现了一波快速上涨行情。

2015 年 4 月 24 日，该股股价向上突破布林线上轨线，说明股价有走强的可能。随后该股股价一直沿布林线上轨线运行，说明股价短期走势极强。与此同时，布林通道宽度指标也同步放大，说明布林通道喇叭口正处于急速放大期，未来股价涨势良好，投资者可迅速买入该股。

2015 年 5 月 28 日，该股股价跌破上轨线，说明股价短线有回调或反转的可能，投资者宜执行清仓或减仓操作。

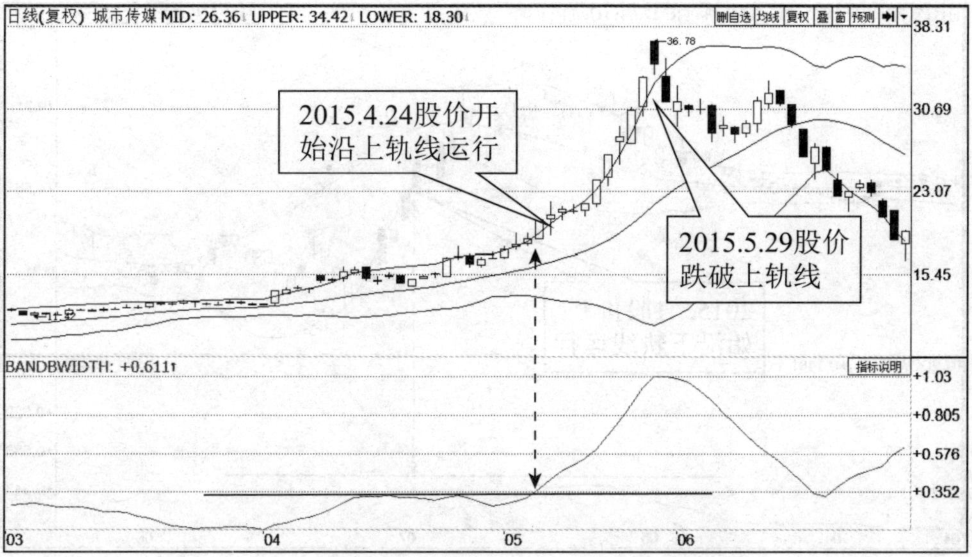

图 3–7 城市传媒（600229）布林线指标走势图

2. 利用下轨线识别短线下降趋势

股价沿中轨线向下运行一段时间后加速下跌，或自上而下跌破中轨线后，股价开始沿着下轨线运行，说明股价处于强势下跌趋势中，投资者宜远离这样的股票。股价下跌时，若布林通道喇叭口逐渐放大，则说明股价波动性良好，未来跌幅更大。

如图 3-8 所示，沧州大化的股价在 2015 年 6 月中旬出现了一波快速下跌行情。

2015 年 7 月 1 日，该股股价向下跌破布林线下轨线，说明股价走弱已成事实。随后该股股价一直沿布林线下轨线运行，说明股价短期走势极弱。

与此同时，布林通道宽度指标也同步放大，说明布林通道喇叭口正处于急速放大期，未来股价跌势将延续，投资者宜持币观望。

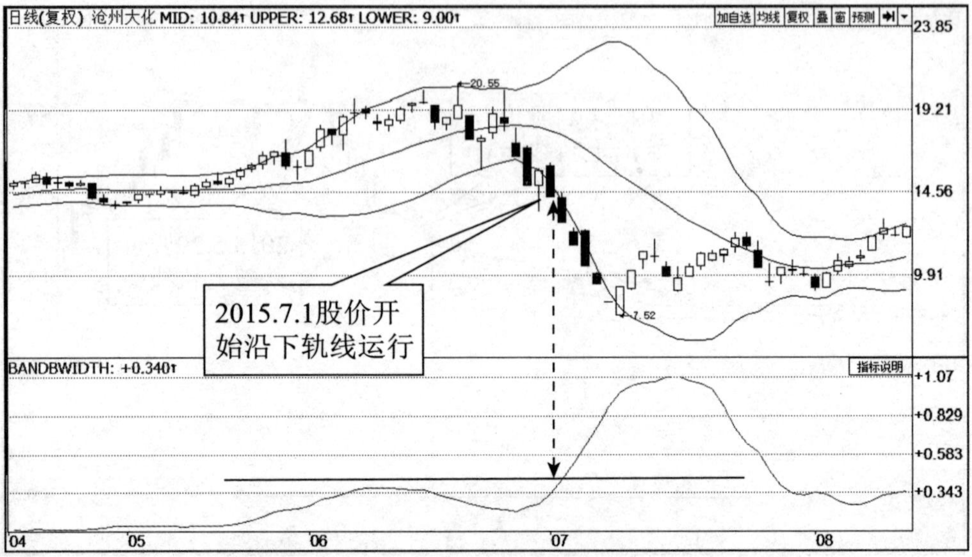

图 3-8 沧州大化（600230）布林线指标走势图

第二节 布林通道喇叭口放大与收缩

布林通道喇叭口放大，说明股价将从低波动性转为高波动性，股价波动幅度将会加大，也意味着股价要么将会大幅上涨，要么将会大幅下跌；喇叭口收缩，说明股价将从高波动性转为低波动性，股价波动幅度将变小，但这并不意味着股价一定会横向盘整，也有可能走出单边上升或下跌行情。

一、喇叭口放大与股价上涨

布林通道经过一段时间的收缩后逐渐敞开时，布林线指标的上轨线会向上移动，下轨线会向下移动，呈现敞口喇叭口形态，表示股价的波动幅度正在增加，之后会引发一波较大的行情。

此时投资者应注意观察股价与中轨线的运行方向，如果股价与中轨线同步向上，而且成交量同步放大，表示股价会进入上涨行情，是买入信号。

如图 3-9 所示，耀皮玻璃的股价在 2015 年 3 月出现了由下跌转为上涨的反转走势。该股布林通道由放大逐渐转为收缩后，又由收缩变为放大。

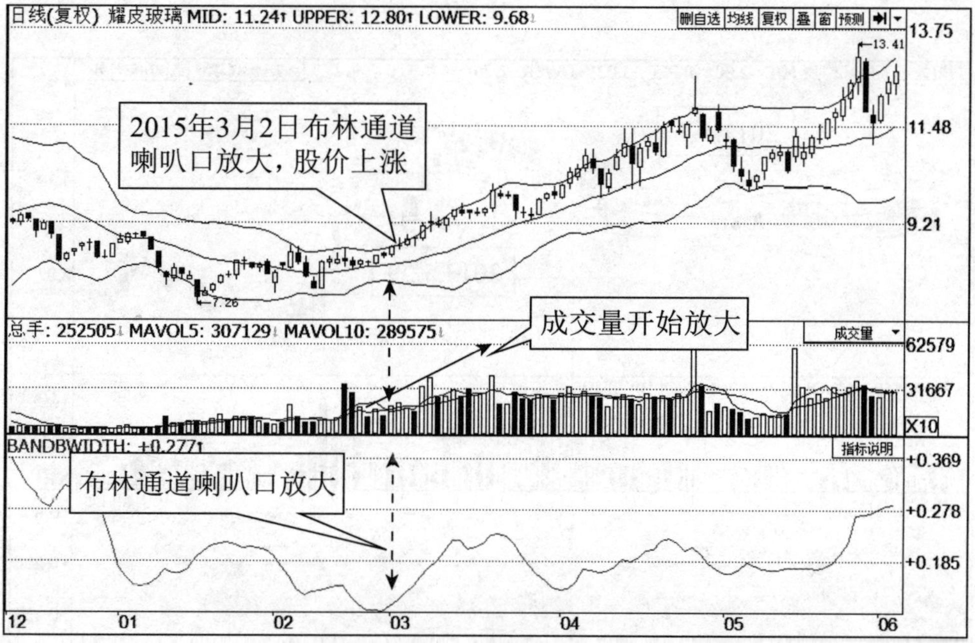

图 3-9 耀皮玻璃（600819）布林线指标走势图

2015 年 3 月 2 日，该股股价自中轨线位置启动上涨，成交量同步放大，同时中轨线也开始拐头向上运行，说明股价有上涨的可能。

此时布林通道的宽度指标也开始触底反弹，说明布林通道喇叭口开始放大，股价波动幅度开始加大。鉴于股价已经启动上涨，可以预判未来股价上涨的概率非常高，投资者可以考虑追涨买入股票。

二、喇叭口放大与股价假涨

在运用布林线指标的过程中，可能会遇到这样一个陷阱：当股价启动上涨时，布林通道喇叭口同步放大。可是当投资者追涨买入时，股价却反手向下运行，并一路跌破布林线中轨线甚至是下轨线。此后股价一路下跌，投资者就这样被套在了高位。

如图 3-10 所示，浙江广厦的股价在 2013 年 4 月出现了横向盘整走势，股价波动范围逐渐变小，布林通道也逐渐收缩，布林通道宽度指标一直在低位运行。

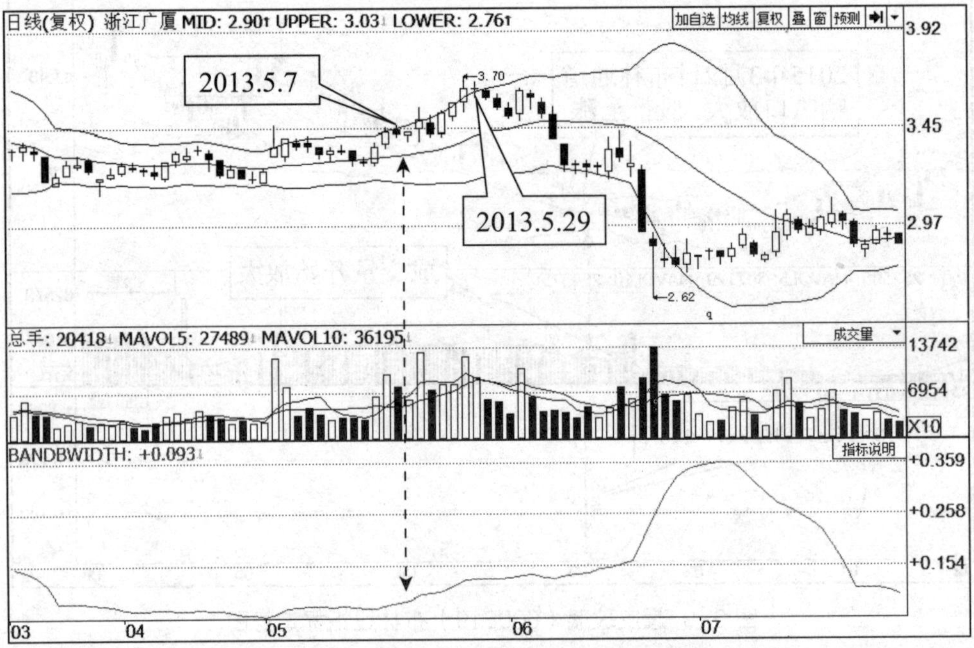

图 3-10 浙江广厦（600052）布林线指标走势图

2013 年 5 月 7 日，该股股价自中轨线位置启动上涨，成交量同步放大，同时中轨线也开始拐头向上运行，说明股价有上涨的可能。

此后股价很快到达上轨线位置。正当所有投资者都以为股价将沿着上轨线持续上升时，股价却在 5 月 29 日反手向下跌破了中轨线，此后一路下跌。

之后布林通道的宽度指标尽管逐步攀升，但股价却一直下跌，说明股价已经进入下跌趋势中，先前的上升只是庄家的一个诱多陷阱。

对于投资者来说，能否准确识别庄家的诱多陷阱，是一个关系到交易成败的关键点。不过在现实中，确实没有人能够做到百分之百识别这个诱多陷阱。

下面所讲述的这些方法，也许会对投资者识别主力设置的诱多陷阱有所帮助。

第一，配合其他技术指标研判股价趋势。当股价上升至上轨线位置时，KDJ 指标必然会随之进入超买区域。当股价遇上轨线出现滞涨时，若 KDJ 出现高位死叉，投资者宜迅速卖出部分或全部股票。

第二，若投资者感觉自己无力识别这些陷阱时，可以耐心等待，直到股价运行趋势明朗后再入场不迟。通常情况下，布林通道由收缩到放大所产生的趋势，都会持续相对较长的时间，所以投资者根本不用担心自己踏空。

第三，中轨线就是持股的生命线。投资者买入股票后，如果发现自己掉进了庄家的诱多陷阱，或者担心自己中了圈套，可以通过中轨线进行确认。当股价跌破中轨线时，投资者应该坚决止损。

三、喇叭口放大与股价下跌

布林通道经过一段时间的收缩后逐渐敞开时，布林线指标的上轨线会向上移动，下轨线向下移动，呈现敞口喇叭口形态。这表示股价的波动幅度正在增加，会引发一波较大的行情。此时如果股价与中轨线同步向下，表示股价进入下跌行情，是卖出信号。

如图 3-11 所示，五矿发展的股价在 2015 年 5 月出现了由盘整转为下跌的走势，该股布林通道也逐渐由收缩转为放大。

2013 年 5 月底至 6 月初，该股股价从上轨线位置一路下跌，直接跌破了中轨线，此时布林通道已经显露放大的迹象。6 月 6 日，该股股价跌至下轨线位置。与此同时，布林通道宽度指标出现了明显的拐头向上迹象，这说明股价波动幅度加大。同时，中轨线也开始拐头向下运行，说明股价有下跌的可能。

四、喇叭口放大与股价假跌

与布林通道喇叭口放大时出现的股价假涨相似，投资者可能会遇到这样

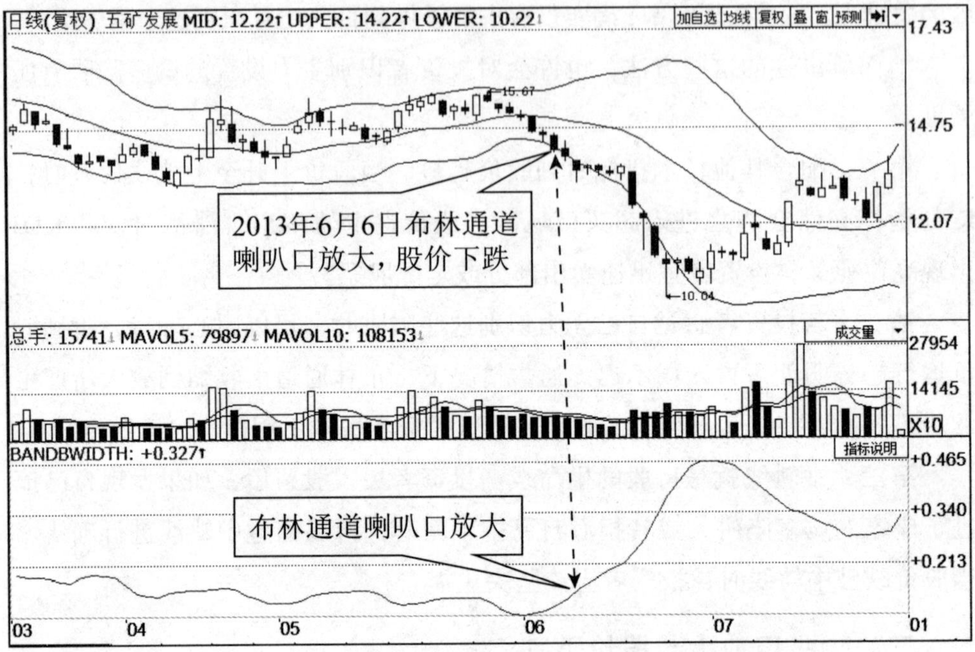

图 3-11 五矿发展（600058）布林线指标走势图

一个诱空陷阱：当股价启动下跌时，布林通道喇叭口同步放大。可是当投资者清空手中的股票时，股价却反手向上运行，并一路向上突破布林线中轨线甚至是上轨线。此后股价一路上涨，投资者就这样错过了一波上涨行情。

如图 3-12 所示，光电股份的股价在 2014 年 5 月出现了底部横向盘整走势，股价波动范围逐渐变小，布林通道也逐渐收缩，布林通道宽度指标一直在低位运行。

2014 年 6 月 10 日，该股股价自中轨线位置启动下跌，成交量同步放大，同时中轨线也开始拐头向下运行，这说明股价有下跌的可能。此后股价很快到达下轨线位置。

正当所有投资者都以为股价将沿着下轨线持续下跌时，股价却在 6 月 30 日反手向上放量突破中轨线，之后行情一路上涨。

此后布林通道的宽度指标尽管逐步攀升，但股价却一直上升，这说明股价已经进入上升趋势中，先前的下跌只是庄家的一个诱空陷阱。

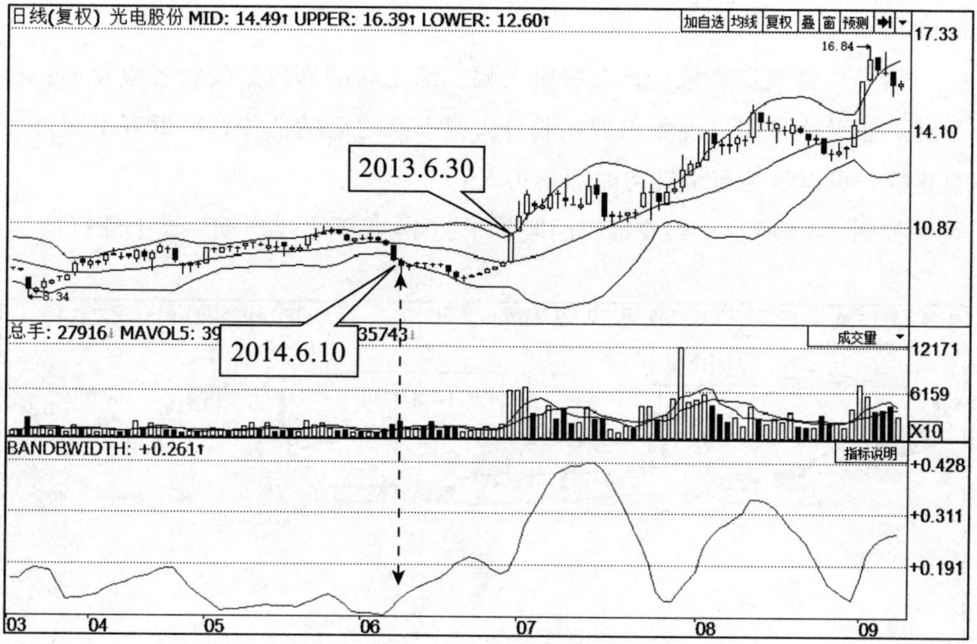

图 3-12 光电股份（600184）布林线指标走势图

与识别喇叭口放大股价假涨相似，识别股价假跌也有以下几个方法。

第一，配合其他技术指标研判股价趋势。当股价下跌至下轨线位置时，KDJ 指标必然会随之进入超卖区域。当股价遇下轨线出现反弹时，若 KDJ 出现低位金叉，投资者宜迅速跟进，少量建仓。

第二，若投资者感觉自己无力识别诱空陷阱时，可以耐心等待，直到股价运行趋势明朗后再入场不迟。通常情况下，布林通道由收缩到放大所产生的趋势，都会持续相对较长的时间，所以投资者根本不用担心自己踏空。

第三，中轨线就是出击线。投资者如果判断股价会下跌而卖出股票，之后发现自己掉进了庄家的诱空陷阱，或者担心自己中了圈套，可以通过中轨线进行确认。当股价反弹向上，重新放量突破中轨线时，可以大胆买入股票。

五、喇叭口收缩与股价盘整

当布林线逐渐收缩，即布林线指标的上轨线向下移动，下轨线向上移动，呈现缩口喇叭口形态，表示股价的波动幅度正在缩小，行情即将进入盘整阶段。

如果这种缩口现象出现在股价大幅上涨之后的高位，投资者应及早获利了结。如果这种缩口现象出现在股价大幅下跌之后的低位，投资者不宜再盲目止损，可以等待行情转势时适量买入。

如图 3-13 所示，兴业银行的股价于 2014 年下半年启动一波上涨行情。

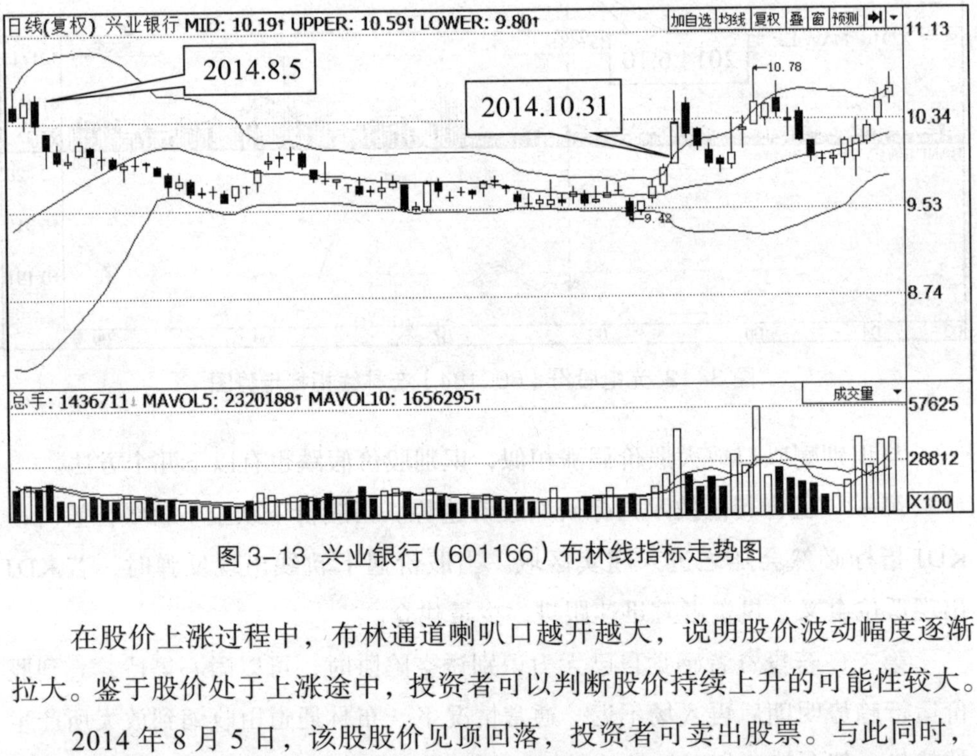

图 3–13 兴业银行（601166）布林线指标走势图

在股价上涨过程中，布林通道喇叭口越开越大，说明股价波动幅度逐渐拉大。鉴于股价处于上涨途中，投资者可以判断股价持续上升的可能性较大。

2014 年 8 月 5 日，该股股价见顶回落，投资者可卖出股票。与此同时，布林通道喇叭口越来越小，说明股价波动幅度正在萎缩，未来股价将会出现盘整状态。

此后该股一直横盘调整，股价波动范围极为有限。此时投资者可保持观望，静待股价选择突破方向后再入场不迟。

2014 年 10 月 31 日，该股股价连续第三个交易日上攻，股价 K 线上涨至布林线上轨线位置，且喇叭口重新开始放大。这说明股价将启动上涨行情，投资者可以考虑追涨买入。

布林通道喇叭口收缩，说明股价波动幅度减小，行情进入了盘整阶段。不过，在股价盘整过程中，并不一定会以横盘的形式出现，也许会出现向右上方倾斜的横盘调整，即股价单边小幅上涨，或者出现向右下方倾斜式横盘，即股价单边小幅下跌。

第四章

布林线与K线信号组合分析

布林线作为一种非常有价值的技术分析框架，当其与股价K线的一些经典顶部形态和底部形态结合起来分析时，发出的交易信号往往更加准确。

第一节　布林线与 K 线底部形态

底部识别是关系到投资者能否选准入场点的关键问题。若底部判断错误，后面的操作再成功，也可能会面临交易亏损。因此利用布林线与 K 线底部形态组合判断买入点，在很大程度上能够对交易成功起到双保险作用。

一、利用布林线研判 W 底形态

W 底形态是股价 K 线筑底过程中经常出现的一种形态。

1. W 底形态及交易要点

W 底又称双重底，出现在一段下跌行情的末尾。该形态有两个明显的价格低谷，且两个低谷的最低点大致处于同一价位上，形状就像是一个英文字母 W。通过第一个反弹高点画一条水平直线，就得到了 W 底的颈线。如图 4-1 所示。

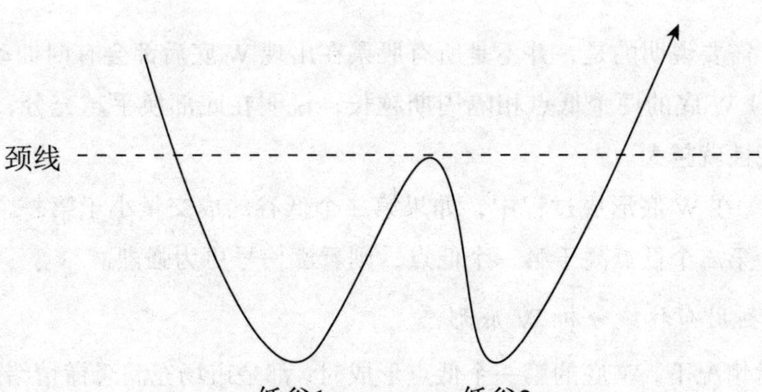

图 4–1　W 底形态

W 底是一种转势形态，出现该形态预示跌势将告一段落，行情将走入上升通道。

（1）W 底形态是较为可靠的看涨信号，投资者看到此形态后应考虑买入股票。

（2）在股价突破颈线时，应该伴随着成交量的放大；如果成交量太小，则突破的效果会大打折扣，后市极有可能出现横盘震荡走势。

（3）股价突破颈线后，颈线就从阻力位变成了支撑位。之后股价可能会对颈线有一个回抽动作，以测试突破的有效性，如图 4-2 所示。如果股价在此位置获得支撑，则 W 底形态得到确认，这也是较为明确的买入信号，投资者可以大胆买入。如果支撑失败，则 W 底形态失效，投资者应选择出局观望。需要说明的是，并不是所有股票在出现 W 底后都会有回抽动作。

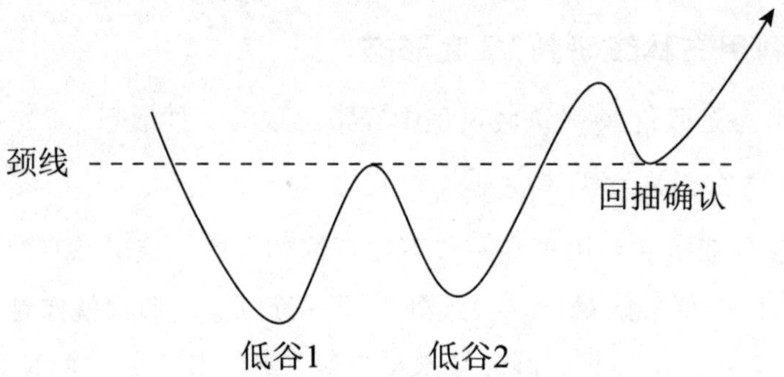

图 4-2 W 底回抽确认

（4）W 底的两个低点相隔周期越长，说明在底部换手越充分，后市上涨的可能性就越大。

（5）在 W 底形成过程中，如果第二个低谷的成交量小于第一个低谷的成交量，第二个低点高于第一个低点，则看涨信号更为强烈。

2. 利用布林线分析 W 底形态

通常情况下，W 底的第一个低点形成时，都是市场充满恐慌情绪的时刻，因而股价下跌速度较快。第二个低点形成时，速度往往会减弱很多。借助布林线分析就会发现，第一个低点通常会落到布林线下轨线位置，甚至会跌破下轨线，而第二个低点则会落在布林通道内部，如图 4-3 所示。

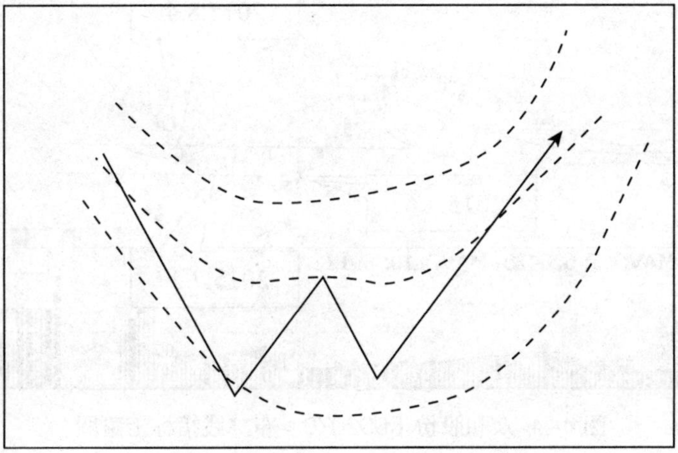

图 4–3 理想化的股价 W 底形态与布林线走势图

布林线与 W 底组合分析要点如下。

（1）股价 K 线形成 W 底时，若第一个底位于下轨线附近或跌破下轨线，而第二个底位于布林通道内部，则说明筑底成功的概率很高。此后，若股价向上突破中轨线或颈线位，投资者可以考虑买入股票。

如图 4-4 所示，众和股份的股价在 2015 年 6 月中旬开始了一波暴跌走势。

该股股价经过一段时间的下跌后，出现了筑底迹象。股价在底部震荡过程中，分别于 7 月 6 日和 7 月 29 日形成两个低点。股价形成低点后都出现了反弹走势，这表明 W 底形态正式形成。

W 底形态形成过程中，第二个底明显高于第一个底，且第一个底触及了布林通道下轨线，而第二个底则位于布林通道内部，这说明该底部形态非常完美，后市股价上涨的概率很高。投资者可在股价向上突破中轨线的 8 月 4 日买入该股。

（2）按照对 W 底的通常理解，当第二个底高于第一个底时，才是比较明确的买入信号。若第二个底低于第一个底，则买入信号较弱。如果利用布

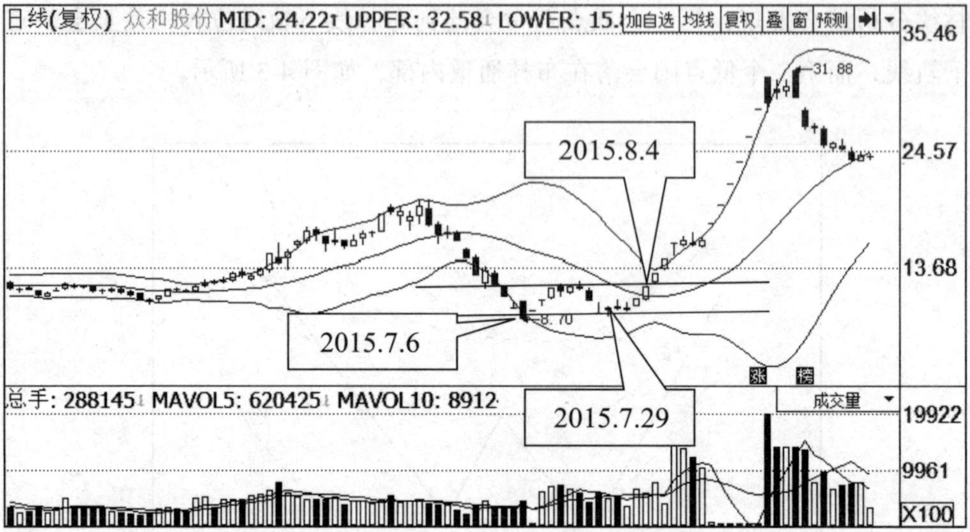

图 4-4 众和股份（002070）布林线指标走势图

林线来分析这一底部形态，可以把重点放在股价 K 线与布林线下轨线的位置关系上。若 W 底的第一个底接近或跌破了下轨线，而第二个底在布林通道内部，那么就可以视为第二个底高于第一个底。当然，这是相对下轨线而言的。此时，该形态仍可以作为明确的底部买入信号使用。

为了便于分析股价 K 线与下轨线的位置关系，在具体分析时，可以参考 %b 指标。股价形成 W 底时，若 %b 指标形成的两个底部后一个高于前一个，则可以说明第二个底在布林线中的位置高于第一个，说明此底部形态可以作为有效的买入信号。

如图 4-5 所示，精伦电子的股价在 2015 年 8 月中旬开始了一波暴跌走势。

该股股价经过一段时间的下跌后出现了筑底迹象。股价在底部震荡过程中，分别于 9 月 18 日和 9 月 29 日形成两个低点。股价形成低点后都出现了反弹走势，这表明 W 底形态正式形成。

W 底形态形成过程中，第二个底明显低于第一个。但第一个底触及了布林通道的下轨线，而第二个底则位于布林通道内部。对照 %b 指标走势可以看出，如果第二个低点对应的 %b 指标值远远高于第一个，说明股价在通道

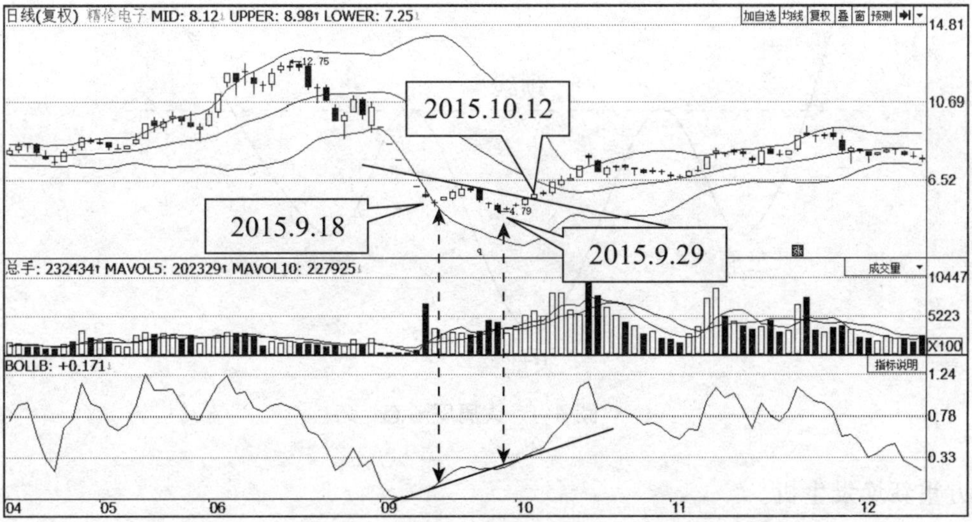

图 4-5 精伦电子（600355）布林线指标走势图

内部的位置有所上升，股价未来向好的可能性很大。

投资者可在股价向上突破颈线位的 10 月 12 日买入该股，也可以等到股价向上突破中轨线时再买入。

（3）W 底形成后的买点分析。股价筑底完成后，若强势向上放量突破重要阻力位，如颈线位或中轨线，则可以认定买点有效；若股价上攻意愿并不强烈，那么投资者就需要多看少动，宁可错过，也不要过早介入。

（4）W 底止损位设置。按照股价突破中轨线或颈线位的方法买入股票后，若股价反转下跌，可以考虑在股价跌破 W 底最低点时卖出股票止损。

二、利用布林线研判头肩底形态

头肩底形态是股价 K 线筑底过程中经常出现的一种形态。

1. 头肩底形态及交易要点

头肩底出现在下跌行情中，由三个低谷组成，左右两个低谷相对较浅，基本处在同一水平位置上，中间一个低谷的低点明显低于左右两个低谷的低点，其形态就像一个倒立的人的头部和两肩。如图 4-6 所示。

头肩底形态是一种较为强烈的反转形态，表示空方力量被不断消耗，多

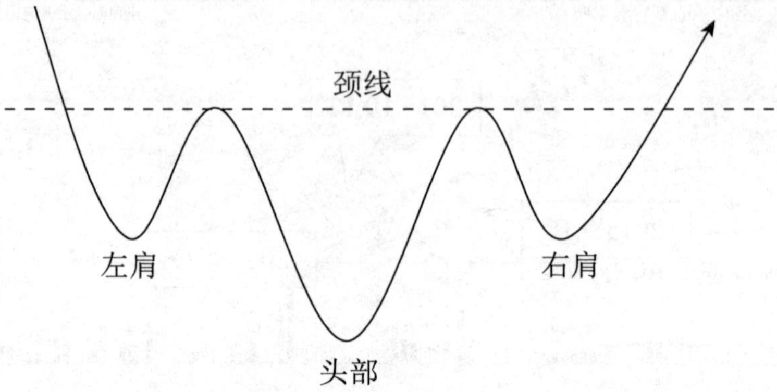

图 4-6 头肩底形态

方重新焕发生机。

头肩底形态的基本操作要点包括以下几方面。

（1）头肩底形态是较为可靠的牛市信号，此形态出现之后，常常会出现一波较为可观的上涨行情。投资者看到头肩底形态后，应果断买入股票，持股待涨。

（2）当股价冲破了阻力线（颈线）位置，表示头肩底形态构筑完成，这是头肩底形态的第一个买入信号，此时投资者可以果断买入。在股价突破颈线时，必须要有成交量激增的配合，否则可能是一个假突破。但是如果突破后成交量逐渐增加，该形态也可以确认。

（3）股价突破头肩底的阻力线（颈线）后，往往不久之后就会回抽到颈线附近，如图 4-7 所示。如果股价止跌回升，则向上突破的有效性得到确认，这是第二个买入信号。但是这样的回抽有时不会出现，因此投资者切不可把回抽确认作为自己唯一的买入点，以免踏空行情。

（4）成交量是判断头肩底形态信号强弱的一个重要指标。在形成左肩和头部的过程中，如果成交量极度萎缩，在冲破颈线形成右肩的过程中，成交量却显著放大，那么看涨信号的可靠性更高。

（5）头肩底形态可能演变成多个头部或多个肩部形态，但是其基本的技术含义并没有改变，并不影响作为头肩底形态来进行研判。

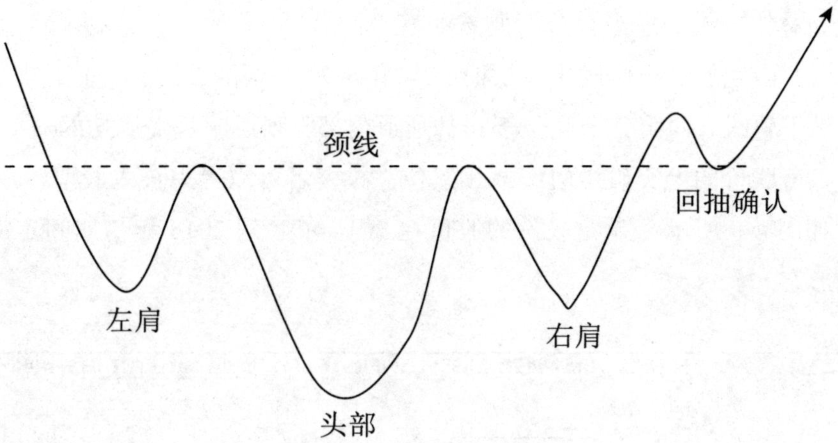

图 4-7　头肩底形态的确认

2. 利用布林线分析头肩底形态

通常情况下，头肩底的左肩低点形成时，都是市场恐慌情绪极度强烈的时刻，因而股价下跌速度较快。左肩形成后，会有很多抢反弹者入场抢筹，导致庄家再次打压股价，直至股价跌破第一个低点，从而形成一个新的低点即头部。

头部可能会和左肩一样，落在布林通道下轨线位置，当然也有可能落在布林通道内部。其后股价再次被拉起，不过此时成交量已经开始萎缩。庄家再次打压股价，只是为拉升股价做的一个准备工作。此时形成的右肩一般会高于左肩和头部，且落在布林通道内部，如图 4-8 所示。

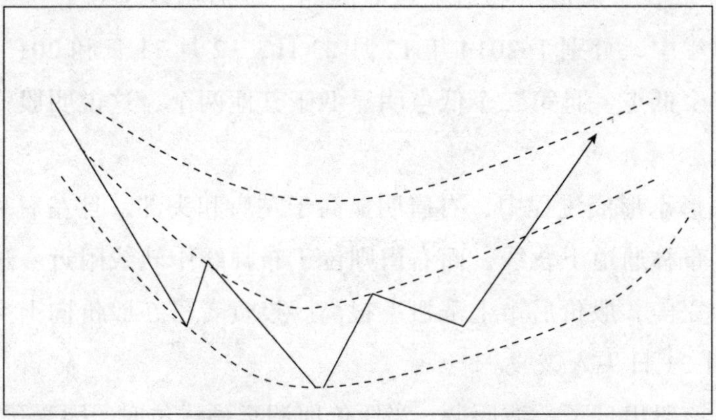

图 4-8　理想化的股价头肩底与布林线走势图

布林线与头肩底组合分析要点如下。

（1）股价 K 线形成头肩底时，若第一个底和第二个底位于下轨线附近或跌破下轨线，而第三个底位于布林通道内部，则说明筑底成功的概率很高。此后，若股价向上突破中轨线或颈线位，投资者可以考虑买入股票。

如图 4-9 所示，鼎龙股份的股价在 2014 年底到 2015 年初期间走出了头肩底形态。

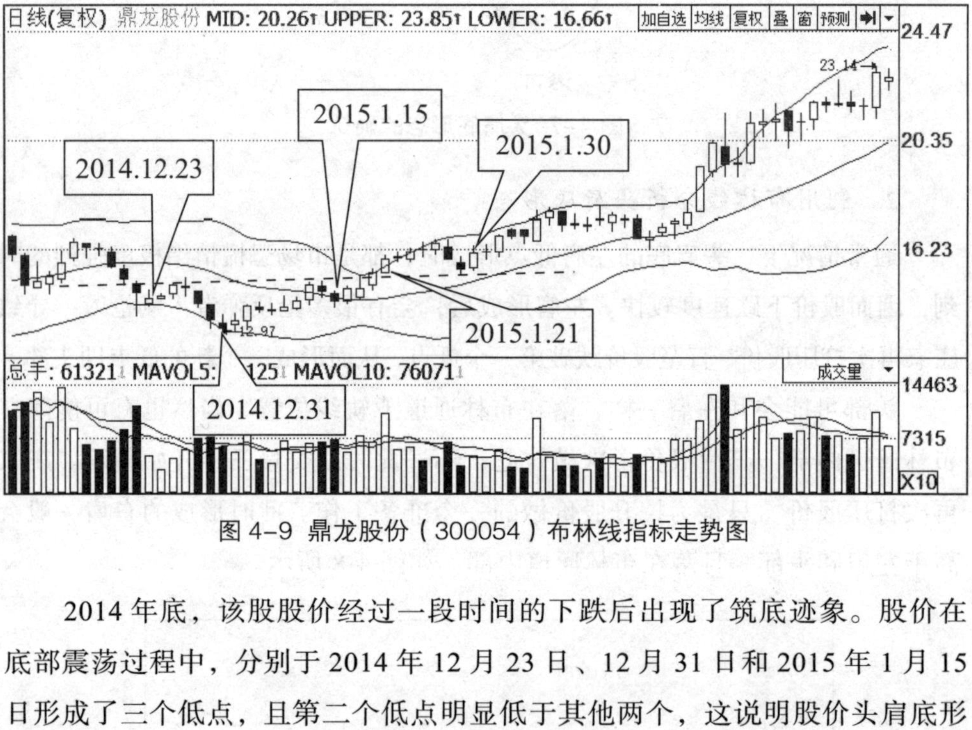

图 4-9 鼎龙股份（300054）布林线指标走势图

2014 年底，该股股价经过一段时间的下跌后出现了筑底迹象。股价在底部震荡过程中，分别于 2014 年 12 月 23 日、12 月 31 日和 2015 年 1 月 15 日形成了三个低点，且第二个低点明显低于其他两个，这说明股价头肩底形态正式确立。

头肩底形态形成过程中，右肩明显高于左肩和头部，且左肩和头部股价 K 线触及了布林通道下轨线，而右肩则位于布林线中轨线附近。这说明该底部形态非常完美，股价后市上涨概率很高。投资者可在股价向上突破颈线的 2015 年 1 月 21 日买入该股。

其后，该股出现了一波回调。当股价回调至颈线位时，因受颈线位支撑，于 1 月 30 日再度上升，这是该股一个较好的加仓点。

（2）按照对头肩底的通常理解，当右肩高于左肩时，才是比较明确的买入信号。若右肩低于左肩，则买入信号较弱。不过，如果利用布林线来分析这一底部形态，就可以把重点放在股价 K 线与布林线下轨线的位置关系上。若头肩底的左肩接近或跌破了下轨线，而右肩在布林通道内部，那么可以视为右肩高于左肩。当然，这是相对下轨线而言的，此时该形态仍可作为明确的底部买入信号使用。

与 W 底形态相似，为了便于分析股价 K 线与下轨线的位置关系，投资者在具体分析时，也可以使用 %b 指标。股价形成头肩底左右两肩时，若 %b 指标对应的右肩数值明显高于左肩，则可以说明右肩在布林线中的位置高于左肩，这说明该底部形态可以作为有效的买入信号。

如图 4-10 所示，台基股份的股价在 2014 年底期间走出了头肩底形态。

图 4-10 台基股份（300046）布林线指标走势图

2014 年 12 月，该股股价经过一段时间的下跌后出现了筑底迹象。股价在底部震荡过程中，分别于 2014 年 12 月 10 日、12 月 22 日和 12 月 30 日形成了三个低点，且第二个低点明显低于其他两个，这说明股价头肩底形态正式确立。

头肩底形态形成过程中，右肩要低于左肩。按照股价 K 线头肩底形态的解读，该形态的看涨指示作用较弱。但若借助布林线指标来分析，就可以发现左肩和头部股价 K 线触及了布林通道下轨线，而右肩则位于布林线中轨线附近。通过观察 %b 指标可知，该头肩底的右肩对应的 %b 值远远高于左肩和头部，这属于比较明确的看涨信号，投资者可在股价向上突破颈线或中轨线时买入该股。

（3）头肩底形成后的买点分析。股价筑底完成后，若强势向上放量突破重要阻力位，如颈线位或中轨线，则可以认定买点有效；若股价上攻意愿并不强烈，那么投资者就需要多看少动，宁可错过，也不要过早介入。

（4）头肩底的右肩最低点若位于布林线中轨线上方，则未来股价看涨的意味更强。

（5）头肩底止损位设置。按照股价突破中轨线或颈线位的方法买入股票后，若股价反转下跌，则可考虑在股价跌破头肩底最低点时卖出股票止损。

三、利用布林线研判三重底形态

三重底形态是股价 K 线筑底过程中经常出现的一种形态，与头肩底非常相似。

1. 三重底形态及交易要点

三重底出现在一段下跌行情的末尾，其形态表现为：股价在低位波动中经历三次下跌，但都在低点获得支撑并反弹，从而形成三个价格低谷，这三个价格低谷的低点大致处于同一价位上。将三重底两次反弹的高点相连，就是三重底的颈线。如图 4-11 所示。

三重底形态是一种较为强烈的反转形态，表示空方力量不断被消耗，多方重新焕发生机。

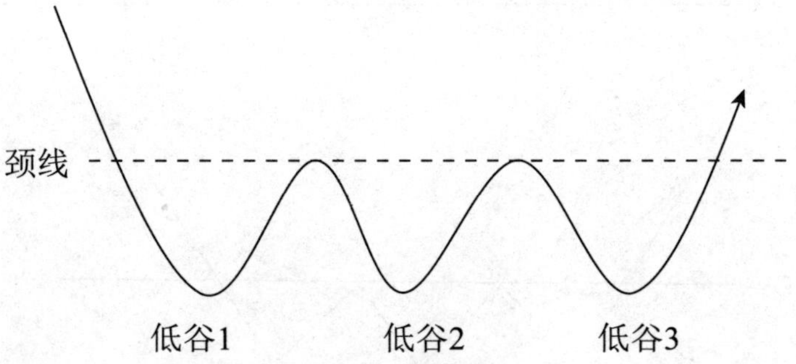

图 4-11　三重底形态

三重底形态的基本操作要点包括以下几个方面。

（1）在三重底形态尚未构筑成功时，如果股价第三次向上反弹势头强劲且伴随着成交量的放大，则说明形成三重底的可能性很大。这时激进的投资者可以适量买入。

（2）股价突破颈线位置时，表明三重底形态已经基本成立，投资者应该有效把握这一时机积极买进，并把颈线位置设为自己的止损位。

（3）股价突破颈线后，也可能在不久之后回抽到颈线附近进行确认。如果股价重新上涨，则证明形态有效，投资者可以加仓买入。

（4）三重底的三次上攻过程中，成交量如果呈现出逐次放大的态势，则后市上涨的可能性更大。最后一次上攻时，应该是带量突破颈线，这样上涨信号更有效。

2. 利用布林线分析三重底形态

通常情况下，三重底的第一个低点形成时，都是市场充满恐慌的时刻，因而股价下跌速度较快。第一个低点形成后，有很多抢反弹者入场抢筹，结果庄家只是试探性拉升后便再度向下打压。如此反复两次，以消磨投资者的耐心。通常情况下，三重底的后两个低点大多会落在布林通道内部，如图 4-12 所示。

布林线与三重底组合分析要点如下。

（1）股价 K 线形成三重底时，若第一个底位于下轨线附近或跌破下

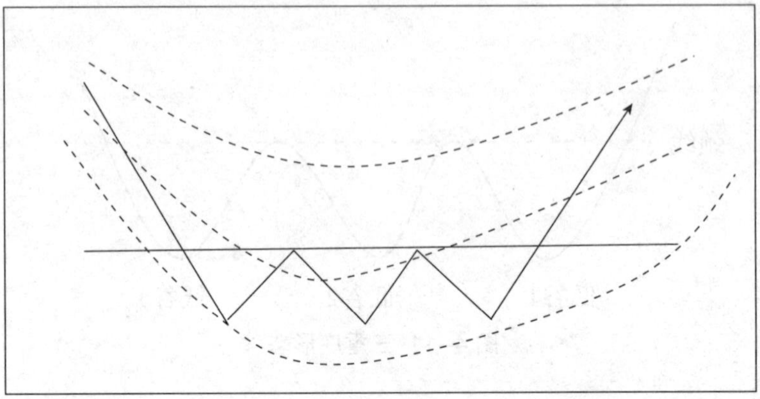

图 4-12 理想化的股价三重底与布林线走势图

轨线，而第二个、第三个底位于布林通道内部，则说明筑底成功的概率很高。此后若股价向上突破中轨线或颈线位，投资者可以考虑买入股票。

如图 4-13 所示，杉杉股份的股价在 2015 年 8 月底到 9 月初走出了三重底形态。

2015 年 8 月底，该股股价经过一段时间的下跌后出现了筑底迹象。股价在底部震荡过程中，分别于 2015 年 8 月 26 日、9 月 2 日和 9 月 15 日形成

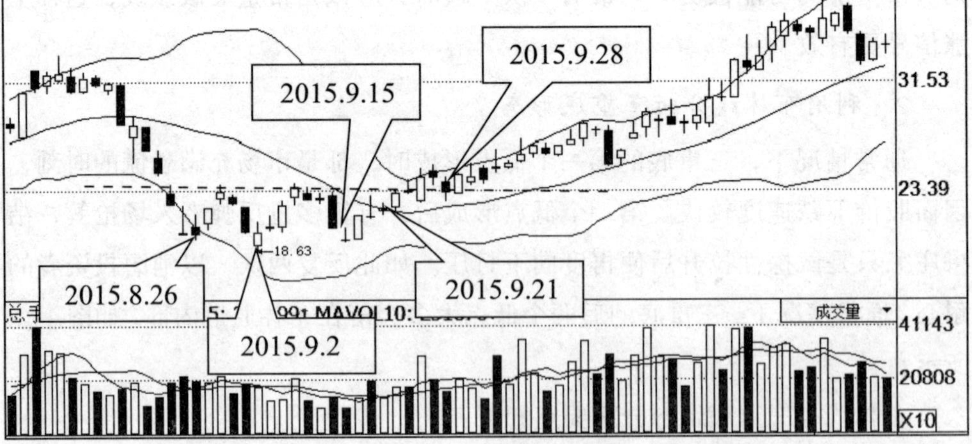

图 4-13 杉杉股份（600884）布林线指标走势图

了三个低点，且这三个低点几乎在同一条直线上，这说明三重底形态基本确立。

三重底形态形成过程中，第一个低点触及了布林通道下轨线，第二个和第三个低点则位于布林通道内部，这说明股价后市上涨的概率很高。投资者可以在股价向上突破中轨线的 9 月 21 日，或向上突破颈线位的 9 月 28 日买入该股。

（2）与头肩底形态相似，为了便于分析股价 K 线与下轨线的位置关系，在具体分析时，也可以使用 %b 指标。股价形成的三重底中，第二个底和第三个底明显低于第一个，若后两个底对应的 %b 指标数值明显高于第一个底，说明此底部形态仍可作为有效的买入信号，如图 4-14 所示。

如图 4-14 所示，骆驼股份的股价在 2015 年 8 月底到 9 月底期间走出了三重底形态。

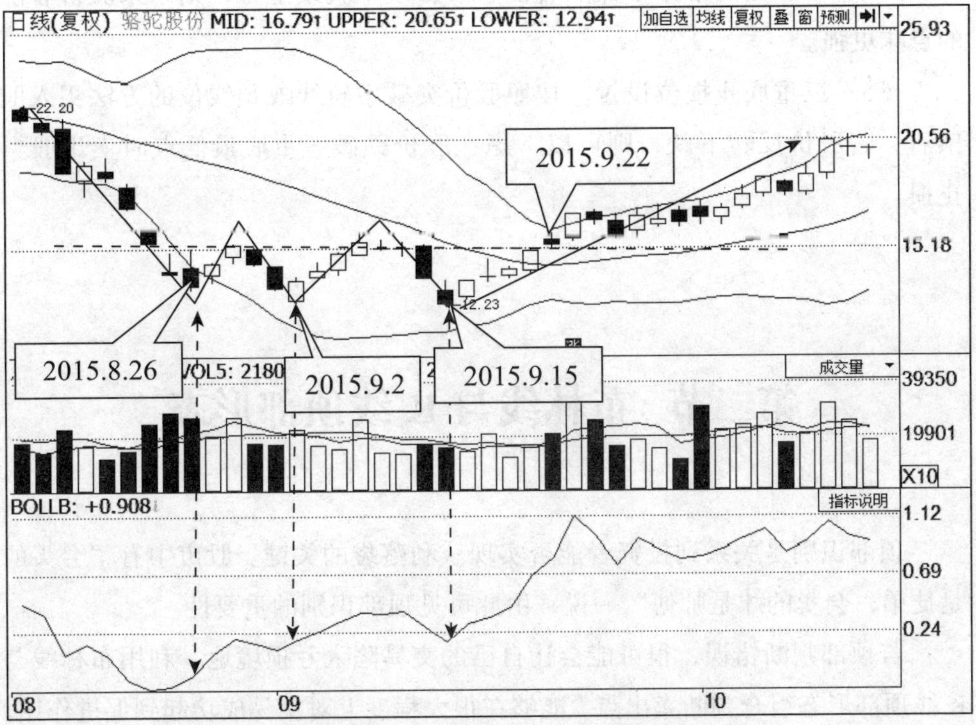

图 4–14　骆驼股份（600884）布林线指标走势图

2015 年 8 月，该股股价经过一段时间的下跌后出现了筑底迹象。股价在底部震荡过程中，分别于 2015 年 8 月 26 日、9 月 2 日和 9 月 15 日形成了三个低点，且这三个低点几乎位于一条直线上，这说明股价三重底形态基本确立。

三重底形态形成过程中，第一个低点触及了布林通道下轨线，第二个和第三个低点则落在布林通道内部。此时对照 %b 指标可以发现，三重底形成过程中，%b 对应的三个低点呈现一个比一个高的态势。这说明股价在布林通道内的相对位置在不断提升，未来股价继续上升的概率很高。投资者可在股价向上突破颈线位的 9 月 22 日进行买入操作。

（3）三重底形成后的买点分析。股价筑底完成后，若强势向上放量突破重要阻力位，如颈线位或中轨线，则可以认定买点有效；若股价上攻意愿并不强烈，那么投资者就需要多看少动，宁可错过，也不要过早介入。

（4）三重底的第三个低点若位于布林线中轨线上方，则未来股价看涨的意味更强。

（5）三重底止损位设置。按照股价突破中轨线或颈线位的方法买入股票后，若股价反转下跌，则可以考虑在股价跌破三重底最低点时卖出股票止损。

第二节　布林线与 K 线顶部形态

顶部识别是关系到投资者能否实现获利落袋的关键。股市中有“会买的是徒弟，会卖的才是师傅”一说，由此可见顶部识别的重要性。

若顶部判断错误，很可能会让自己的交易陷入亏损境地。利用布林线与 K 线顶部形态组合判断卖出点，能够在很大程度上对交易成功起到促进作用。

一、利用布林线研判 M 顶形态

M 顶形态是股价 K 线筑顶过程中经常出现的一种形态。

1. M 顶形态及交易要点

M 顶又称双重顶，出现在一段上涨行情的末尾。该形态有两个明显的价格高峰，且两个高峰的最高点大致处于同一价位，形状就像是一个英文字母 M，如图 4-15 所示。

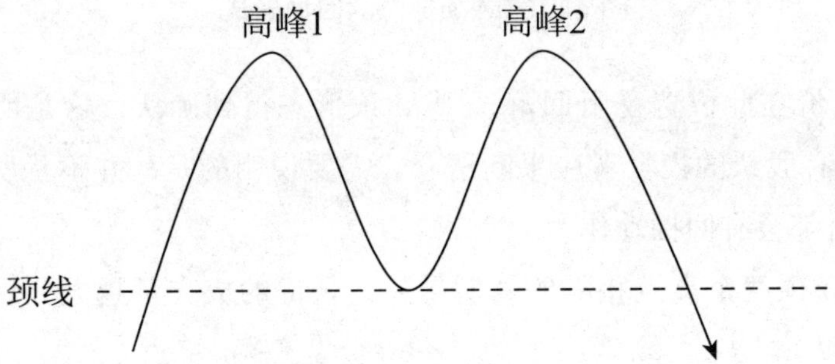

图 4-15 M 顶形态示意图

M 顶是一种转势形态，出现这一形态预示着股价涨势告一段落，行情将进入下跌通道。

（1）M 顶形态是较为可靠的看跌信号，投资者看到此形态后，应考虑卖出股票。

（2）M 顶形态尚未形成，一些经验老道的投资者便会提前嗅出危险，并将手中的股票沽出。形成第一个高峰之后，如果股价出现较大幅度的下跌，其后股价再度上升到前期高点附近，但无法突破前期高点，同时成交量较前期明显减少，则有形成 M 顶的可能。这时投资者应先卖出部分股票，轻仓观望。

（3）M 顶第一个明确的卖出信号出现在股价突破颈线位置时，这表明 M 顶形态基本形成，投资者应把握时机，尽快卖出股票。

（4）股价跌破颈线后，颈线从支撑位变成了阻力位。之后股价可能会对颈线有一个回抽动作，以测试突破的有效性，如 4-16 所示。

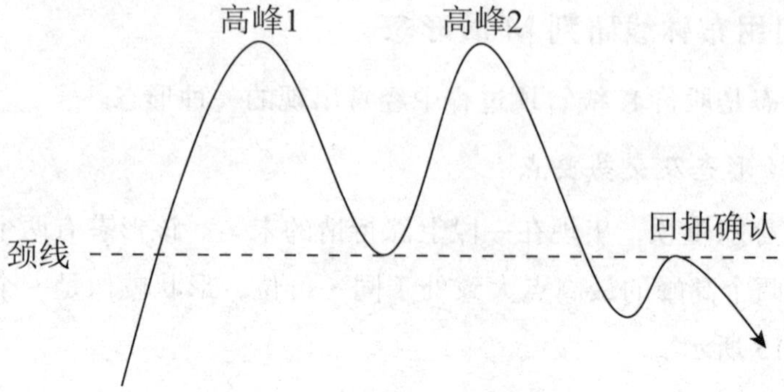

图 4–16 M 顶形态的回抽确认

如果股价在此位置受阻回落，则 M 顶形态得到确认，这是明确的卖出信号，仍持有股票的投资者应果断清仓。需要说明的是，并不是所有股票在出现 M 顶后都会有回抽动作。

（5）M 顶两个高点相隔的周期越长，顶部的成交量越大，后市下跌的可能性就越大。

2. 利用布林线分析 M 顶形态

通常情况下，M 顶的第一个高点形成时，都是市场情绪比较疯狂的时刻，因而股价上涨速度较快。第二个高点形成时，速度往往会减弱好多。

借助布林线分析就会发现，第一个高点通常会落到布林线上轨线位置，甚至会向上突破上轨线，而第二个高点则会落在布林通道内部，如图 4-17 所示。

布林线与 M 顶组合分析要点如下。

（1）股价 K 线形成 M 顶时，若第一个顶位于上轨线附近或向上突破了上轨线，而第二个顶位于布林通道内部，则说明筑顶成功的概率很高。此后，若股价向下跌破中轨线或颈线位，投资者可以考虑卖出股票。

如图 4-18 所示，太极股份的股价 2013 年 9 月下旬明显加快了上升速度。

该股股价经过一段时间的上涨后，出现了筑顶迹象。股价在顶部震荡过程中，分别于 10 月 10 日和 10 月 21 日形成两个高点。股价形成高点后都出

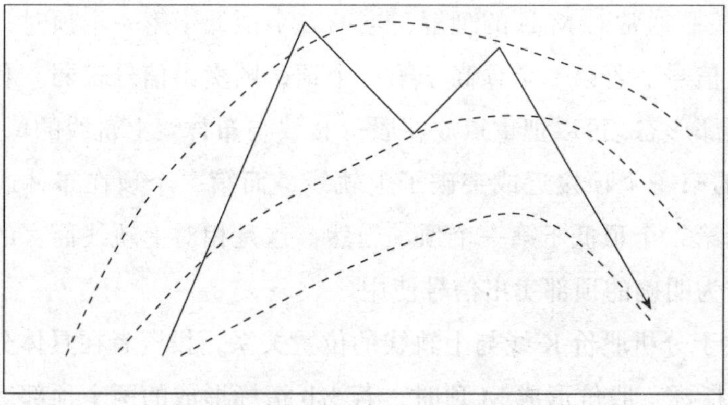

图 4-17　理想化的股价 M 顶与布林线走势图

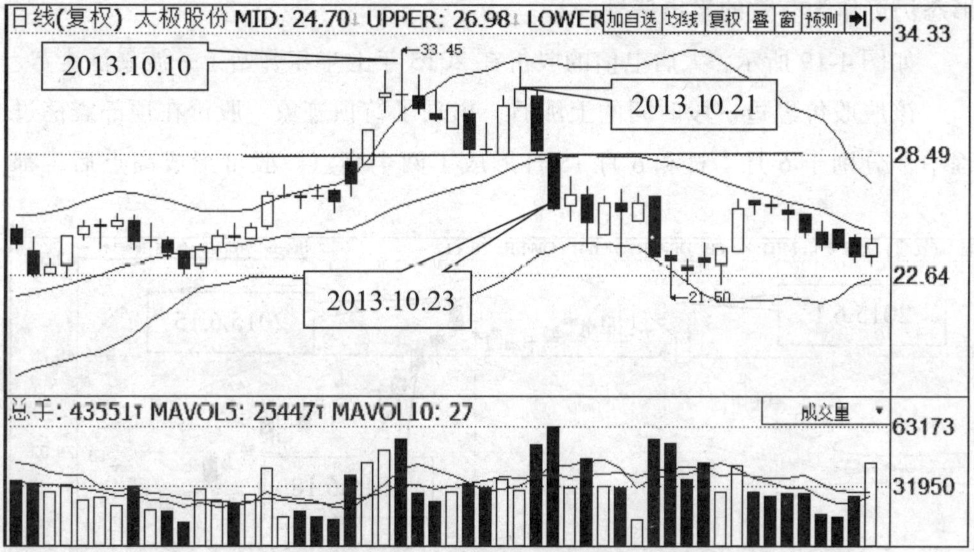

图 4-18　太极股份（002070）布林线指标走势图

现了下跌走势，这表明 M 顶形态基本形成。

M 顶形态形成过程中，第二个顶明显低于第一个，且第一个顶突破了布林通道上轨线，第二个顶则位于布林通道内部，这说明该顶部形态非常完美，股价后市下跌的概率很高。投资者可以在股价向下突破中轨线的 10 月 23 日卖出该股。

（2）按照通常对 M 顶的理解，当第二个顶低于第一个顶时，才是比较明确的卖出信号。若第二个顶高于第一个顶，则卖出信号较弱。利用布林线分析这一顶部形态，可以把重点放在股价 K 线与布林线上轨线的位置关系上，即若 M 顶的第一个顶接近或突破了上轨线，而第二个顶在布林通道内部，就可以视为第二个顶低于第一个顶。当然，这是相对上轨线而言的，此时该形态仍可作为明确的顶部卖出信号使用。

为了便于分析股价 K 线与上轨线的位置关系，投资者在具体分析时，可以参考 %b 指标。股价形成 M 顶时，若 %b 指标形成的两个顶部后一个低于前一个，则说明第二个顶在布林线中的位置要低于第一个，这就说明该顶部形态仍可作为有效的卖出信号。

如图 4-19 所示，大唐电信的股价在 2015 年上半年开始了一波暴涨走势。

该股股价经过一段时间的上涨后，出现了筑顶迹象。股价在顶部震荡过程中，分别于 6 月 1 日和 6 月 15 日形成了两个高点。股价形成高点后，都

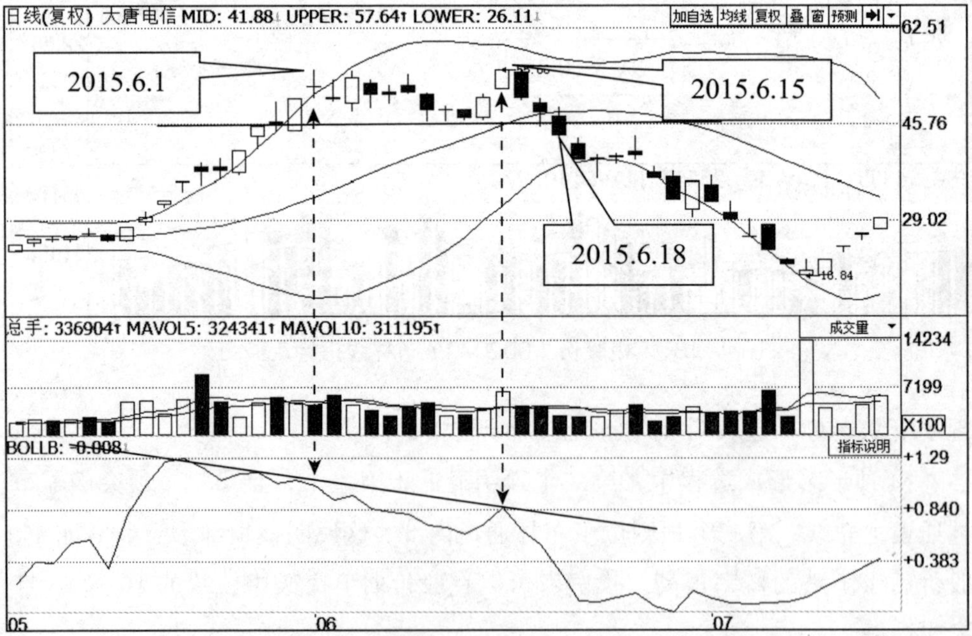

图 4-19 大唐电信（600198）布林线指标走势图

出现了回调走势，这表明 M 顶形态正式形成。

M 顶形态形成过程中，第二个顶明显高于第一个顶，但第一个顶触及了布林通道的上轨线，而第二个顶则位于布林通道内部。对照 %b 指标的走势可以看出，第二个低点对应的 %b 指标值要远远低于第一个，这说明股价在通道内部的位置有所下降，股价未来向坏的可能性很大。

投资者可在股价向下突破颈线位和中轨线的 6 月 18 日卖出该股。

（3）M 顶形成后的卖点分析。股价筑顶完成后，若强势向下突破重要支撑位，如颈线位或中轨线，则可认定卖点有效；若股价杀跌意愿并不强烈，那么投资者也应该尽量避免风险，至少采取减半仓的操作。

（4）M 顶判断失败的处理。按照股价跌破中轨线或颈线位的方法卖出股票后，若股价反转上涨，则可考虑在股价突破 M 顶最高点时追涨买入。

二、利用布林线研判头肩顶形态

头肩顶形态也是股价 K 线筑顶过程中经常出现的一种形态。

1. 头肩顶形态及交易要点

头肩顶出现在上涨行情中，由三个高峰组成，左右两个高峰相对较低，基本处在同一水平位置上，中间一个高峰的高点明显高于左右两个高峰的高点，其形态就像一个人的头部和两肩。如图 4-20 所示。

头肩顶形态是一种较为强烈的反转形态，表示多方力量不断消耗，空方逐渐占据主动。

（1）头肩顶形态是较为可靠的转势信号，此形态出现之后，常常会伴随一波较为显著的下跌行情。投资者看到头肩顶形态后，应果断卖出股票，持币观望。

（2）如果第二个高点的成交量较第一个高点大幅萎缩，就暗示了头肩顶出现的可能性，“先知先觉”的投资者可以在右肩形成的过程中卖出股票。

（3）股价跌破支撑线（颈线）位置，表示头肩顶形态构筑完成，这是头肩顶形态第一个较为明确的卖出信号。如果颈线向下倾斜，表示后市下跌

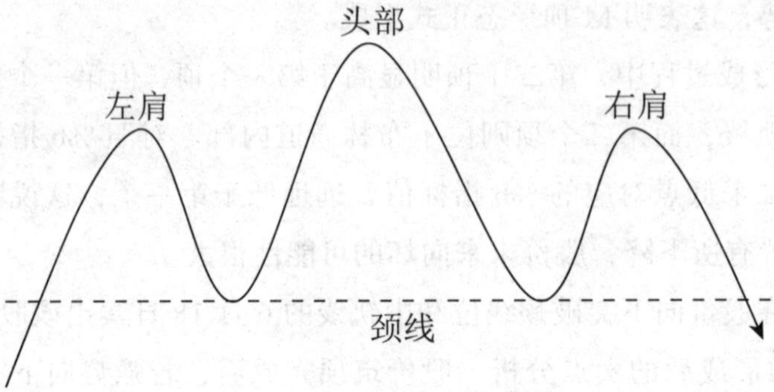

图 4-20 头肩顶形态

的可能性更大，投资者更应该选择离场。

（4）股价向下突破头肩顶的支撑线（颈线）后，往往会在不久之后回抽到颈线附近，如图 4-21 所示。如果股价上探后接着向下回落，则向下突破的有效性得到确认，这是第二个明确的卖出信号。但是这样的回抽并不一定会出现，因此投资者切不可把它作为自己唯一的卖出点，以免被深度套牢。

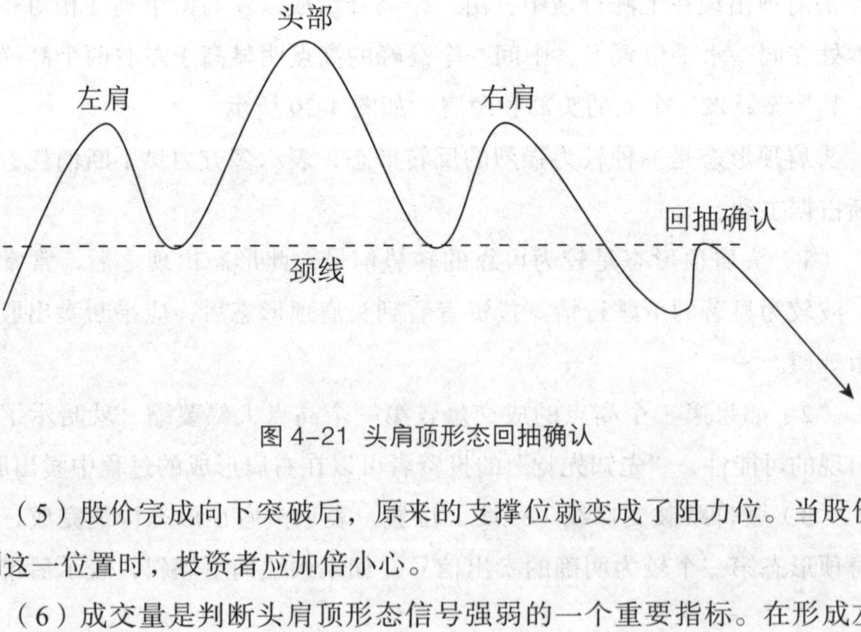

图 4-21 头肩顶形态回抽确认

（5）股价完成向下突破后，原来的支撑位就变成了阻力位。当股价上升到这一位置时，投资者应加倍小心。

（6）成交量是判断头肩顶形态信号强弱的一个重要指标。在形成左肩和头部的过程中，如果成交量显著放大，冲破颈线形成右肩的过程中成交量却出现萎缩，说明看跌信号的可靠性更高。

2. 利用布林线分析头肩顶形态

通常情况下，头肩顶的左肩高点出现时，都是市场情绪极为疯狂的时刻，因而股价上涨速度较快。左肩形成后，有很多短线交易者离场，其后庄家再次拉升股价，直至股价突破前一个高点，从而形成一个新的高点即头部。

头部可能会和左肩一样，落在布林通道上轨线位置，当然也有可能会落在布林通道内部。其后股价再次被打压，不过此时成交量已经开始萎缩。庄家再次拉升股价，只是为顺利出货做的准备工作，此时形成的右肩一般会低于左肩和头部，且落在布林通道内部，如图 4-22 所示。

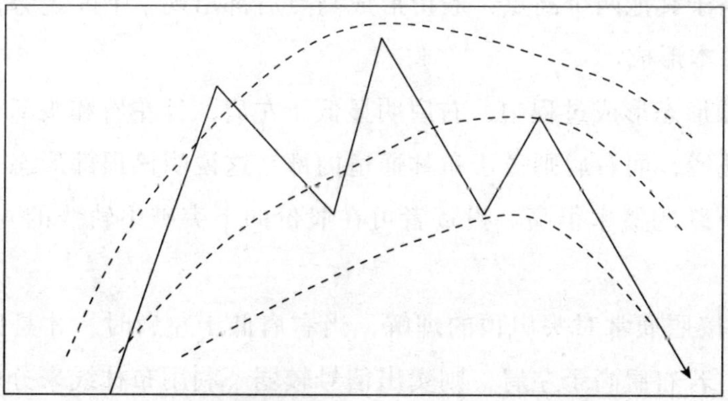

图 4-22 理想化的股价头肩顶与布林线走势图

布林线与头肩顶的组合分析要点如下。

（1）股价 K 线形成头肩顶时，若第一个顶和第二个顶位于上轨线附近或突破上轨线，而第三个顶位于布林通道内部，则说明筑顶成功的概率很高。此后，若股价向下突破中轨线或颈线位，投资者可以考虑卖出股票。

如图 4-23 所示，银江股份的股价在 2015 年 5 月明显加快了上升速度。

该股股价经过一段时间的上涨后，出现了筑顶迹象。股价在顶部震荡过程中，分别于 5 月 22 日、6 月 4 日和 6 月 10 日形成了三个高点，且中间的

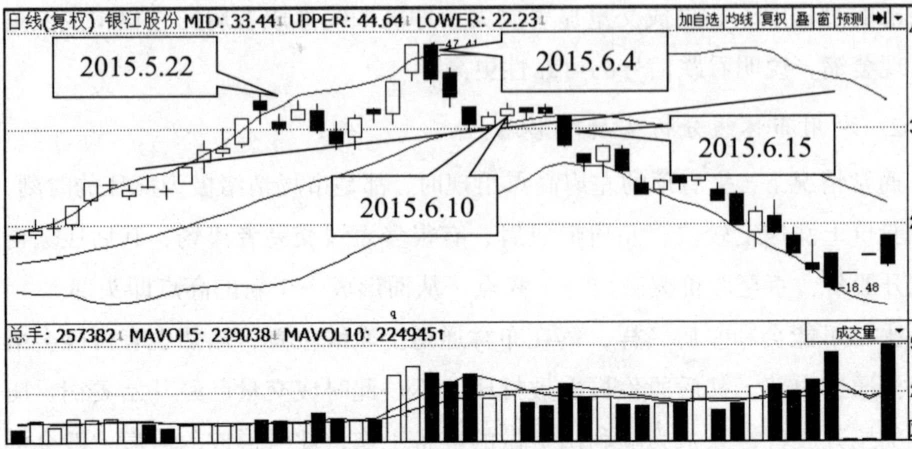

图 4-23 银江股份（300020）布林线指标走势图

高点明显高于其他两个高点，股价形成高点后都出现了下跌走势，这表明头肩顶形态基本形成。

头肩顶形态形成过程中，右肩明显低于左肩，且左肩和头部突破了布林通道的上轨线，而右肩则位于布林通道内部，这说明该顶部形态非常完美，后市股价下跌的概率很高。投资者可在股价向下突破中轨线的 6 月 15 日卖出该股。

（2）按照通常对头肩顶的理解，当右肩低于左肩时，才是比较明确的卖出信号；若右肩高于左肩，则卖出信号较弱。利用布林线来分析这一顶部形态，可以把重点放在股价 K 线与布林线上轨线的位置关系上，即头肩顶的左肩接近或突破上轨线，而右肩在布林通道内部运行，那么就可以视为右肩低于左肩。当然，这是相对上轨线而言的。此时，该形态仍可作为明确的顶部卖出信号使用。

与 M 顶形态相似，为了便于分析股价 K 线与上轨线的位置关系，在具体分析时，投资者也可以使用 %b 指标。即若股价形成头肩顶左右两肩时，若 %b 指标对应的右肩数值明显低于左肩，则可说明右肩在布林线中的位置要低于左肩，这就说明此顶部形态仍可作为有效的卖出信号。

如图 4-24 所示，江特电机的股价在 2015 年 6 月期间走出了头肩顶形态。

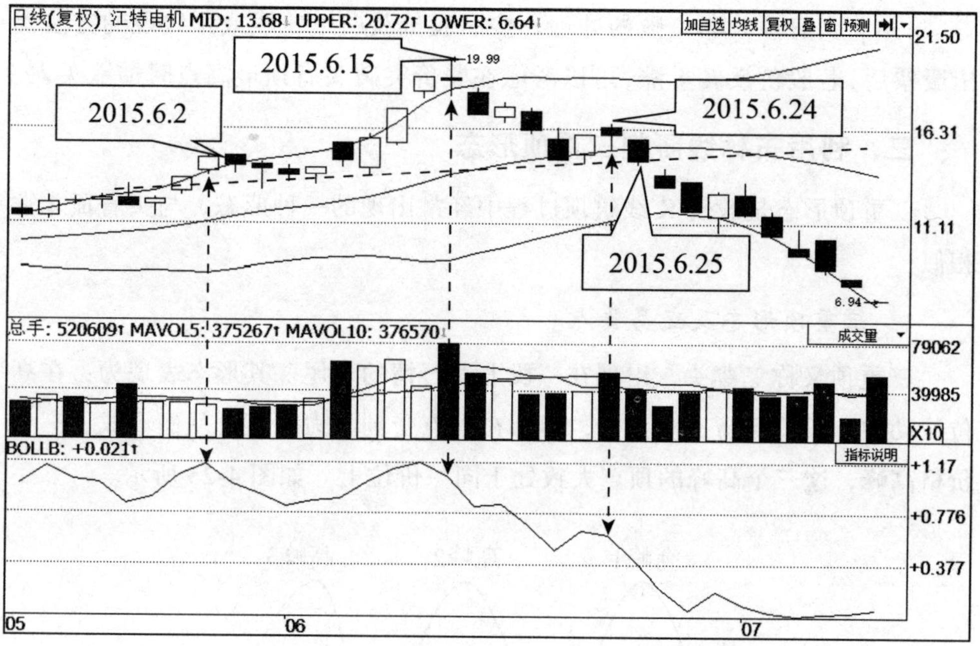

图 4-24　江特电机（002176）布林线指标走势图

2015 年 6 月，该股股价经过一段时间的上涨后出现了筑顶迹象。股价在顶部震荡过程中，分别于 2015 年 6 月 2 日、6 月 15 日和 6 月 24 日形成了三个高点，且第二个高点明显高于其他两个高点，这说明股价头肩顶形态正式确立。

头肩顶形态形成过程中，右肩要高于左肩。按照股价 K 线头肩顶形态的解读，该形态的看跌指示作用较弱。但若借助布林线系统分析，可以发现左肩和头部股价 K 线触及了布林通道上轨线，右肩则位于布林线中轨线附近。通过观察 %b 指标可知，该头肩顶的右肩对应的 %b 值远远低于左肩和头部，这属于比较明确的看跌信号，投资者可在股价向下跌破颈线或中轨线时卖出该股。

（3）头肩顶形成后的卖点分析。股价筑顶完成后，若强势向下突破重要阻力位，如颈线位或中轨线，可以认定卖点有效；若股价杀跌意愿并不强烈，投资者也应该尽量避免风险，至少采取减半仓的操作。

（4）头肩顶判断失败的处理。按照股价跌破中轨线或颈线位的方法卖出股票后，若股价反转上涨，可以考虑在股价突破头肩顶最高点时追涨买入。

三、利用布林线研判三重顶形态

三重顶形态是股价 K 线筑顶过程中经常出现的一种形态，与头肩顶非常相似。

1. 三重顶形态及交易要点

三重顶又称三尊头，出现在一段上涨行情的末尾。其形态表现为：在高位波动中，股价经历三次上升，但都在高点受到阻力回落，从而形成了三个价格高峰，这三个高峰的顶点大致处于同一价位上。如图 4-25 所示。

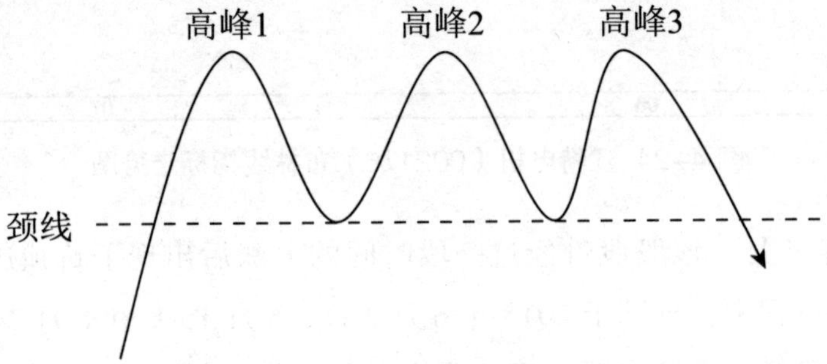

图 4-25 三重顶形态

三重顶是一种强烈的转势形态。在该形态的构筑过程中，多方力量逐渐枯竭，而空方力量开始聚集。该形态的出现，表示未来将会有一波可怕的下跌行情。

（1）三重顶形态是较为可靠的看跌信号，投资者看到此形态后应考虑卖出股票。

（2）在三重顶形态尚未完成时，如果前两次上攻失败，第三次上攻出现成交量萎缩的状况，或是未能达成之前的高度，则说明多方缺乏上攻动能，形成三重顶形态的可能性极大。此时投资者应该进行减磅操作。

（3）当股价跌破颈线位置时，表明三重顶形态已经构筑完成，投资者应将手中的股票尽快卖出。

（4）股价跌破颈线后，也可能不久之后会回抽到颈线附近予以确认，如图4-26所示。这时股价往往会受阻再度下跌。对于投资者来说，这仍是一次卖出的良机。这时仍然持股的投资者应该将手中的股票全部沽空。但这一回抽动作并不一定会出现，所以投资者千万不能有等到回抽之后再“孤注一掷”的想法。

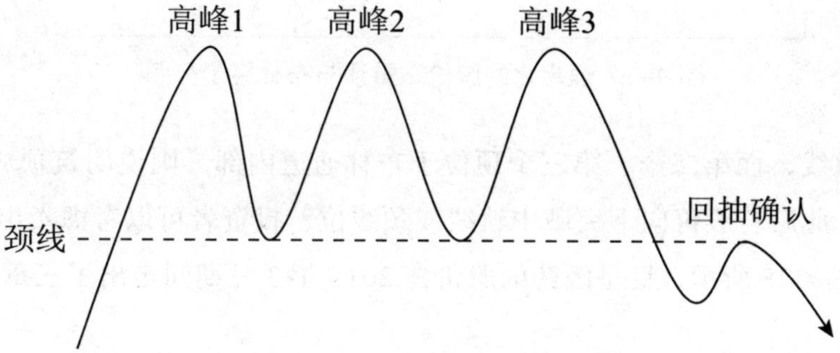

图4-26　三重顶形态回抽确认

（5）在三重顶的三次回落过程中，成交量要呈现出逐次减少的态势，否则极有可能造成形态失败。最后一次回落时，如果成交量非常小，则更能显示出下跌行情的征兆。

2. 利用布林线分析三重顶形态

通常情况下，三重顶的第一个高点形成时，都是市场情绪疯狂的时刻，因而股价上升速度较快。第一个高点形成后，有很多短线交易者离场，庄家开始出货。而后庄家再利用较少的筹码将股价向上拉升，以吸引更多的投资者入场。如此反复两次，可以消耗投资者的资金，达成自己出货的目的。

通常情况下，三重顶中的后两个高点会落在布林通道内部，如图4-27所示。

布林线与三重顶组合分析要点如下。

（1）股价K线形成三重顶时，若第一个顶部位于上轨线附近或向上突

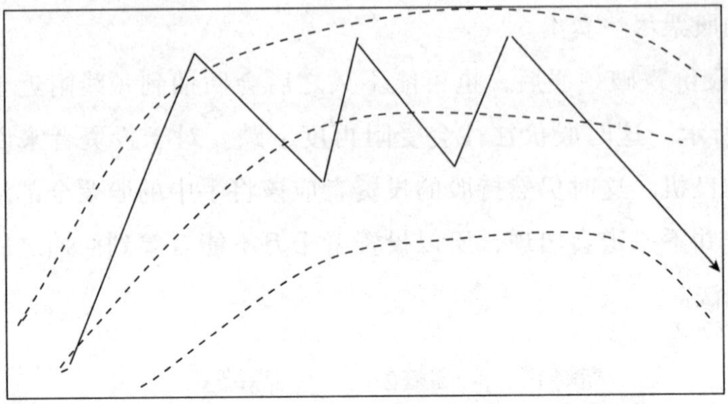

图 4-27 理想化的股价三重顶与布林线走势图

破了上轨线，而第二个、第三个顶位于布林通道内部，则说明筑顶成功的概率很高。此后若股价向下突破中轨线或颈线位，投资者可以考虑卖出股票。

如图 4-28 所示，复星医药的股价在 2014 年 3 月期间走出了三重顶形态。

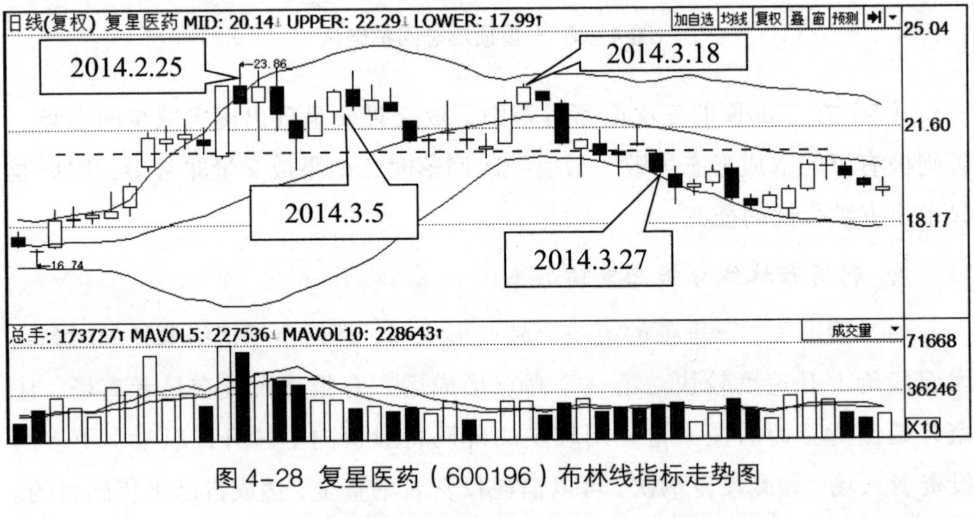

图 4-28 复星医药（600196）布林线指标走势图

2014 年 2 月底，该股股价经过一段时间的上涨后出现了筑顶迹象。股价在顶部震荡过程中，分别于 2014 年 2 月 25 日、3 月 5 日和 3 月 18 日形成三个高点，且这三个高点几乎在同一条直线上，这说明三重顶形态基本确立。

三重顶形态形成过程中，第一个高点超过了布林通道的上轨线，第二个和第三个高点则位于布林通道内部，这说明股价后市下跌的概率很高。投资者可在股价向下跌破中轨线的 3 月 27 日卖出该股。

（2）与头肩顶形态相似，为了便于分析股价 K 线与上轨线的位置关系，在具体分析时，投资者也可以使用 %b 指标。如果股价形成的三重顶中第二个顶和第三个顶明显高于第一个，且后两个顶部对应的 %b 指标数值明显低于第一个顶部，说明此顶部形态仍可作为有效的卖出信号。

如图 4-29 所示，重庆港九的股价在 2015 年 5 月底到 6 月底期间走出了三重顶形态。

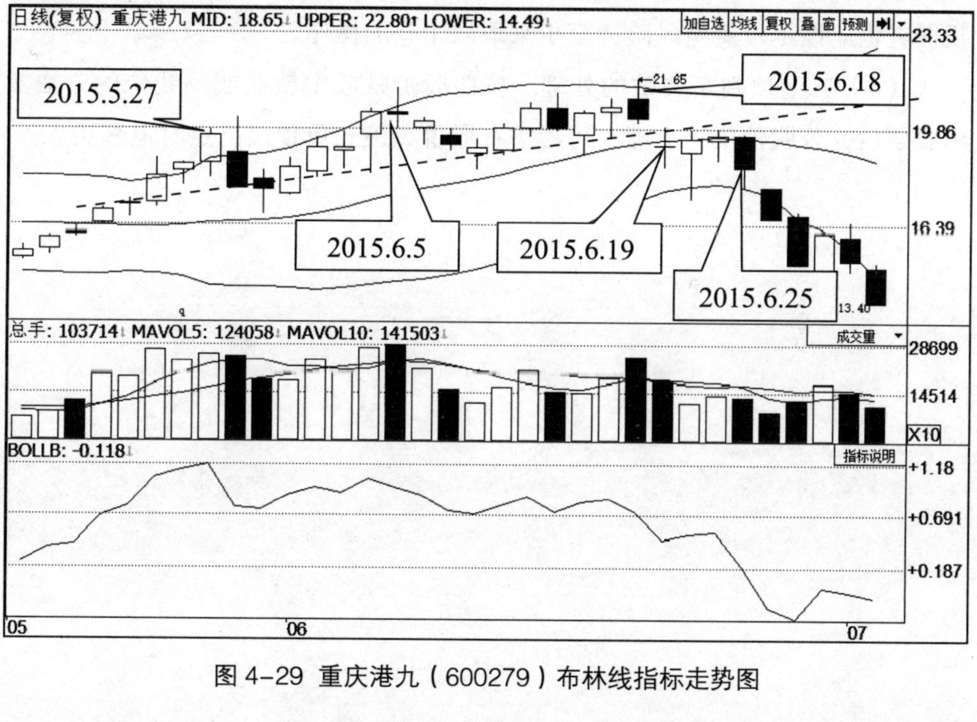

图 4-29 重庆港九（600279）布林线指标走势图

2015 年 5 月，该股股价经过一段时间的上升后出现了筑顶迹象。股价在顶部震荡过程中，分别于 2015 年 5 月 27 日、6 月 5 日和 6 月 18 日形成了三个高点，且这三个高点几乎位于一条直线上，这说明股价三重顶形态基本确立。

三重顶形态形成过程中，第一个高点突破了布林通道上轨线，第二个高点又触及了上轨线，而第三个高点则落在了布林通道内部。此时对照 %b 指标可以发现，三重顶形成过程中，%b 对应的三个高点呈现一个比一个低的态势，这说明股价在布林通道内的相对位置不断降低，未来股价继续下跌的概率很高。投资者可在股价向下跌破颈线位的 6 月 19 日进行卖出操作。

其后该股股价出现了回抽动作，但股价反弹至三重顶颈线位时，因受阻力而再度下跌，这是投资者最后一次减仓的机会。

（3）三重顶形成后的卖点分析。股价筑顶完成后，若强势向下突破重要支撑位，如颈线位或中轨线，则可认定卖点有效；若股价杀跌意愿并不强烈，投资者也应该尽量避免风险，至少采取减半仓的操作。

（4）三重顶判断失败的处理。按照股价跌破中轨线或颈线位的方法卖出股票后，若股价反转上涨，可考虑在股价突破三重顶最高点时追涨买入。

第五章

布林线与其他指标综合分析技术

与其他技术指标不同，布林线提供的是一个类似于交易框架的分析工具。在这个交易框架内部，投资者还可以选用其他一些自己比较信任的技术指标进行综合分析，这样获得的交易信号可能会更加准确。

第一节　%b 指标与 MFI 指标组合分析

量在价先，股价的涨跌都是由资金运动形成的。%b 指标可以描述股价在布林通道内所处的相对位置，而 MFI 指标则反映了资金流入情况。%b 指标与 MFI 指标之间的关系，从某种意义上来说，直接反映了股价与资金的协调关系。

一、MFI 指标的基本特性

资金流量指标，又称量相对强弱指标，英文全称为 Money Flow Index，简称 MFI，是由威尔斯·威尔德（Wells Wilder）在 1989 年 3 月提出的。MFI 指标实际上是将相对强弱指标 RSI 加以修改，综合考虑价格与成交量的关系后设计出来的。如图 5-1 所示。

MFI 指标具有如下几项特性。

第一，MFI 反映了资金流动情况。当 MFI 指标持续走高时，说明有资金持续流入。若此时股价上升，则是一种良好的量价配合状态。

第二，MFI 指标持续上升超过一定限度时，意味着可能存在资金消耗过大的情况，未来股价存在下跌的风险，但这并不意味着股价一定会下跌。

第三，MFI 指标的走势与股价走势不一致，则说明该股票存在量价背离的问题，未来可能会出现趋势反转。

第四，MFI 指标持续下降超过一定限度时，说明存在资金冷却到极点的情况，资金存在回流的可能，未来股价存在反弹的可能。

图 5-1 MFI 指标示意图

二、MFI 指标的交易含义

量在价先，是股票交易中的一项最基本的原则。股价的上涨或下跌都是由于资金进出引起的，因而资金流向的变化，在某种程度上会对股价的涨跌起到一定的预测作用。

1. MFI 指标的超买与超卖

MFI 指标超买，说明资金流入量达到较高水平，之后难以持续；MFI 指标超卖，则说明资金流入量达到极低水平，这也是一种不可持续的情况。

（1）MFI 指标超买。MFI 指标进入 80 线以上区域时，说明市场存在超买现象，未来资金流入有减弱的可能，同时也说明资金正处于加速流入期间，股价很可能正在加速上涨。此时，投资者需要观察 MFI 指标的波动情况。一旦 MFI 指标自 80 线以上区域向下拐头并跌破 80 线，可以考虑卖出股票。

如图 5-2 所示，中国平安的股价在 2013 年初启动了一波上升走势。在

图 5-2 中国平安（601318）MFI 指标走势图

股价上升过程中，MFI 指标也随之不断上升，并于 2013 年 1 月 31 日进入超买区域。这说明股价已经进入高位，未来有下跌的风险。不过此时投资者仍可继续持股。

2 月 8 日，该股股价以阴十字线报收，同时 MFI 指标向下跌破了 80 线。这说明资金流入情况发生了逆转，投资者可在当日卖出股票。

（2）MFI 指标超卖。MFI 指标进入 20 线以下区域时，说明市场存在超卖现象，未来资金流入有增加的可能。同时也说明资金正处于加速流出期间，股价很可能正在下跌。此时，投资者需要观察 MFI 指标的波动情况。一旦 MFI 指标自 20 线以下区域向上拐头并突破 20 线，可以考虑少量建仓股票。

如图 5-3 所示，奥飞动漫的股价在 2012 年底启动了一波下跌走势。在股价下跌过程中，MFI 指标也随之不断下跌，并于 2012 年 11 月 27 日进入超卖区域。这说明股价已经进入低位，未来有反弹的可能。不过此时投资者仍可继续观望。

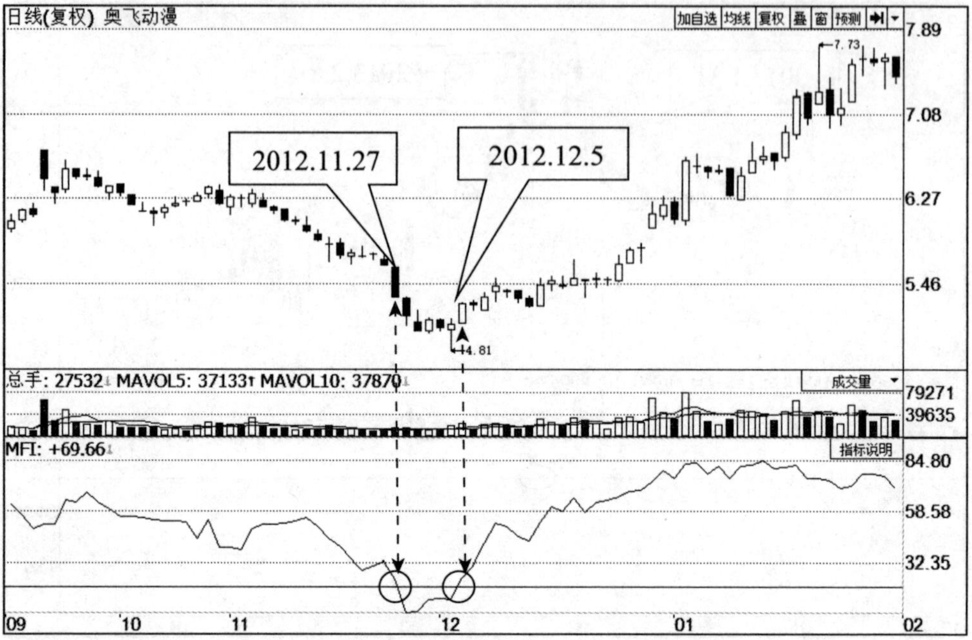

图 5-3 奥飞动漫（002292）MFI 指标走势图

12 月 5 日，该股股价以大阳线报收，同时 MFI 指标向上突破了 20 线，这说明资金流入情况发生了逆转，投资者可在当日买入股票。

2. MFI 指标背离

股价与 MFI 指标背离，说明股价当前的运动趋势难以持续，未来股价运行趋势可能会发生转势。

（1）MFI 指标底背离。MFI 指标进入 20 线附近区域时，股价出现了震荡下跌走势，并形成了两个明显的底部，且这两个底部一个比一个低。随着股价的波动，MFI 指标也出现了两个明显的底部，但这两个底却一个比一个高。这说明股价与 MFI 指标存在底背离现象，未来股价反弹的概率非常大，如图 5-4 所示。

如图 5-4 所示，万达信息的股价在 2013 年底启动了一波下跌走势。在股价下跌过程中，于 2013 年 12 月 6 日和 12 月 23 日形成了两个明显低点，且后一个低于前一个。

图 5-4 万达信息（300168）MFI 指标走势图

与此同时，MFI 指标也随之不断下跌，并形成了两个低点，不过 MFI 形成的低点中，后一个明显高于前一个。这说明 MFI 指标与股价存在底背离，未来股价有反弹的可能。投资者可在底背离形成后、股价启动反弹时追涨买入该股。

（2）MFI 指标顶背离。MFI 指标进入 80 线附近区域时，股价出现了震荡上涨走势，并形成了两个明显的顶部，且这两个顶部一个比一个高。随着股价的波动，MFI 指标也出现了两个明显的顶部，但这两个顶却一个比一个低。这说明股价与 MFI 指标存在顶背离现象，未来股价下跌的概率非常大。

如图 5-5 所示，江苏国泰的股价在 2014 年初启动了一波上涨走势。在股价上涨过程中，于 2014 年 2 月 10 日和 3 月 4 日形成了两个明显的高点，且后一个要高于前一个。

与此同时，MFI 指标也随之不断上升，并形成了两个高点。不过 MFI 形成的高点中，后一个明显低于前一个。这说明 MFI 指标与股价存在顶背离，

图 5-5 江苏国泰（002091）MFI 指标走势图

未来股价有下跌的可能。投资者可在顶背离形成后、股价启动下跌时卖出该股。

三、%b 指标突破 0.8+MFI 指标突破 80 线

%b 指标是一个反映股价在布林通道内部位置的指标。当 %b 指标等于 1 时，股价已经到达上轨线位置，说明股价呈强势上升状态；当 %b 等于 0 时，股价已经处于下轨线位置，说明股价呈强势下跌状态。

MFI 指标进入 80 线以上区域时，说明该指标已经进入超买区域，未来股价存在下跌的风险，此时股价往往正处于加速上升期。与此同时，若 %b 指标同步上穿 0.8 线，则可增强买入信号的准确性。

如图 5-6 所示，怡亚通的股价在 2015 年上半年启动了一波上涨走势。随着股价的上涨，布林通道喇叭口也开始放大。与此同时，股价在布林通道内的位置逐渐上移，MFI 指标也逐渐上升。

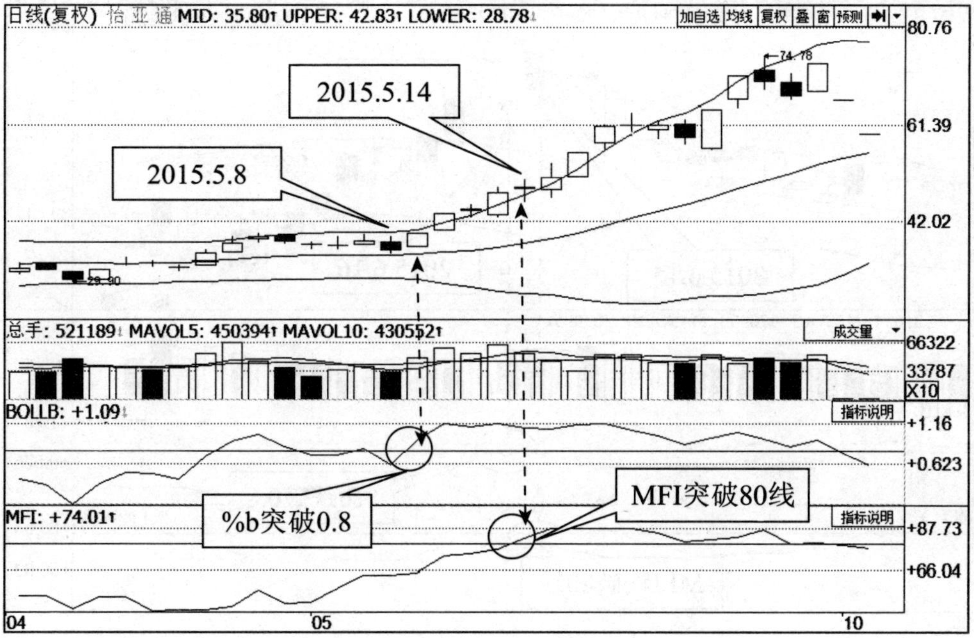

图 5-6 怡亚通（002183）MFI 指标走势图

2015 年 5 月 8 日，该股股价上升至布林线上轨线附近时，对应的 %b 指标也向上突破了 0.8 线，这说明股价走势较强。同时 MFI 指标正自下而上运行，这时激进的投资者可以重仓介入，保守型投资者可以少量参与，待 MFI 指标向上突破 80 线时再加仓。

2015 年 5 月 14 日，MFI 指标向上突破 80 线，说明资金流入速度明显加快，未来股价将加速上涨。投资者可在此时加仓买入该股。

投资者需要注意，股价加速上升时，往往也是股价即将见顶之时。若资金流入减弱，股价滞涨，则应考虑卖出股票。

四、%b 指标跌破 0.8+MFI 指标跌破 80 线

MFI 指标自高位拐头向下跌破 80 线，说明该指标已经自超买区返回，资金流入减弱，未来股价存在下跌的风险，此时股价往往处于筑顶期。与此同时，若 %b 指标同步下穿 0.8 线，则可增强卖出信号的准确性。

如图 5-7 所示，华谊兄弟的股价在 2015 年上半年启动了一波上涨走势。

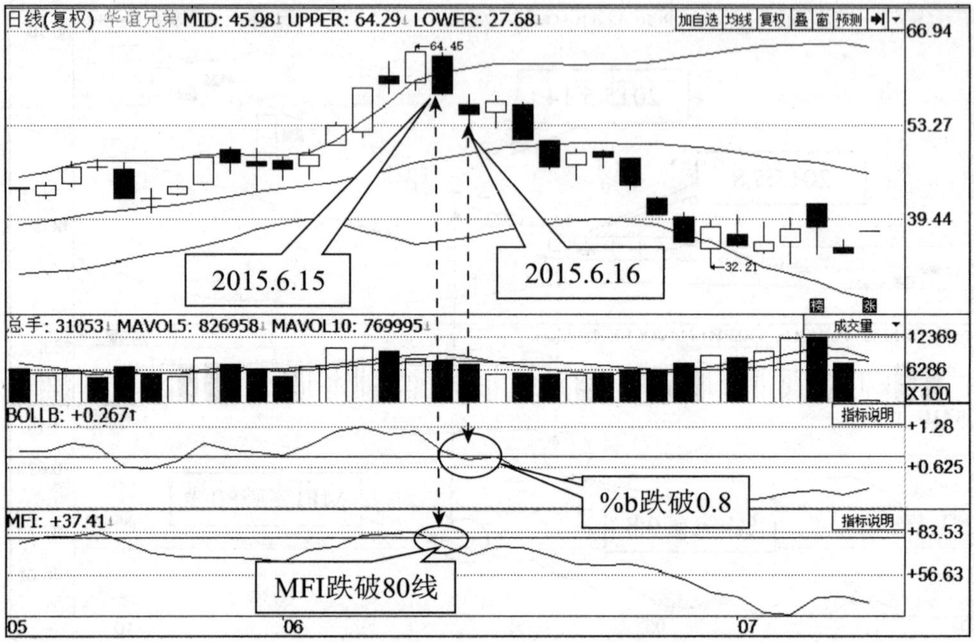

图 5-7 华谊兄弟（300027）MFI 指标走势图

随着股价的上涨，%b 指标和 MFI 指标也随之不断上升，并进入超买区域。

2015 年 6 月 15 日，该股以跌停报收，MFI 指标向下跌破 80 线，这说明资金流入减弱，未来股价下跌的风险在加大。次日，即 6 月 16 日，该股再度下挫，%b 指标跌破了 0.8 线，这也是一个比较显著的卖出信号。

至此，%b 指标和 MFI 指标同步显现卖出信号，投资者可放心执行卖出操作。

五、%b 指标突破 0.2+MFI 指标突破 20 线

MFI 指标自低位拐头向上突破 20 线，说明该指标已经自超卖区返回，资金流入加强，未来股价存在反弹的可能，此时股价往往处于筑底期。与此同时，若 %b 指标同步上穿 0.2 线，则可增强买入信号的准确性。

如图 5-8 所示，烽火通信的股价在 2012 年底启动了一波下跌走势。随着股价的下跌，%b 指标和 MFI 指标也随之不断下跌，并进入超卖区域。

2012 年 11 月 29 日，该股收出小十字星，MFI 指标向上突破 20 线，这

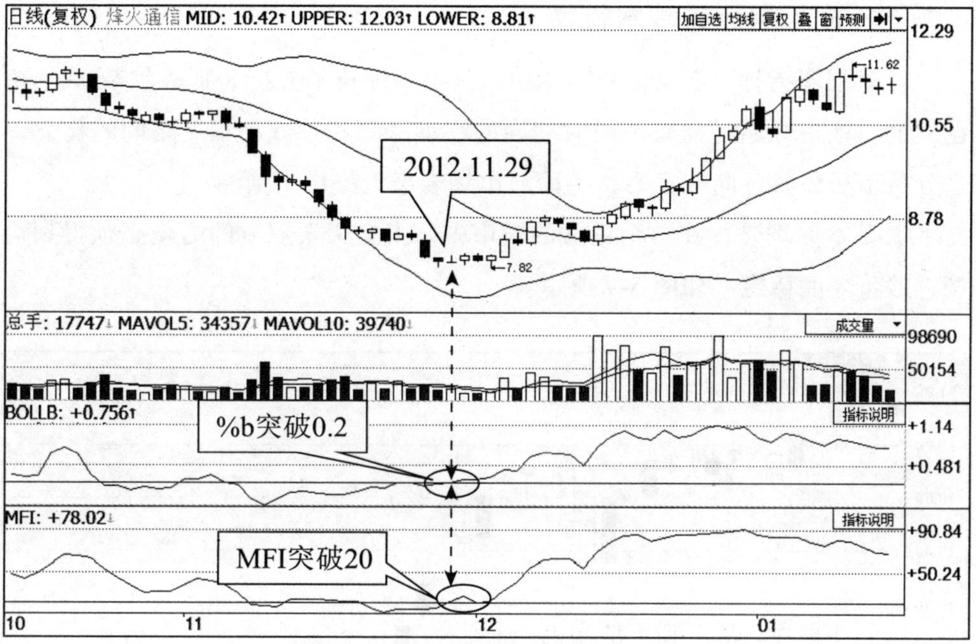

图 5-8　烽火通信（600498）MFI 指标走势图

说明资金流入增加，未来股价反弹的可能在加大。同日，%b 指标向上突破了 0.2 线，这也是一个比较显著的买入信号。

至此，%b 指标和 MFI 指标同步显现底部反弹信号，投资者可执行买入操作。

第二节　布林线与 RSI 指标组合分析

RSI 指标反映了多空力量强弱的变化，布林线指标则给出了股价运动的一个大致区间。当股价运行至区间边界，且 RSI 指标提示多空力量变化时，说明股价运行趋势可能会发生变化。

一、RSI 指标的基本特性

相对强弱指标，英文简称为 RSI，是由美国技术分析大师威尔斯·威尔德创立的。该指标通过比较一段时期内的收盘涨幅和总波动幅度之间的比值，来分析市场买卖意向和实力，从而对市场未来走势作出预测。

其基本原理是，在一个正常的股市中，多空买卖双方的力量必须得到均衡，股价才能稳定。如图 5-9 所示。

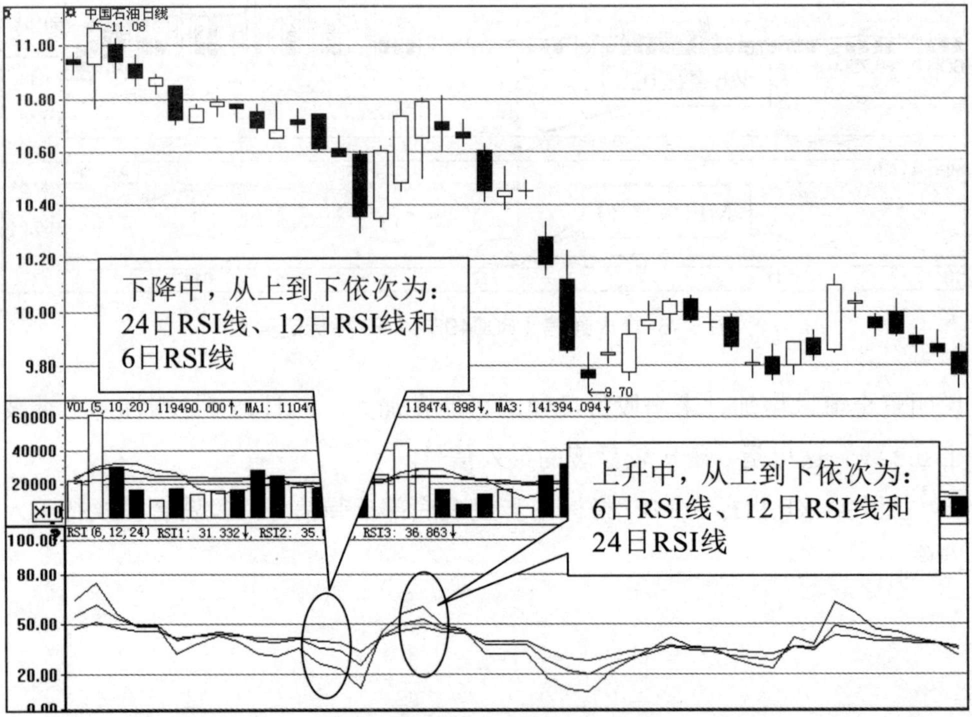

图 5-9 RSI 指标图示

RSI 指标具有如下几项特性。

第一， RSI 指标是向上和向下两种力量进行比较。若向上的力量较大，则 RSI 曲线上升；若向下的力量较大，则 RSI 曲线下降。由此可以测算出市场走势的强弱。

第二，6 日 RSI 指标是一个短线技术指标，适合分析较短周期内的股价走势。如果要分析较长周期的股价走势，投资者可以参考 12 日 RSI 线和 24 日 RSI 线。

第三，RSI 指标的取值范围在 0 ~ 100 之间，RSI ＝ 50 为强势市场与弱势市场分界点。RSI 曲线由上向下突破 50 位置，代表市场已经转弱；RSI 曲线由下向上突破 50 位置，代表市场开始走强。

第四，对于超买超卖区的界定，投资者可以根据市场的具体情况而定。在一般市场行情中，RSI 数值（通常以 6 日 RSI 来判断）在 80 以上，可以认为是超买，20 以下可以认为是超卖。但在牛市中，超买区可以定为 90 以上，超卖区可以定在 30 以下。在熊市中，超买区可以定为 70 以上，超卖区可以定为 10 以下。

第五，由于设计上的原因，RSI 指标在股价进入超买区或超卖区后会出现钝化的问题，这时尽管股价波动较大，但 RSI 的波动却非常缓慢。比如，在牛市中，RSI 值经常会升至 90 以上；在熊市中，RSI 值经常会降到 10 以下。在较强的牛市或熊市中，如果 VR 等指标显示股价为强势，那么投资者应该放弃使用 RSI 指标。

二、RSI 指标的交易含义

1. RSI 指标的超买与超卖

RSI 指标超买，意味着多方力量有耗尽的趋势；RSI 指标超卖，则意味着空方力量即将衰竭。

（1）RSI 指标超买。当 6 日 RSI 进入 80 以上区域时，说明市场进入超买状态，市场有短期回档的风险，保守的投资者可先行减仓。6 日 RSI 向下跌破 80 位置时，投资者应果断卖出。

如图 5-10 所示， 2015 年 5 月 18 日，欧菲光放量收出一根大阳线，同时 6 日 RSI 线进入到 80 以上的超买区，此时持股者应该保持警惕。一旦 RSI 返回 80 线下方，则应执行卖出操作。

2015 年 6 月 15 日，该股高开低走，股价收出一根大阴线。当天 6 日 RSI 线跌破了 80 位置，投资者应在当日进行减仓或清仓操作。

图 5-10 欧菲光（002456）RSI 指标走势图

（2）RSI 指标超卖。当 6 日 RSI 进入 20 以下区域时，说明市场进入超卖状态，市场有短期反弹的可能，投资者可保持观望。6 日 RSI 重新向上突破 20 线位置时，投资者可考虑部分建仓。

如图 5-11 所示，2015 年 5 月 18 日，美亚柏科缩量跌停，同时 6 日 RSI 线进入到 20 以下的超卖区，投资者应该保持关注。一旦 RSI 返回 20 线上方，则可考虑短线抢反弹操作。

2015 年 9 月 8 日，该股低开高走，股价收出一根小阳线，当天 6 日 RSI 线向上突破了 20 位置，投资者应在当日进行少量建仓操作。

2. RSI 指标的金叉与死叉

RSI 指标低位金叉，意味着股价上涨概率很大；RSI 指标高位死叉，则说明股价下跌的概率很大。

（1）RSI 指标低位金叉。如果短期 RSI 线在低位（通常为 50 以下）向上突破长期 RSI 线，则 RSI 指标形成金叉，为重要的买入信号。若金叉出现

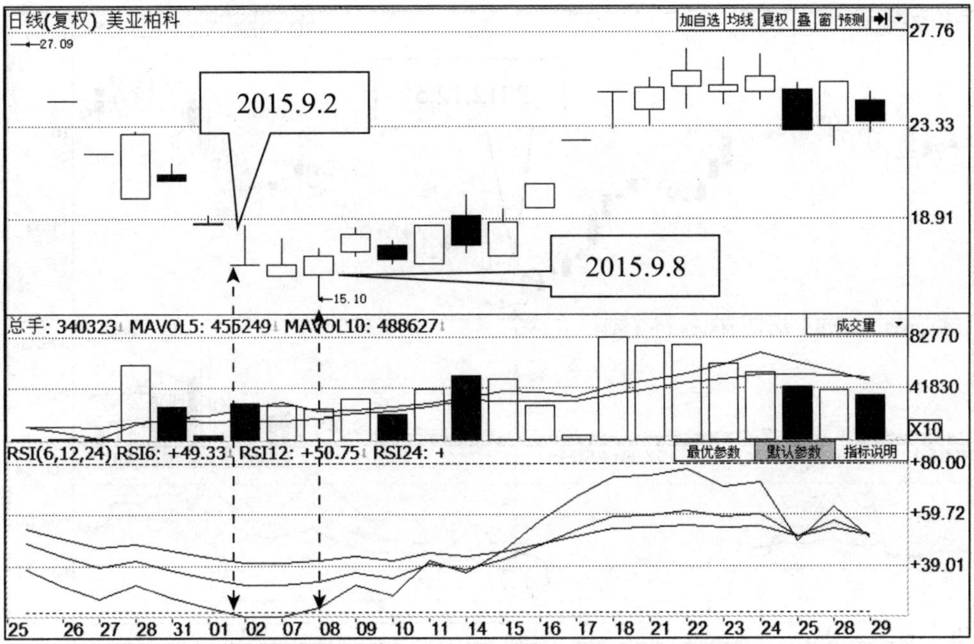

图 5-11 美亚柏科（300188）RSI 指标走势图

在 20 以下的超卖区，则信号更为可靠。当金叉出现在 50 以上的高位时，虽然也是看涨信号，但这种情况下股价上涨的空间十分有限，投资者不宜介入。

如图 5-12 所示，新宙邦的股价在 2012 年 11 月份出现了一波下跌走势，6 日 RSI 线进入到 20 以下的超卖区，投资者应该保持关注。

2012 年 12 月 5 日，该股延续了前一交易日的上涨态势，股价高开高走，收出一根大阳线。当天 6 日 RSI 线向上突破了 12 日和 24 日 RSI 线，形成了黄金交叉形态，且交叉点位于 50 线下方，这属于比较典型的买入信号，投资者可以考虑在当日买入该股。

（2）RSI 指标高位死叉。如果短期 RSI 线在高位（通常为 50 以上）向下跌破长期 RSI 线，则 RSI 指标形成死叉，为重要的卖出信号。若死叉出现在 80 以上的超买区，则信号更为可靠。当死叉出现在 50 以下的低位时，虽然也是看跌信号，但在这种情况下卖出的话，可能会卖在低价上。

如图 5-13 所示，2015 年 11 月，天齐锂业经过一段时间的上涨后开始

图 5-12 新宙邦（300037）RSI 指标走势图

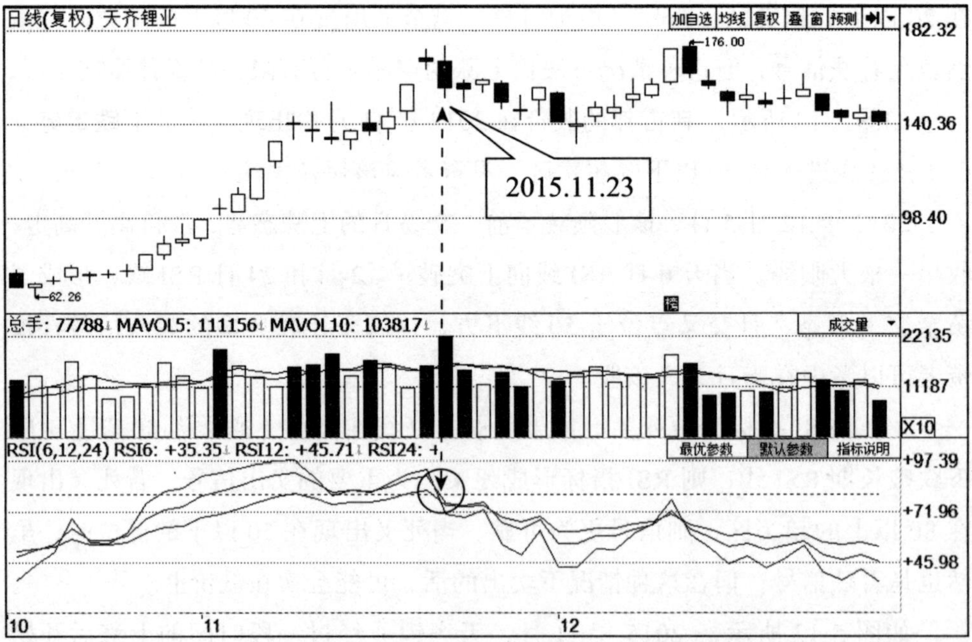

图 5-13 天齐锂业（002466）RSI 指标走势图

筑顶，股价上升速度明显减弱，同时6日RSI线开始自高位下降。

11月23日，该股股价高开低走，收出一根高位大阴线。与此同时，6日RSI自上而下穿越12日和24日RSI线，形成高位死叉。这说明股价上涨趋势有结束的可能，投资者应执行减仓或清仓操作。

3. RSI 指标背离

RSI指标背离说明股价当前运行趋势难以持续，未来可能会发生改变。

（1）RSI指标底背离。RSI指标位于50以下的低位，RSI曲线形成两个依次上升的低谷，而股价却还在下跌，从而形成底背离现象，这是较为强烈的买入信号。

如图5-14所示，2014年12月，江南红箭的股价呈现下降趋势，但是其RSI曲线则形成两个依次上升的低谷，从而形成了底背离现象。底背离说明空方力量即将枯竭，投资者看到这一信号后可适量买入。

2015年1月5日，江南红箭的6日RSI线向上连续突破12日RSI线和

图5-14 江南红箭（000519）RSI指标走势图

24 日 RSI 线，形成了金叉。此时投资者应该加仓买入，并持股待涨。

（2）RSI 指标与股价发生顶背离。RSI 指标位于 50 以上的高位，RSI 曲线形成两个依次下降的高峰，而股价却还在上涨，从而形成顶背离现象。顶背离是较为强烈的卖出信号。

如图 5-15 所示，2014 年 11 月到 12 月，海通证券的股价呈现上涨趋势，但是其 RSI 曲线则形成两个依次下降的高峰，从而形成了顶背离现象。顶背离说明多方力量即将枯竭，投资者看到这一信号后可适量卖出。

图 5-15 海通证券（600837）RSI 指标走势图

2014 年 12 月 18 日，海通证券的 6 日 RSI 线向下连续跌破 12 日 RSI 线和 24 日 RSI 线，形成了高位死叉，此时投资者应该立即卖出该股。

三、RSI 指标低位金叉 + 布林线下轨线反弹向上

股价遇布林线下轨线反弹向上，属于买入信号中比较弱的一种信号。RSI 指标低位金叉，则属于买入信号相对较强的一种信号。当两者结合时，

发出的买入信号会大大增强。

该技巧操作要点如下。

第一，股价沿布林线下轨线下行，经过一段时间的下跌后，出现触底反弹迹象。

第二，RSI 指标随着股价下跌一段时间后，出现反弹向上的走势。

第三，6 日 RSI 自下而上穿越 12 日和 24 日 RSI，形成低位黄金交叉。在此之前，股价自布林线下轨线位置反弹向上，那么 RSI 指标低位金叉出现时，就是该股的最佳买点。

第四，若 RSI 指标形成低位金叉时成交量同步放大，可提升买入信号的准确性。

如图 5-16 所示，高鸿股份的股价在 2014 年底出现了一波下跌走势。在股价下跌的结束阶段，一直沿布林线下轨线运行，期间还一度跌破了下轨线。RSI 指标也同步下跌，6 日 RSI 指标一度跌破 20 线，这说明股价走势极弱。

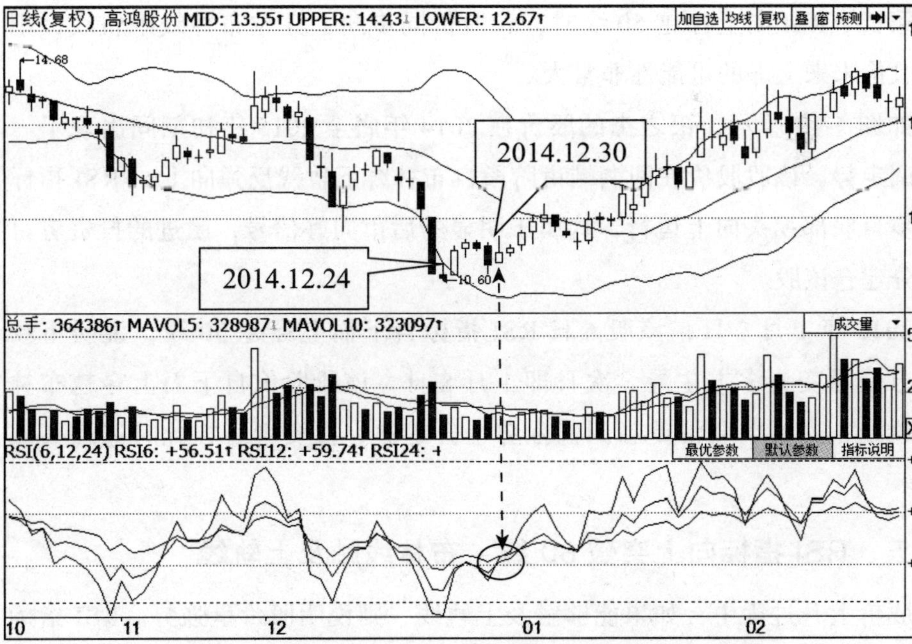

图 5-16 高鸿股份（000851）RSI 指标走势图

2014 年 12 月 24 日，该股股价自下而上突破布林线下轨线，说明该股股价有企稳的可能。随后的 12 月 30 日，6 日 RSI 自下而上穿越 12 日和 24 日 RSI，形成低位黄金交叉，这说明股价有反弹向上的可能，投资者可在此时买入该股。

四、RSI 指标向上突破 50 线 + 布林线突破中轨线

股价突破布林线中轨线，属于买入信号中比较强的一种信号。RSI 指标向上突破 50 线，则说明股价由弱势转为强势。当两者结合时，发出的买入信号可信度会大大提升。

该技巧操作要点如下。

第一，经过一段时间的下跌或回调后，股价出现反弹向上迹象。

第二，RSI 指标随着股价反弹拐头向上运行。

第三，RSI 各条指标线自下而上穿越 50 线，说明市场由空头主导转为多头主导。

第四，RSI 向上穿越 50 线时，若股价同步向上穿越布林线中轨线，则说明股价未来上涨的可能性非常大。

如图 5-17 所示，银之杰的股价在 2014 年底至 2015 年初期间出现了一波回调走势。该股股价在回调结束阶段自布林线下轨线反弹向上，RSI 指标也同步自底部拐头向上运行，这属于明显的后市向好信号，激进的投资者可以部分建仓该股。

2015 年 1 月 7 日，该股 6 日 RSI 指标自下而上穿越 50 线，说明市场由空方主导变为多方主导。次日即 1 月 8 日，该股股价自下而上穿越布林线中轨线，这说明股价重新回归强势上升趋势，投资者可在此时追涨买入该股。

五、RSI 指标向上突破 80 线 + 布林线触及上轨线

股价上升过程中，如果能够触及上轨线，则说明股价呈强势。RSI 指标突破 80 线，则说明股价进入超买区域，也是典型的短线强势信号。两者之

图 5-17 银之杰（300085）RSI 指标走势图

间结合，非常适合短线交易者用于判断何时追涨短线强势股。

该技巧操作要点如下。

第一，股价经过一段时间的上涨或回调后，出现加速向上迹象。

第二，RSI 指标随着股价上涨突破 80 线，说明 RSI 指标进入了超买区域，此时获利盘可能很多，风险也在不断增加，投资者应该注意风险防控。

第三，RSI 指标突破 80 线时，股价向上运行至布林线上轨线附近，甚至向上突破上轨线后沿上轨线运行，且布林通道喇叭口开放逐渐放大，说明股价运行极为强势。

第四，此时段属于超短线投资者博取利润的黄金时段，未提前建仓的短线或超短线投资者可以积极入场买入，并随时做好卖出准备。

如图 5-18 所示，金融街的股价在 2014 年底期间出现了一波盘整走势。该股股价很快运行至布林线上轨线附近，但此时布林通道的开口仍然没有出现明显放大，这说明股价运行方向未定。

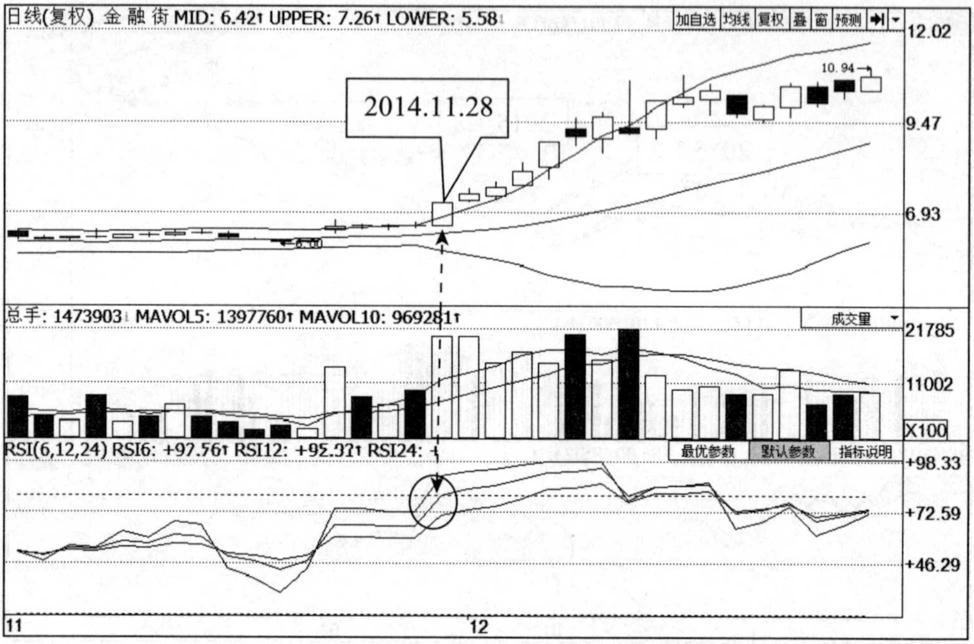

图 5-18 金融街（00402）RSI 指标走势图

2014 年 11 月 28 日，该股股价以涨停报收，且股价 K 线向上突破了布林线上轨线。布林通道的喇叭口逐渐放大，说明股价向上运行的概率非常大。与此同时，该股 6 日 RSI 指标自下而上穿越 80 线，这也是市场进入强势上升区域的信号，短线投资者可在此时追涨买入该股。

第三节 布林线与 KDJ 指标组合分析

布林线（BOLL）指标为投资者提供了一个交易空间范围，而且中轨线又将该空间一分为二，即强势区域和弱势区域。如果将布林线与 KDJ 指标结合，可以帮助投资者看清 KDJ 发出的交易信号所处的空间位置，进而判断信号的可靠程度。

一、KDJ 指标的基本特性

随机指标，英文简称为 KDJ，是一种中短线分析工具，主要用来反映市场上买卖力量的强弱和超买超卖现象，它能够在股价尚未上升或下降之前发出准确的买卖信号。

该指标由乔治·兰恩博士首创，是根据统计学原理，将某个周期内出现过的最高价、最低价及最后一个收盘价作为基本数据，来计算最后一个计算周期的未成熟随机值 RSV，然后根据平滑移动平均的方法来确定 K 值、D 值与 J 值，绘制成相应的曲线图来研判行情。如图 5-19 所示。

KDJ 指标具有如下几项特性。

第一，KDJ 指标由 K、D、J 三条曲线组成。其中波动最快的为曲线 J，

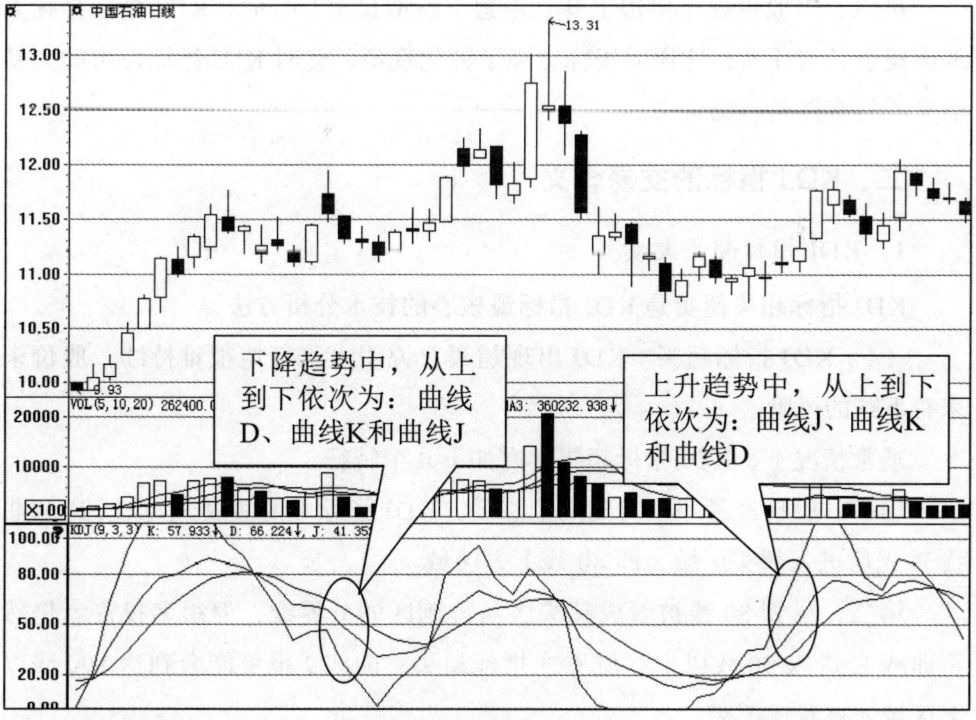

图 5-19 KDJ 指标图示

其次是曲线 K，曲线 D 最为平滑，安全性也最好。

第二，K 值和 D 值的取值范围均在 0 ~ 100 之间，50 是 KDJ 指标值的多空分界线。当 KDJ 指标处于 50 中轴线之上时，表示市场处于多头行情中；当 KDJ 指标处于 50 中轴线之下时，表示市场处于空头行情中。

第三，KDJ 指标也是非常重要的超买超卖指标。当 KDJ 指标进入 80 线以上区域时，说明指标处于超买状态；当 KDJ 指标进入 20 线以下区域，说明指标处于超卖区域。

第四，当 J 值＞100 时，曲线 J 会接触到顶部，表示曲线 K 已经远高于曲线 D，股价短期内见顶的概率增大；当 J 值＜0 时，曲线 J 会接触底部，表示曲线 K 已经远低于曲线 D，股价短期内见底的概率增大。

第五，当曲线 K 和曲线 D 双双在 50 左右的位置徘徊时，无论出现金叉还是死叉，都没有参考意义。

第六，当股价处于单边上升、单边下跌或盘整行情时，KDJ 指标会频繁地出现金叉与死叉，这说明指标出现了钝化现象，此时 KDJ 指标发出的交易信号不具有任何市场含义。

二、KDJ 指标的交易含义

1. KDJ 指标超买超卖

KDJ 指标超买超卖是 KDJ 指标最核心的技术分析方法。

（1）KDJ 指标超买。KDJ 出现超买，说明上涨行情很难持续，股价未来有下跌的风险。

通常情况下，KDJ 指标超买具有如下几个特征。

第一，股价经过一段时间的上涨后，KDJ 指标中的曲线 J、曲线 K 和曲线 D 先后进入超买区域，即 80 线上方区域。

第二，尽管 80 线被看成超买区与徘徊区的分界线，但很多投资者仍然将曲线 K 进入 90 线以上区域看成指标超买；曲线 J 很可能会到达 100 线以上区域才被看成超买。

如图 5-20 所示，华丽家族的股价经过了一段时间的盘整后，在 2015 年

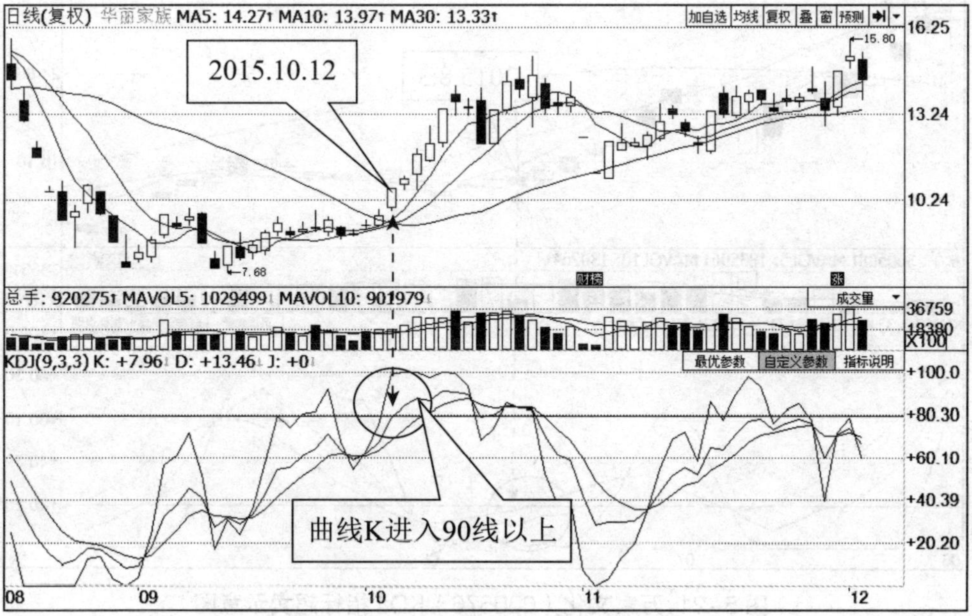

图 5-20 华丽家族（600503）KDJ 指标超买示意图

10 月出现了一波快速拉升。随着股价的上涨，KDJ 指标中的各条指标线从 10 月 12 日开始先后进入超买区域，即 80 线以上区域。其中，曲线 K 进入了 90 线以上区域，曲线 J 一度达到 100 线以上区域，这说明股价短期可能会出现筑顶态势，投资者可做好卖出股票的准备。待有明确的卖出信号发出，则可考虑出货。

（2）KDJ 指标超卖。KDJ 出现超卖，说明下跌行情很难持续，股价未来有反弹的可能。

通常情况下，KDJ 指标超卖具有如下几个特征。

第一，股价经过一段时间的下跌后，KDJ 指标中的曲线 J、曲线 K 和曲线 D 先后进入超卖区域，即 20 线下方区域。

第二，尽管 20 线被看成超卖区与徘徊区的分界线，但很多投资者仍然将曲线 K 进入 10 线以下区域看成指标超卖，曲线 J 很可能会到达 0 线以下区域才被看成超卖。

如图 5-21 所示，万家文化的股价在 2015 年 6 月出现了一波快速下跌。

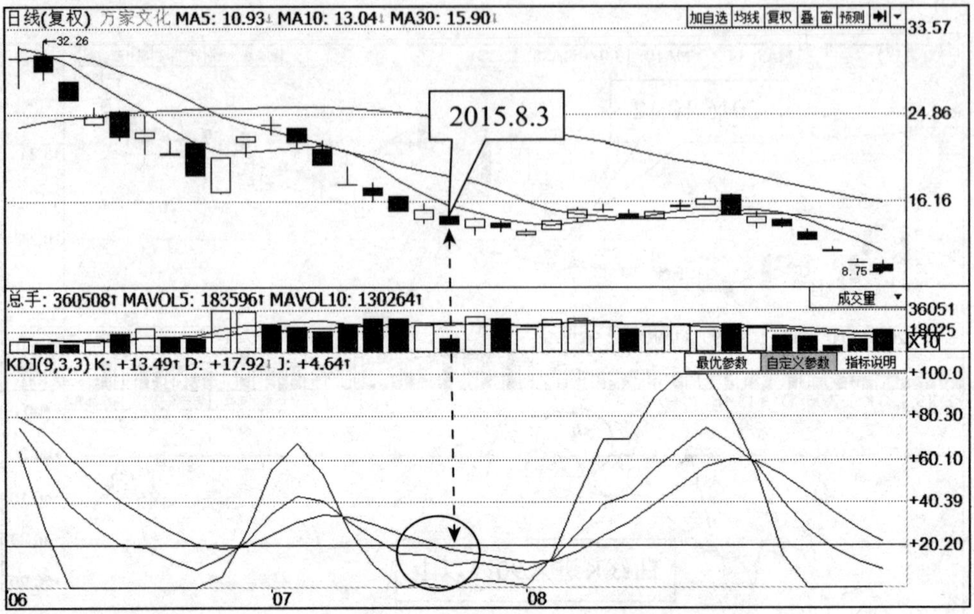

图 5-21 万家文化（600576）KDJ 指标超卖示意图

随着股价的下跌，KDJ 指标中的各条指标线从 8 月 3 日开始先后进入超卖区域，即 20 线以下区域。其中，曲线 K 进入了 10 线以上区域，曲线 J 一度达到 0 线以下区域，这说明股价短期可能会出现筑底态势，投资者可以做好买入股票的准备。待有明确的买入信号发出，则可考虑少量建仓。

2. KDJ 指标黄金交叉与死亡交叉

KDJ 指标的黄金交叉和死亡交叉，因其所处位置的不同，成色也会有所不同。

（1）KDJ 黄金交叉。

一般情况下，富有质量的黄金交叉应该满足以下几项条件。

第一，曲线 K 和曲线 J 同时自下而上穿越曲线 D，交叉点最好位于 20 线上方附近，这说明股价已经启动反弹或上涨，且短期内存在一定的反弹或上涨区间。

第二，若曲线 K 与曲线 D 在底部多次金叉，则可增强买入信号的准确性。

第三，金叉出现时，股价 K 线应以阳线收盘，且成交量同步放大。

第四，金叉出现时，若股价K线同步上穿某条重要的均线或阻力位，则可增强买入信号的准确性。

如图5-22所示，特力A的股价在2015年10月出现了一波调整走势，KDJ指标逐步走低，曲线K、曲线D先后进入了20线下方的超卖区。

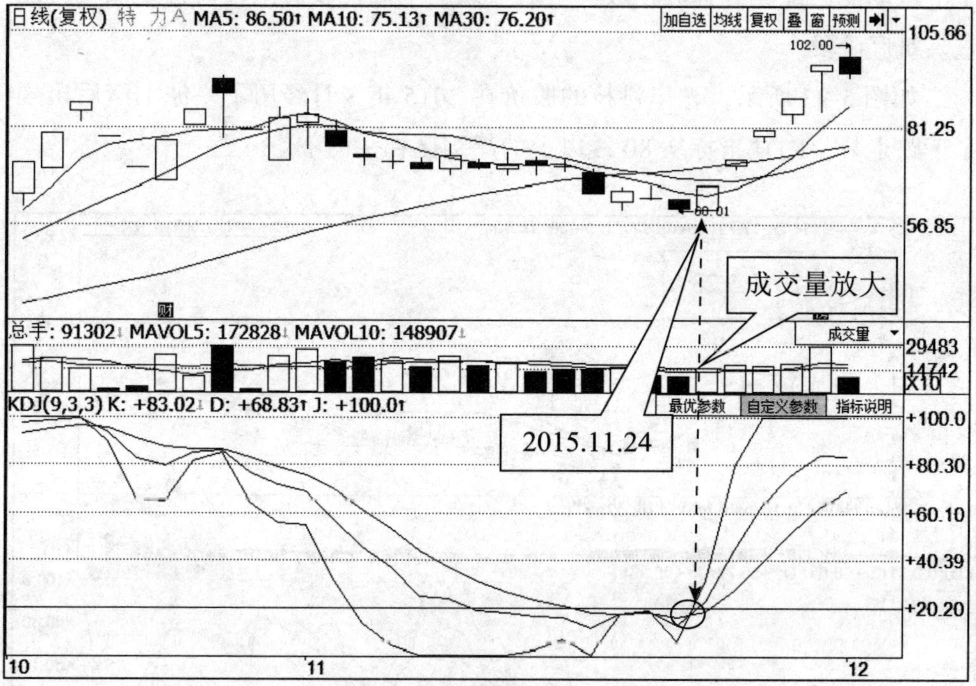

图5-22 特力A（000025）KDJ指标走势图

2015年11月24日，该股股价以放量涨停报收，并在K线图上留下了一根大阳线。与此同时，曲线K、曲线J自下而上穿越曲线D，形成了底部黄金交叉。此交叉点位于20线附近位置，这说明此时出现的黄金交叉质量较高，投资者可以执行短线买入操作。

（2）KDJ死亡交叉。

原则上，每种死亡交叉可能带动股价出现一波下跌走势，不过比较有代表性的还是高位死亡交叉和低位死亡交叉两种。

第一，高位死亡交叉。 曲线K经过一段时间的快速上涨后，自上而下快速穿越曲线D,且交叉点位于80线以上的位置。此时多数属于行情反转情况，即股价由快速上涨转为下跌，也有个别死叉属于上涨过程中的回调整理。

第二,低位死亡交叉。曲线K经过一段时间的快速下跌后出现短暂反弹，随后便自上而下快速穿越曲线D，且交叉点位于20线以下的位置。此时由于下跌动能已经充分释放，股价之后下跌的空间比较有限，而且很快就可能进入筑底阶段。

如图5-23所示，光华科技的股价在2015年3月经历了一波上涨后出现了下跌走势，KDJ指标从80线以上的超买区拐头向下。

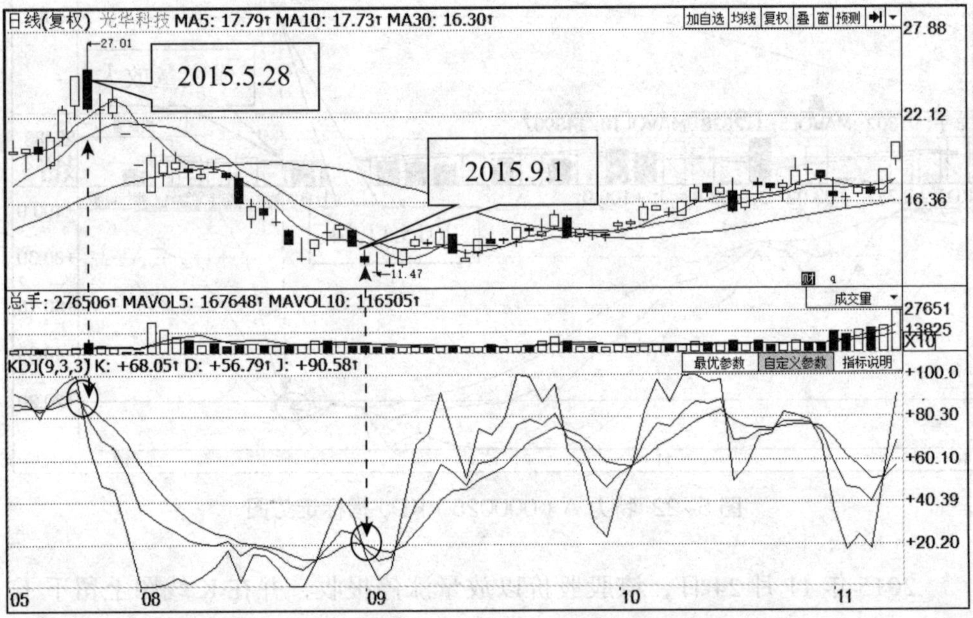

图5-23 光华科技（002741）KDJ指标走势图

5月28日，曲线K自上而下穿越曲线D形成高位死叉。由于该死叉位于股价短期顶部位置，且当日股价下跌时成交量同步放大，这说明股价短期内下跌的概率很大，投资者宜卖出手中的股票。

经过一段时间的下跌后，该股股价出现反弹迹象。但在反弹几个交易日后的9月1日再度出现下跌，曲线K再次自上而下跌破曲线D，形成低位死亡交叉。由于此交叉点位于 20 线下方的超卖区，说明该股未来下跌的趋势难以长久，投资者宜保持观望。一旦股价企稳，出现反弹迹象时，可以考虑建仓该股。

3. KDJ 指标的背离

KDJ 指标的背离，也是股价运行趋势即将改变的信号之一。

（1）KDJ 指标的顶背离。出现顶背离，说明上涨行情很难持续，股价未来有下跌的风险。

通常情况下，顶背离具有如下几个特征。

第一，经过一段时间的上涨后，股价出现了调整走势，随后再度启动上涨并创下新高。与此同时，曲线 K 和曲线 D 也随着股价的再度上涨而上扬，却没有创出新高。

第二，若股价第二个高点对应的 KDJ 指标值仍位于 80 线上方，也就是说，顶背离形成时，KDJ 指标线仍位于 80 线上方，则可增加股价下跌的概率。

如图 5-24 所示，浙江永强的股价在 2015 年上半年经历了一波上涨走势，

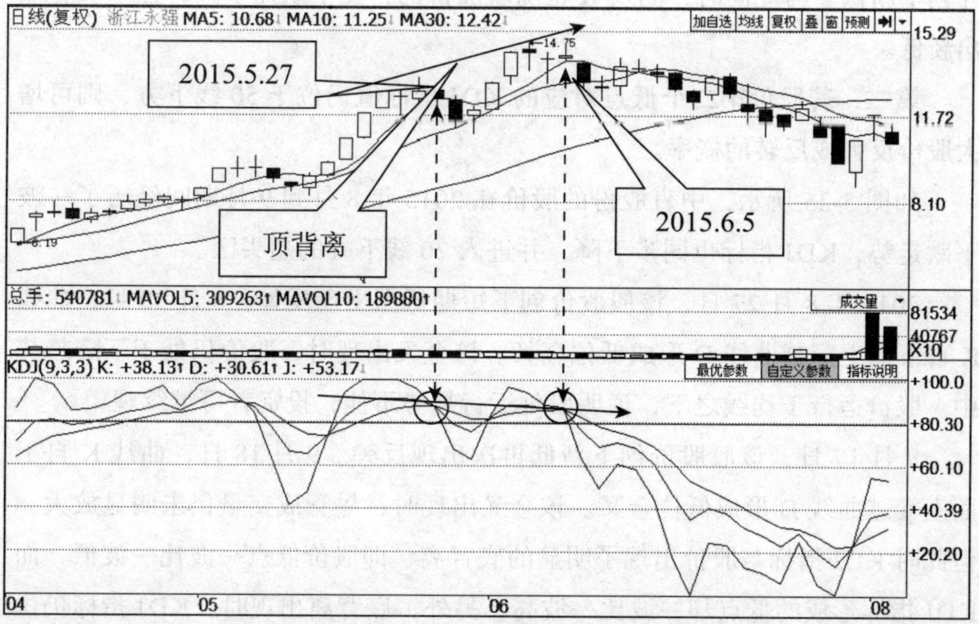

图 5-24 浙江永强（002489）KDJ 指标走势图

KDJ 指标也同步上升，并进入 80 线上方的超买区。

5 月 25 日，浙江永强在创下短期高点后出现回调。5 月 27 日，曲线 K 自上而下穿越曲线 D，形成高位死叉。该死叉出现时，由于股价仍处于上升趋势中，且回调时成交量出现了缩量，这说明股价运行趋势尚佳，投资者可以继续持股。

6 月 3 日，该股股价再次出现回调。6 月 5 日，曲线 K 自上而下穿越曲线 D，形成高位死叉。该死叉出现时，尽管成交量仍未明显放大，但此时 KDJ 指标与股价出现了明显的顶背离，即股价的高点一波比一波高，而 KDJ 指标形成的高点却一波比一波低。顶背离出现时，KDJ 指标仍位于 80 线上方的超买区，这说明股价下跌的概率很高，投资者宜迅速卖出股票。

（2）KDJ 指标的底背离。出现底背离，说明下跌行情很难持续，股价未来存在筑底反弹的可能。

通常情况下，底背离具有如下几个特征。

第一，股价经过一段时间的下跌后出现了反弹走势，随后再度启动下跌并创下新低。与此同时，曲线 K 也随着股价的再度下跌而下降，但却没有创出新低。

第二，若股价第二个低点对应的 KDJ 指标值仍位于 50 线下方，则可增大股价反弹或反转的概率。

如图 5-25 所示，中直股份的股价在 2015 年 8 月到 9 月期间经历了一波下跌走势，KDJ 指标也同步下降，并进入 20 线下方的超买区。

2015 年 8 月 27 日，该股股价创下短期低点出现反弹。8 月 28 日，曲线 K 自下而上穿越曲线 D 形成低位金叉。该金叉出现时，股价仍处于下降趋势中。股价运行于均线之下，说明股价运行趋势不佳，投资者可继续观望。

9 月 17 日，该股股价创下新低再次出现反弹。9 月 18 日，曲线 K 自下而上穿越曲线 D 形成低位金叉。该金叉出现时，尽管成交量仍未明显放大，但此时 KDJ 指标与股价出现了明显的底背离，即股价低点一波比一波低，而 KDJ 指标形成的低点却一波比一波高。另外，底背离出现时，KDJ 指标仍位

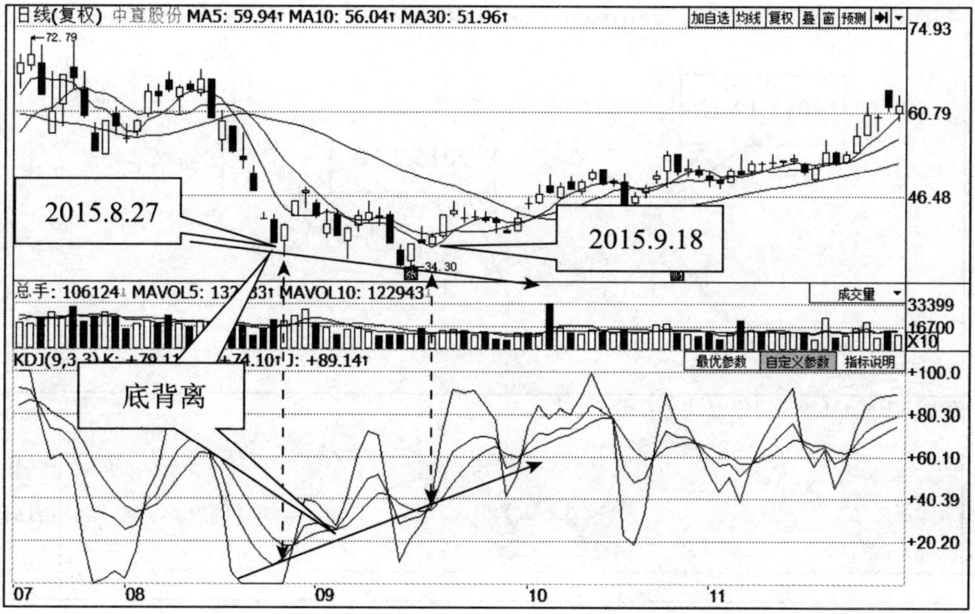

图 5-25 中直股份（600038）KDJ 指标走势图

于 50 线下方的超买区，这说明股价反弹向上的概率很高，投资者可以少量建仓。

三、KDJ 低位金叉 + 布林线下轨反弹

在股价下跌过程中，若遇布林线下轨支撑出现反弹，此时 KDJ 指标出现低位黄金交叉，意味着股价反弹的可能性较大。

其具体操作要点如下。

第一，股价跌破 BOLL 中轨线后，向 BOLL 下轨线运行。当股价触及 BOLL 下轨线并反弹向上，或股价跌破 BOLL 下轨线后重新向上突破 BOLL 下轨线，说明股价有反弹向上的可能。

第二，股价反弹时，KDJ 指标同步出现低位黄金交叉形态，则说明短期内股价反弹向上的概率极大。

如图 5-26 所示，华电国际的股价在 2014 年 12 月 22 日启动了一波回调走势。股价跌破 BOLL 中轨线后，直接向下轨线逼近，并一度跌破下

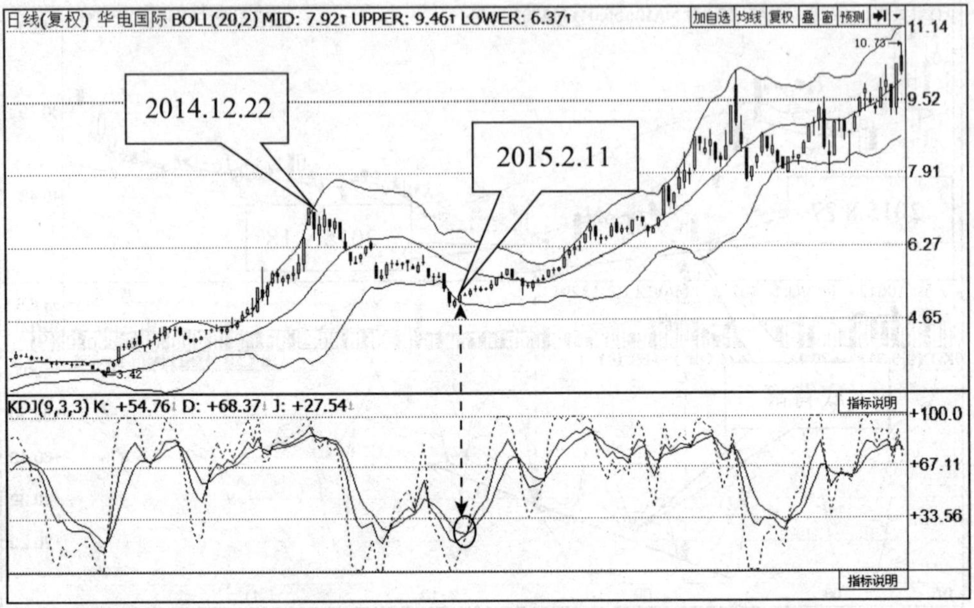

图 5-26 华电国际（600027）BOLL 指标与 KDJ 指标组合

轨线。

2015 年 2 月 11 日，该股股价自底部启动反弹，并站稳下轨线，这说明股价反弹即将启动。与此同时，KDJ 指标出现低位金叉形态，且交叉点位于 20 线上方附近位置，这说明此金叉含金量极高。这两个买入信号的发出，预示股价未来上涨的概率很高，投资者可以考虑逐步建仓买入该股。

四、KDJ 二度金叉 + 布林线中轨反弹

股价经过一波小幅度上升后出现回调，若遇 BOLL 中轨线支撑再度出现上涨，此时 KDJ 指标继低位金叉后短期内第二次出现金叉，则意味着股价重新上涨的可能性较大。

其具体操作要点如下。

第一，股价回调过程中，遇 BOLL 中轨线后，因受中轨线的支撑而再度上涨，说明股价有重新向上的可能。

第二，股价再度反弹向上时，KDJ 指标在 50 线附近出现黄金交叉形态。

此黄金交叉为短期内出现的第二次交叉，且这次交叉点高于前一次交叉点。按照波浪理论中八浪循环的原理，此次上涨很可能属于三浪上涨。也就是说，这波上涨的幅度可能会很大，投资者可考虑加大仓位跟进买入股票。

如图 5-27 所示，雅戈尔的股价在 2014 年 10 月底启动了一波震荡上升走势。该股股价经过一段时间的调整后，2014 年 10 月 28 日重新开始上涨，KDJ 指标同步出现低位金叉。此后该股经过一段时间的上涨，之后又开始了调整。

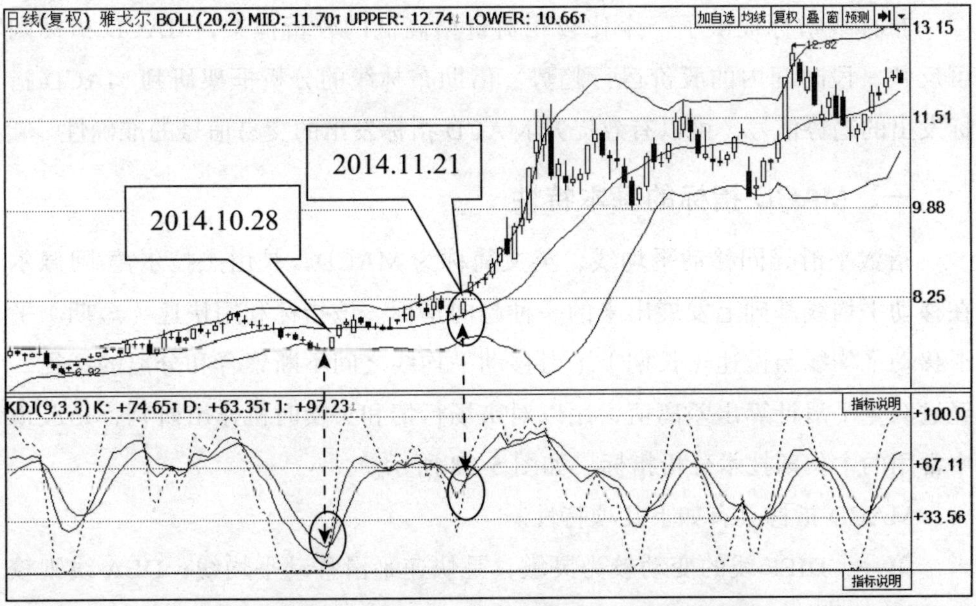

图 5-27 雅戈尔（600177）BOLL 指标与 KDJ 指标组合

股价回调至 BOLL 中轨线附近时，因受中轨线支撑再度上涨。此时 KDJ 指标同步出现黄金交叉形态，且交叉点位于 50 线附近，远远高于上一次的金叉点。这说明股价短期内上涨的概率很高，投资者可以考虑买入该股。

第四节 布林线与 MACD 指标组合分析

布林线指标提供了一个比较相对价格高低的分析框架，MACD 指标则可反映一段时间内的股价运行趋势。借助布林线的分析框架研判 MACD 指标发出的趋势信号，可以有效提升 MACD 指标发出的交易信号的准确性。

一、MACD 指标的基本特性

指数平滑异同移动平均线，英文简称为 MACD，是由杰拉尔德·阿佩尔在移动平均线基础上发展出来的一种趋向指标。该指标利用快速（短期）平滑移动平均线与慢速（长期）平滑移动平均线之间不断聚合和分离的特征，经过双重平滑计算出差离值，用以对市场行情和买卖时机作出研判，是股市中常用的中长期技术分析指标。如图 5-28 所示。

MACD 指标具有如下几项特性。

第一，DIFF 线的变动较为灵敏，是快速平滑移动平均线；DEA 线则较为平缓，是慢速平滑移动平均线；两条线都围绕 0 轴上下波动。

第二，MACD 指标显示的两条曲线都不是市场价格的移动平均线，而是两条移动平均线差距的平滑移动平均线。它能克服移动平均线假信号频繁的缺点，又保留了均线的诸多优点。

第三，MACD 柱状线即 BAR 线，表示 DIFF 线与 DEA 线之间的偏离程度。BAR 线越长，说明 DIFF 线距离 DEA 线距离越远。BAR 为正值，柱状线显示为红色，表示 DIFF 线在 DEA 线之上；BAR 为负值，柱状线显示为绿色，表示 DIFF 线在 DEA 线之下。

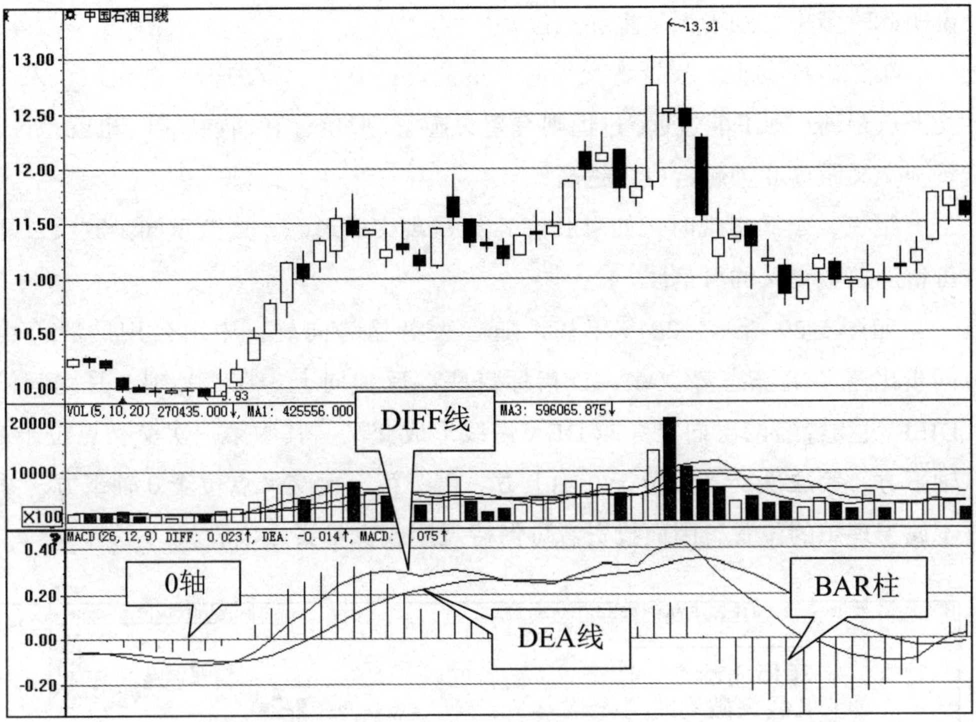

图 5-28 MACD 指标图示

第四，当 MACD 柱状线由负变正（或由绿变红）时，DIFF 线必然向上突破 DEA 线，从而形成金叉；当 MACD 柱状线由正变负（或由红变绿）时，DIFF 线必然向下跌破 DEA 线，从而形成死叉。

第五，BAR 线的正负值之间有一条分界线，称为 0 轴（或 0 线）。

二、MACD 指标的交易含义

1. MACD 指标的黄金交叉与死亡交叉

MACD 指标的金叉与死叉发出的交易信号的可靠性，与交叉点所处的位置有密不可分的关系。

（1）MACD 指标的黄金交叉。

一般情况下，有质量的黄金交叉应该满足以下几项条件。

第一，DIFF 快线自下而上穿越 DEA 慢线时，交叉点位于 0 轴上方，这说明此时多头已经占据了主导地位。

第二，原则上，投资者交易时，尽量选择 0 轴上方的第一个金叉买入。交叉点距离 0 轴不能过远，过远则有超买迹象，股价存在回调风险。也就是说，黄金交叉距离 0 轴越近成色越高。

第三，金叉出现时，如果股价 K 线呈现突破形态，成交量同步放大，则可增加黄金交叉的可信度。

如图 5-29 所示，2015 年初，随着大盘趋势向好，中山公用的股价也同步出现了上涨态势。MACD 指标自底部反弹向上，在 2 月到 3 月期间，DIFF 快线曾经两次向上穿越 DEA 慢线形成交叉。其中第一次交叉点位于 0 轴下方，第二次交叉点位于 0 轴上方。由于第一次交叉点位于 0 轴下方，并不属于理想的位置，因而投资者可保持观望或少量买入该股。

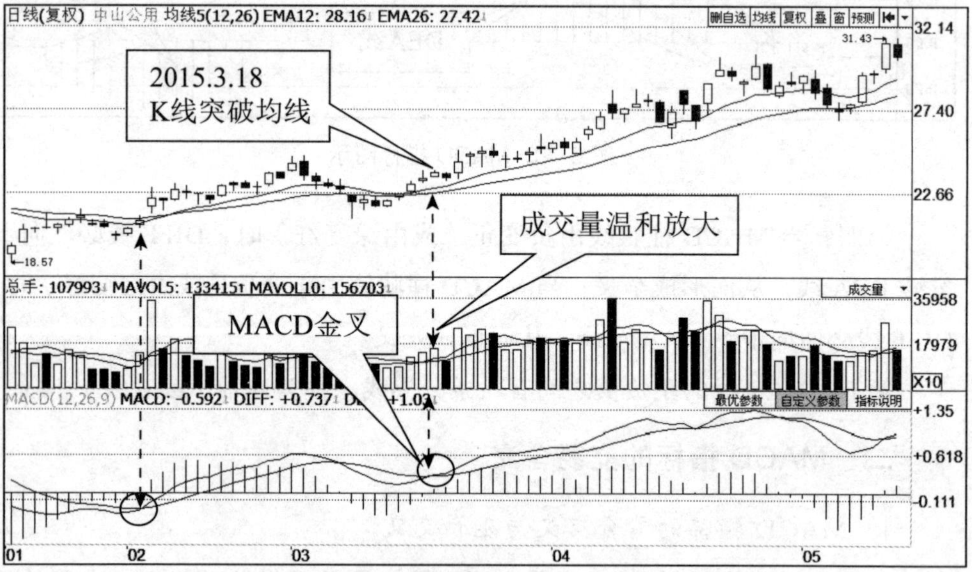

图 5-29 中山公用（000658）MACD 黄金交叉示意图

2015 年 3 月 18 日，中山公用 MACD 指标第二次出现交叉，此时该股股价刚刚完成对均线的突破，并位于均线上方，成交量同步放大，这说明股价有企稳走好的迹象。这些信息都可以强化黄金交叉信号的准确性，投资者此时可放心买入或加仓该股。

（2）MACD 指标的死亡交叉。股价经过一段时间的上升后进入高位。与此同时，DIFF 快线经过一段时间的快速上涨后，自上而下快速穿越 DEA 慢线，且交叉点位于 0 轴以上较远的位置。此时多数属于行情反转性质，即股价由快速上涨转为下跌，也有个别死叉属于上涨过程中的回调整理。

如图 5-30 所示，同方股份的股价在 2015 年上半年随着大盘的上涨走出了一波暴涨行情。MACD 指标中的 DIFF 快线和 DEA 慢线也同步上升。

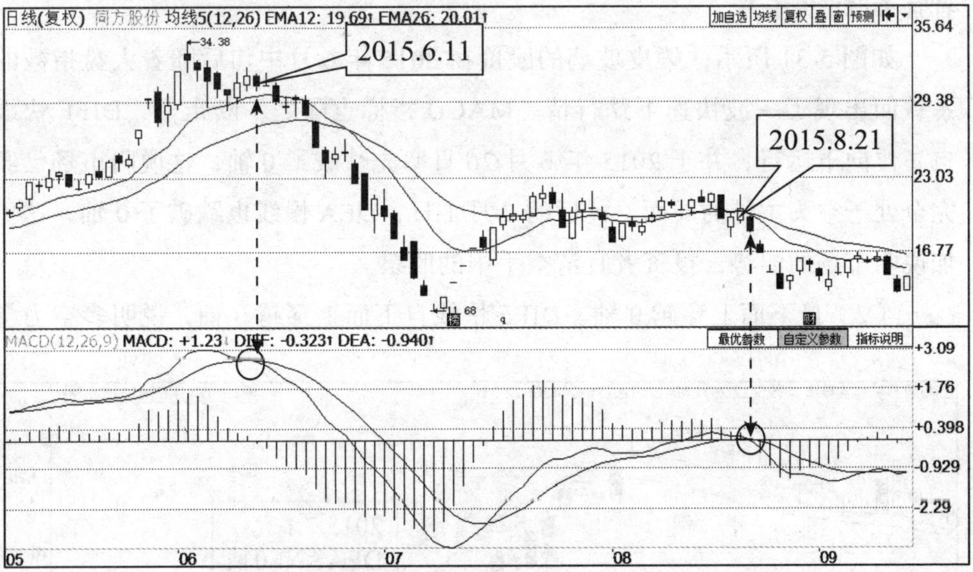

图 5-30 同方股份（600100）MACD 指标走势图

该股股价在连续几个交易日出现回调的基础上，2015 年 6 月 11 日，DIFF 快线自上而下穿越 DEA 慢线，形成了高位死亡交叉形态，这意味着股价后市下跌的概率很大。由于此时 DIFF 快线和 DEA 慢线仍位于 0 轴上方，投资者可卖出大部分股票，留少许筹码。随后，DIFF 快线跌破 0 轴时，可以考虑清仓该股。

2015 年 8 月 21 日，同方股份的股价经过一段时间的震荡反弹逐渐走出低谷，DIFF 快线也自底部反弹至 0 轴附近。随后，DIFF 快线拐头向下，与

DEA 慢线形成交叉。此交叉点位于 0 轴附近，属于典型的反弹遇阻，投资者宜清空手中股票。

2. MACD 指标穿越 0 轴

MACD 指标穿越 0 轴，说明多空力量对比发生了根本性的变化。

（1）自上而下穿越 0 轴。DIFF 快线自上而下穿越 0 轴，说明多空力量发生了逆转，市场由多头主导变成了空头主导。随后，如果 DEA 慢线也能够穿越 0 轴，且 DIFF 快线继续向右下方倾斜，则更可强化卖出信号，投资者宜考虑清空仓位。

如图 5-31 所示，耀皮玻璃的股价在 2015 年 6 月中旬后随着大盘指数的暴跌而出现了一波快速下跌行情。MACD 指标也随之不断走低，DIFF 快线自高位向下运行，并于 2015 年 6 月 26 日率先跌破了 0 轴，这说明市场已经完全处于空头主导的局面。此后的 7 月 1 日，DEA 慢线也跌破了 0 轴，这更加说明市场的弱势，投资者宜清空手中的股票。

（2）自下而上穿越 0 轴。DIFF 快线自下而上穿越 0 轴，说明多空力量

图 5–31 耀皮玻璃（600819）MACD 走势图

发生了逆转，市场由空头主导变成了多头主导。随后，如果 DEA 慢线也穿越 0 轴，且 DIFF 快线继续向右上方倾斜，则更可强化买入信号，投资者可考虑加大仓位。

如图 5-32 所示，盘江股份的股价在 2015 年 2 月中旬后随大盘指数的回暖出现了一波快速震荡上涨行情。MACD 指标也随之不断走高，DIFF 快线自低位向上运行，并于 2015 年 3 月 6 日率先向上突破 0 轴，这说明市场已经完全处于多头主导局面。此后的 3 月 12 日，DEA 慢线也向上突破了 0 轴，这更加说明市场的强势，投资者宜加仓买入该股。

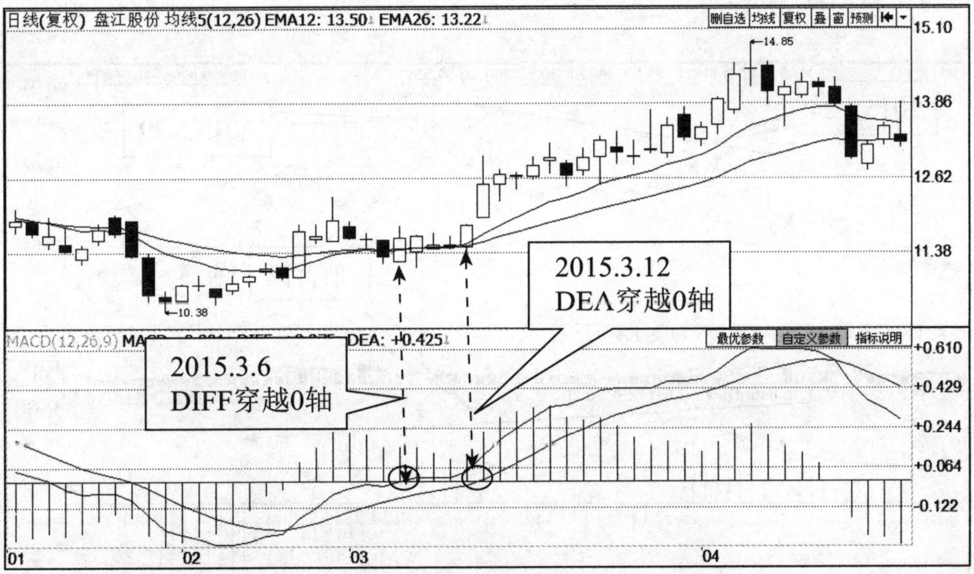

图 5-32 盘江股份（600395）MACD 走势图

3. MACD 指标的背离

MACD 指标的背离分为顶背离和底背离两类。

（1）MACD 指标的顶背离。出现顶背离，说明上涨行情很难持续，股价未来有下跌的风险。

通常情况下，顶背离具有如下几个特征。

第一，经过一段时间的上涨后，股价出现了调整走势，随后再度启动上涨并创下新高。与此同时，DIFF 快线也随着股价的再度上涨而上扬，但却没有创出新高。

第二，若 DIFF 快线形成的两个高点对应的 MACD 柱线也出现了后一个高点比前一个高点低的形态，那么将增强 MACD 指标顶背离的可靠性。

如图 5-33 所示，东方银星的股价在 2015 年上半年走出了一波震荡上涨行情。该股股价在 4 月 24 日和 5 月 29 日分别创下了两个短期高点，且后一个高点远远高于前一个高点。与此同时，DIFF 快线创下的两个高点却没有形成一个比一个高的走势，这说明股价与 MACD 指标出现了顶背离，未来股价下跌的概率很高。

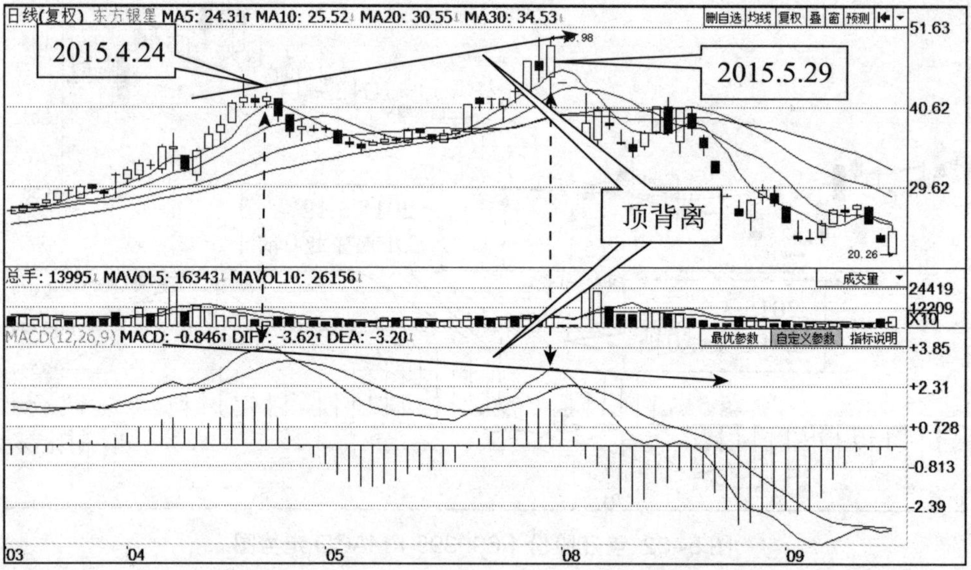

图 5-33 东方银星（600753）MACD 指标背离示意图

（2）MACD 指标的底背离。底背离的出现，说明下跌行情很难持续，股价未来存在筑底反弹的可能。

通常情况下，底背离具有如下几个特征。

第一，股价经过一段时间的下跌后出现了反弹走势，随后再度启动下跌并创下新低。与此同时，DIFF 快线也随着股价的再度下跌而下降，但却没有创出新低。

第二，若 DIFF 快线形成的两个低点对应的 MACD 柱线也出现了后一个低点比前一个低点高的态势，那么将增强 MACD 指标底背离的可靠性。

如图 5-34 所示，浙江医药的股价在 2014 年 5 月到 6 月期间走出了一波震荡下跌行情。该股股价在 5 月 5 日和 6 月 19 日分别创下了两个短期低点，且后一个低点远远低于前一个低点。

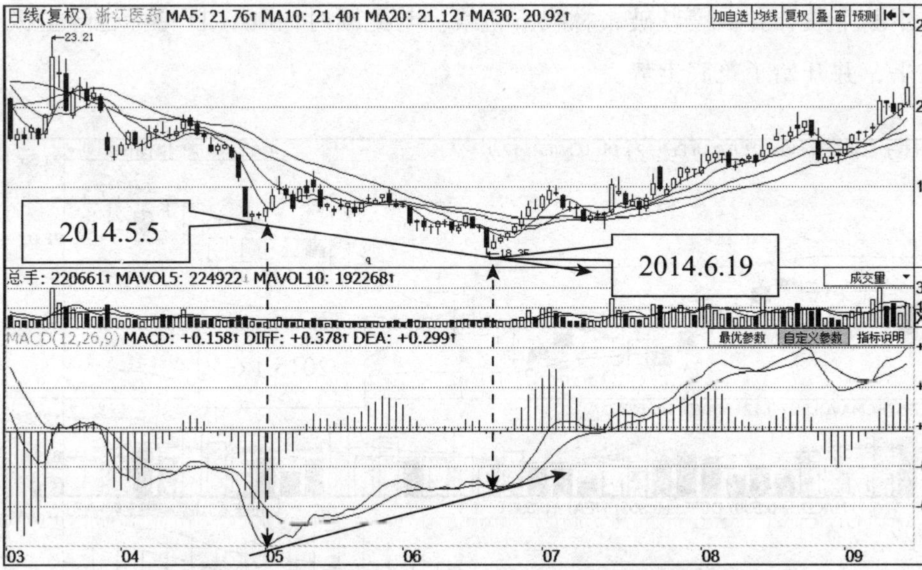

图 5-34　浙江医药（600216）MACD 指标底背离示意图

与此同时，DIFF 快线创下的两个低点却没有形成一个比一个低的态势，这说明股价与 MACD 指标出现了底背离，未来股价反弹的概率很高。

三、MACD 金叉 + 突破布林线中轨线

MACD 指标出现黄金交叉形态，往往意味着股价将要走好。不过，因为黄金交叉出现的位置不同，其买入信号的成色也有所不同。MACD 指标出现黄金交叉时，若股价同步向上穿越布林线中轨线，则可增强买入信号的有效性。

该技巧具体操作要点如下。

第一，股价经过一波下跌或回调后出现了反弹向上的走势，且成交量开始放大。

第二，股价向上运行过程中，MACD 指标同步出现黄金交叉形态，这预示着股价可能会出现上涨。

第三，MACD 指标出现黄金交叉时，股价自下而上穿越布林线中轨线，这说明股价未来走强的可能性极大，投资者可以放心地执行买入操作。

如图 5-35 所示，2014 年底，立讯精密的股价出现了一波震荡调整走势，股价不断下跌，并一度跌破布林线下轨线。与此同时，MACD 指标也降至极低水平，并开始了筑底走势。

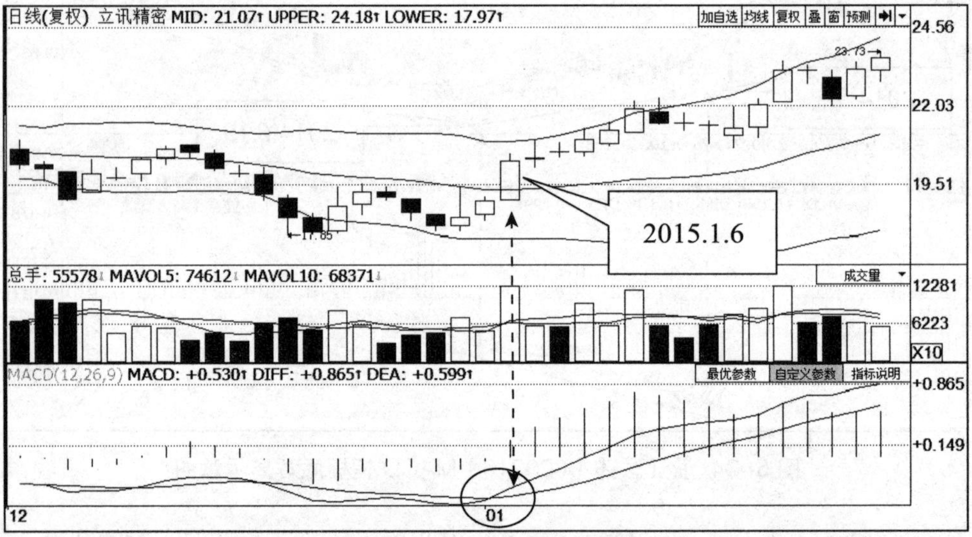

图 5-35 立讯精密（002475）MACD 指标与 BOLL 指标组合示意图

2015 年 1 月 6 日，该股股价连续三个交易日上升，MACD 指标出现低位黄金交叉形态。按照 MACD 指标金叉形态分析，此位置的金叉含金量并不高，因而还需要其他指标佐证判断。

当日股价上升途中，成功向上突破布林线中轨线，且成交量出现了明显放大。这也属于典型的走强信号，投资者可在当日买入股票。

四、MACD 高位死叉 + 布林线中轨线支撑

MACD 指标随着股价上涨进入高位区域后，会因股价调整而出现高位死叉的状态。此时，若股价仍位于布林线中轨线之上，则可坚定持股。

具体操作要点如下。

第一,股价经过一波上涨行情后,出现了短暂的回调,且成交量同步萎缩。

第二，股价回调过程中，MACD 指标同步出现高位死叉形态，预示股价可能会出现下跌。

第三，股价自布林线上轨线位置回调，当股价回调至中轨线位置时，因受中轨线支撑而出现反弹。此时，投资者可不按照 MACD 指标高位死叉的方法卖出股票，而是继续持股待涨，如图 5-36 所示。

如图 5-36 所示，赣锋锂业的股价在 2014 年 6 月底至 7 月初启动了一波快速上升行情。随着股价的上升，MACD 指标逐渐上升至较高的位置，布林通道喇叭口也逐渐放大，这说明股价上涨形态良好。

2014 年 7 月 17 日，该股股价连续三个交易日出现调整，且 MACD 指标同步出现了高位死叉，这说明股价未来存在下跌的风险。不过，此时股价

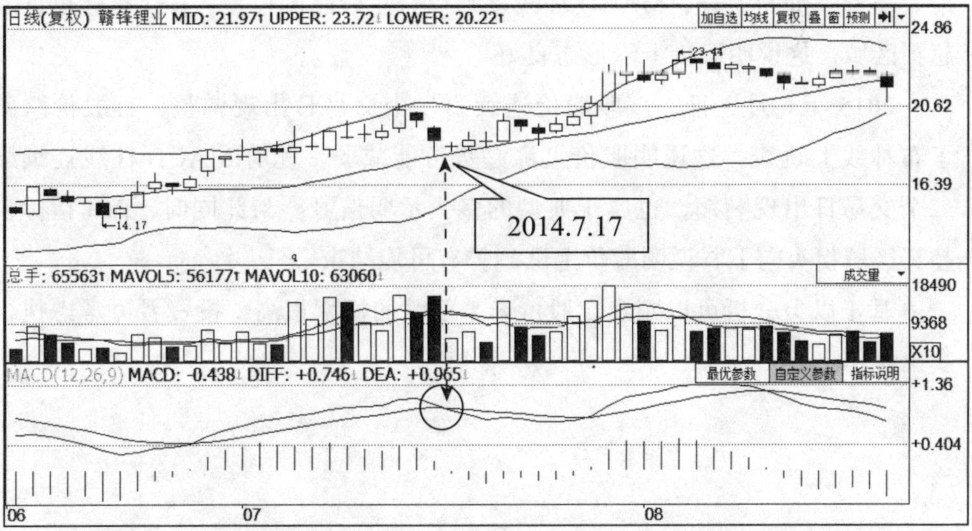

图 5-36 赣锋锂业（002460）MACD 指标与 BOLL 指标组合示意图

运行至布林线中轨位置时，因受到中轨线的支撑而再度上升，这说明中轨线对股价有较强的支撑作用。只要股价不能有效跌破中轨线，投资者就可以继续持股。

随后该股重新开始上升，MACD 指标再度出现黄金交叉，布林通道喇叭口也开始重新放大，这都说明股价又开始了一波上升走势。

五、股价跌破上轨线 +MACD 柱线缩头 +RSI 超买

股价自高位跌破上轨线，MACD 柱线同步收缩，而 RSI 指标自超买区域拐头向下时，说明股价上涨趋势可能结束。

具体操作要点如下。

第一，股价经过一波上涨行情后出现回调，且股价跌破了布林线上轨线。

第二，股价上升过程中，MACD 柱线同步拉升。股价跌破上轨线时，MACD 柱线同步萎缩，这说明多方力量有所不足。

第三，RSI 指标随着股价的上涨进入超买区域后，又因股价回调而出现拐头向下的态势。这说明股价上涨趋势即将结束，投资者宜卖出手中的股票。

如图 5-37 所示，锦州港的股价在 2015 年 5 月底启动了一波快速上升行情。随着股价的上升，MACD 柱线逐渐拉升至较高的位置，RSI 指标也进入超买区域，这说明股价上涨形态良好。

2015 年 6 月 3 日，该股股价连续第二个交易日出现调整，且股价跌破了布林线上轨线，这说明股价上涨趋势可能减弱。此时 MACD 柱线连续第二个交易日出现萎缩，也属于典型的多头示弱信号。与此同时，RSI 指标自超买区域拐头向下，说明股价上涨趋势有可能结束。

基于以上分析可以判定，股价未来下跌的概率很高，投资者可考虑执行卖出操作。

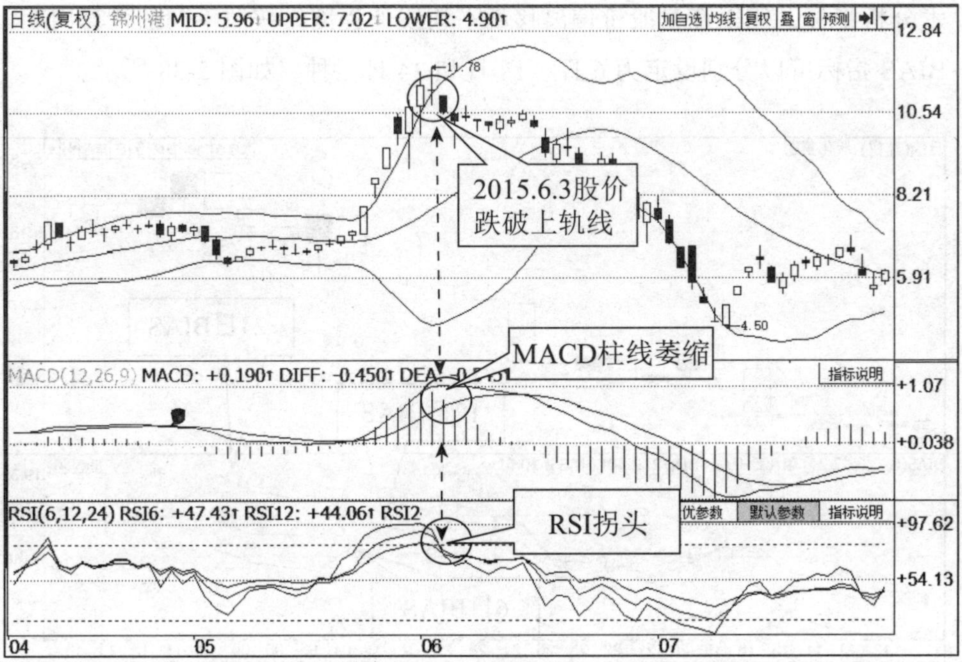

图 5–37 锦州港（600190）BOLL 指标、MACD 指标与 RSI 组合示意图

第五节　布林线与 BIAS 指标组合分析

布林线的上轨线和下轨线是该指标为股价波动划定的理想的上下限，BIAS 指标则是通过股价与均线的偏离程度来判断股价运行趋势转变的可能性。两者结合，投资者可以借助股价与布林线上下轨线的位置来佐证 BIAS 指标发出的交易信号。

一、BIAS 指标的基本特性

BIAS 指标又称乖离率指标，是在移动平均线基础上衍生出来的一种技术分析指标，用以衡量股价偏离移动平均线的程度。按照不同的计算周期，BIAS 指标可以分别设定为 6 日、12 日和 24 日三种，如图 5-38 所示。

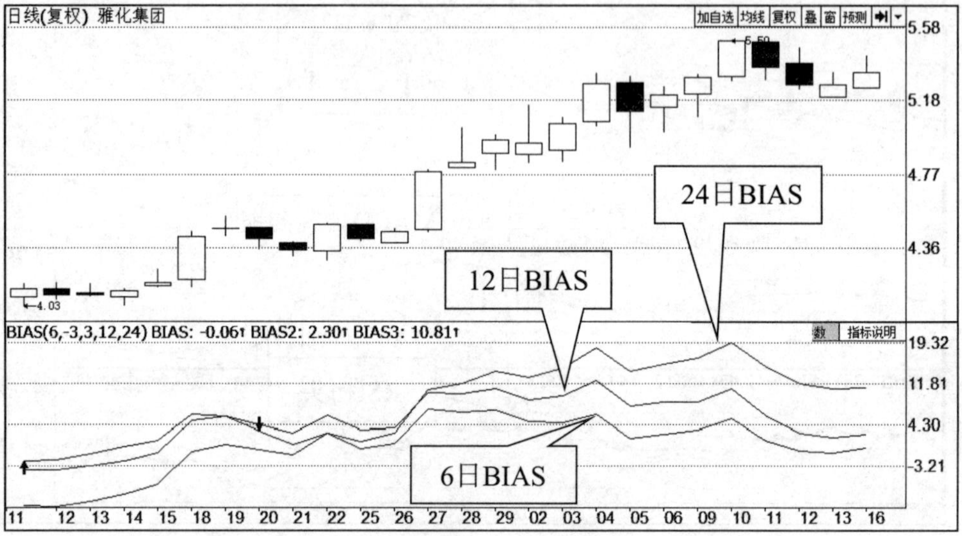

图 5-38 BIAS 指标示意图

BIAS 指标具体有如下几项特征。

第一，当股价运行在移动平均线之上时，BIAS 指标数值为正。此时数值越大，说明股价偏离移动平均线越远，下跌的可能性也就越大。

第二，当股价在移动平均线之下时，BIAS 指标数值为负。此时数值越小，表示股价偏离移动平均线越远，上涨的可能性也就越大。

第三，6 日 BIAS 指标是一个短线技术指标，适合分析较短周期内的股价走势。如果要分析较长周期的股价走势，投资者可以多参考 12 日 BIAS 线和 24 日 BIAS 线。

第四，BIAS 指标主要通过超买超卖来预测股价可能出现的波动。

二、BIAS 指标的交易含义

1. BIAS 指标的超买与超卖

BIAS 指标的超买超卖，都属于趋势即将反转的一个参考指标。

（1）BIAS 指标超买。当股价运行在移动平均线之上时，BIAS 指标数值为正，说明股价偏离移动平均线较远，股价进入超卖区域，下跌的可能性较大。

BIAS 指标超买的操作要点如下。

第一，当 6 日 BIAS 大于 5%，12 日 BIAS 大于 7%，24 日 BIAS 大于 11%时，股价属于超买状态，股价存在下跌的可能。

第二，在平稳运行的市场中，使用 BIAS 指标可以很好地判断股票的买卖点，但是在突发性暴涨暴跌的市场中，不适宜使用该指标。

第三，投资者使用 BIAS 指标判断超买时，最好等三条曲线都发出超买信号时再卖出股票，以免过早卖出错失一部分投资收益。

如图 5-39 所示，华工科技的股价在 2015 年 5 月底经历一轮上涨之后，三条 BIAS 指标线均一路上升。

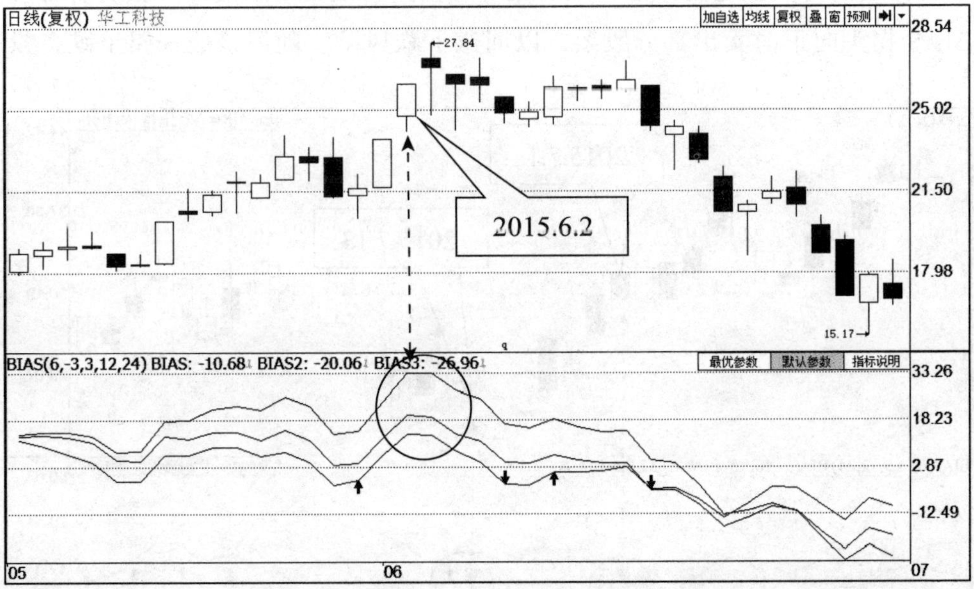

图 5-39 华工科技（000988）日 K 线走势图

2015 年 6 月 2 日，该股股价以涨停报收。与此同时，BIAS 指标的三条指标线同时发出超买信号，预示股价短期内呈强势，未来股价将出现下跌走势。投资者可在 BIAS 拐头向下时卖出部分股票，以回避下跌风险。

（2）BIAS 指标超卖。当 BIAS 指标的数值为负，且距离移动平均线较远时，意味着 BIAS 指标进入超卖区间，股价很有可能会上涨。

BIAS 指标超卖的操作要点如下。

第一，当 6 日 BIAS 小于 -5%，12 日 BIAS 小于 -7%，24 日 BIAS 小于 -11% 时，股价属于超卖状态，股价存在上涨的可能。

第二，实战中投资者需要注意，使用 BIAS 判断股票买入时机的准确率较高，判断股票卖出时机的准确率较低，这时投资者需要参考其他技术指标进行综合研判。

如图 5-40 所示，航天通信的股价在 2015 年 6 月中旬经历一轮暴跌之后，三条 BIAS 指标线均一路下降。

2015 年 7 月 1 日，该股股价以大阴线报收。与此同时，BIAS 指标的三条指标线同时发出超卖信号，预示股价短期内将出现下跌走势。投资者可在 BIAS 拐头向下时卖出部分股票，以回避下跌风险。随后该股一路下跌，投

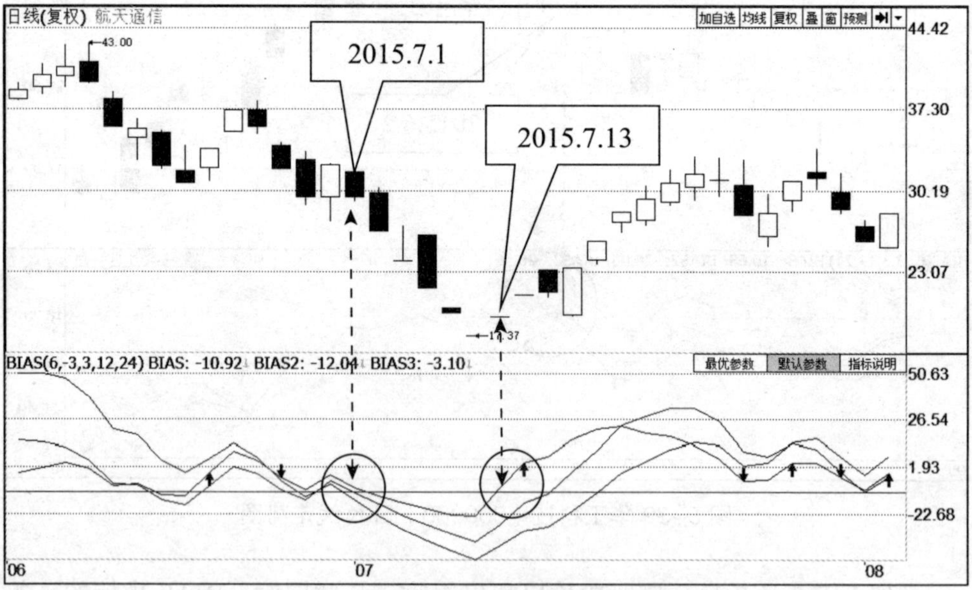

图 5-40 航天通信（000988）日 K 线走势图

资者宜持币观望。

2015年7月13日，该股连续第二日以涨停报收，BIAS指标同步拐头向上，抢反弹的投资者可在此时买入该股。

2. BIAS 指标金叉与死叉

与其他技术指标相似，BIAS 指标也会走出金叉或死叉形态，提示投资者进行买入或卖出操作。

（1）BIAS 指标金叉。BIAS 金叉，是指短期 BIAS 指标自下而上穿越中长期 BIAS 指标呈现的形态。

具体操作要点如下。

第一，6日BIAS自下而上穿越12日BIAS或24日BIAS，则为黄金交叉。

第二，该交叉点位置越低，看涨的意味越浓。

第三，金叉出现时，如果股价K线呈现突破形态，成交量同步放大，则可增强黄金交叉的可信度。

如图5-41所示，宇通客车的股价在2014年6月中旬经历一轮低位盘整

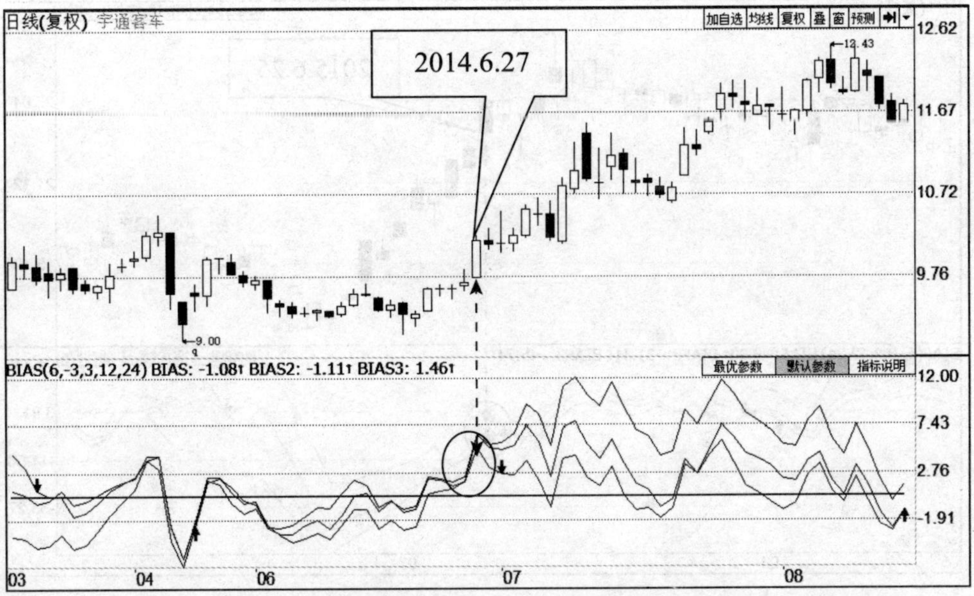

图5-41 宇通客车（600066）日K线走势图

之后，三条 BIAS 指标线逐渐走出低谷。

2014 年 6 月 27 日，该股股价以大阳线报收。与此同时，BIAS 指标的 6 日 BIAS 线上穿 12 日 BIAS 和 24 日 BIAS 线，形成黄金交叉形态。交叉点位于 0 线上方附近，这说明此交叉含金量尚佳，投资者可考虑买入该股。

（2）BIAS 指标死叉。BIAS 死叉，是指短期 BIAS 指标自上而下穿越中长期 BIAS 指标呈现的形态。

具体操作要点如下。

第一，6 日 BIAS 自上而下穿越 12 日 BIAS 或 24 日 BIAS，为死亡交叉。

第二，该交叉点位置越高，则看跌的意味越浓。

第三，死叉出现时，如果股价 K 线呈现阴线下跌形态，则可增加死亡交叉的可信度。

如图 5-42 所示，东风科技的股价在 2015 年 6 月中旬经历一轮大幅上涨后出现暴跌走势，三条 BIAS 指标线自高位拐头向下。

2015 年 6 月 25 日，该股股价以大阴线报收。与此同时，BIAS 指标的

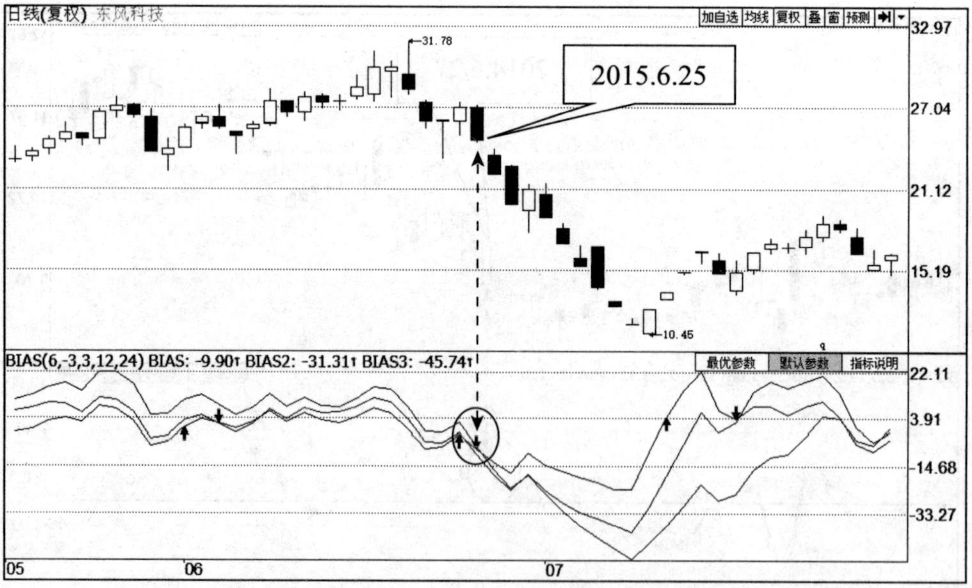

图 5-42 东风科技（600066）日 K 线走势图

6 日 BIAS 线下穿 12 日 BIAS 和 24 日 BIAS 线，形成死亡交叉形态。该交叉点位于股价下跌起始位置，说明未来股价下跌空间较大，投资者宜清空手中股票。

三、BIAS 指标超跌反弹 + 突破布林线下轨线

股价反弹向上突破布林线下轨线，BIAS 指标自超卖区反弹向上，往往意味着股价转为强势。

该技巧的操作要点如下。

第一，股价经过一段时间的下跌或回调，股价 K 线已经下跌至布林线下轨线附近，甚至跌破下轨线。BIAS 指标的各条指标线全部降至 0 线以下，并进入超卖区域。

第二，某日股价启动反弹，股价 K 线自下而上突破布林线下轨线。与此同时，BIAS 指标的各条指标线自超卖区域拐头向上，说明股价有企稳反弹的迹象，投资者可以考虑少量建仓买入该股。

第三，由于该阶段股价仍处于下跌趋势中，抢反弹的投资者必须控制好仓位，不能投入过大。

如图 5-43 所示，明星电力的股价在 2012 年底出现一波下跌走势，股价 K 线一直沿布林线下轨线运行，且一度跌破了下轨线。同时 BIAS 指标的各条指标线全部运行于 0 线以下，并进入了超卖区域，这说明股价表现极为弱势。

2012 年 12 月 5 日，该股股价在前一交易日上涨的基础上再度上攻，成功突破并站稳下轨线。与此同时，BIAS 指标的三条指标线同步拐头向上，这说明股价有结束下跌，重归上升趋势的可能，投资者可少量建仓该股。待股价向上突破中轨线时，可以考虑加仓买入。

四、BIAS 指标金叉 + 突破布林线中轨线

BIAS 指标出现底部金叉，往往意味着股价将走向强势。此时股价 K 线若能同步上穿布林线中轨线，则可加大股价走强的概率。

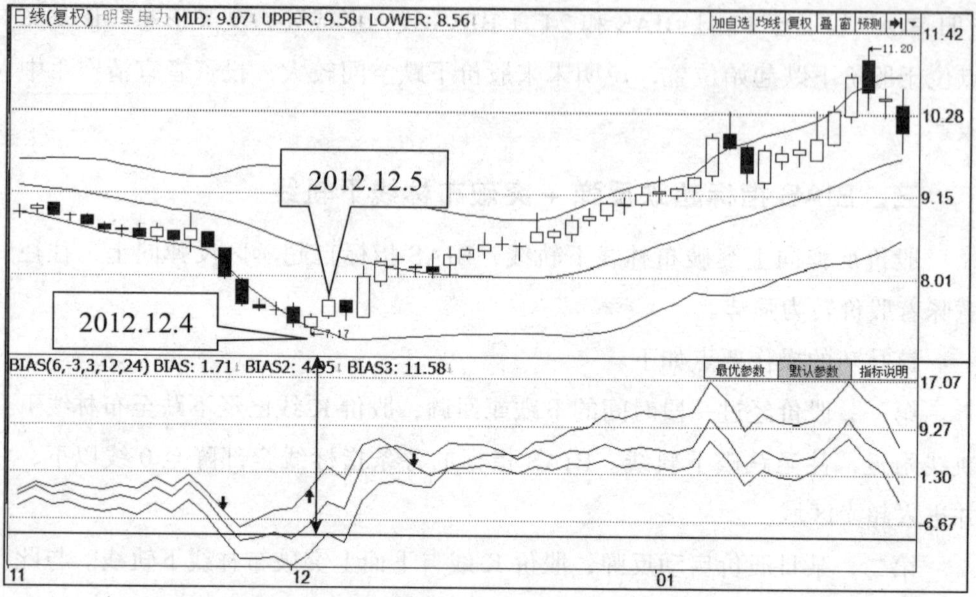

图 5-43 明星电力（600099）日 K 线走势图

该技巧的操作要点如下。

第一，股价经过一段时间的下跌或回调，股价 K 线已经下跌至布林线下轨线附近，甚至跌破下轨线。BIAS 指标的各条指标线全部降至 0 线以下。

第二，布林通道喇叭口开始收缩，说明股价在选择新的突破方向。此时投资者应密切关注股价的变化。

第三，此后股价触底回升，并一路向上突破布林线中轨线。与此同时，6 日 BIAS 向上突破 12 日 BIAS 和 24 日 BIAS，说明股价运行趋势发生了转变，投资者可以考虑买入该股。

如图 5-44 所示，林海股份的股价在 2014 年底出现一波下跌走势，股价 K 线一直在布林线中轨线和下轨线之间运行，同时 BIAS 指标的各条指标线全部运行于 0 线以下，这说明股价表现极为弱势。

2015 年 1 月 22 日，该股股价在前一交易日上涨的基础上再度上攻，成功突破并站稳中轨线。与此同时，BIAS 指标的 6 日 BIAS 线上穿 12 日 BIAS 和 24 日 BIAS 线，形成了黄金交叉形态。该交叉点位于 0 线上方附近，

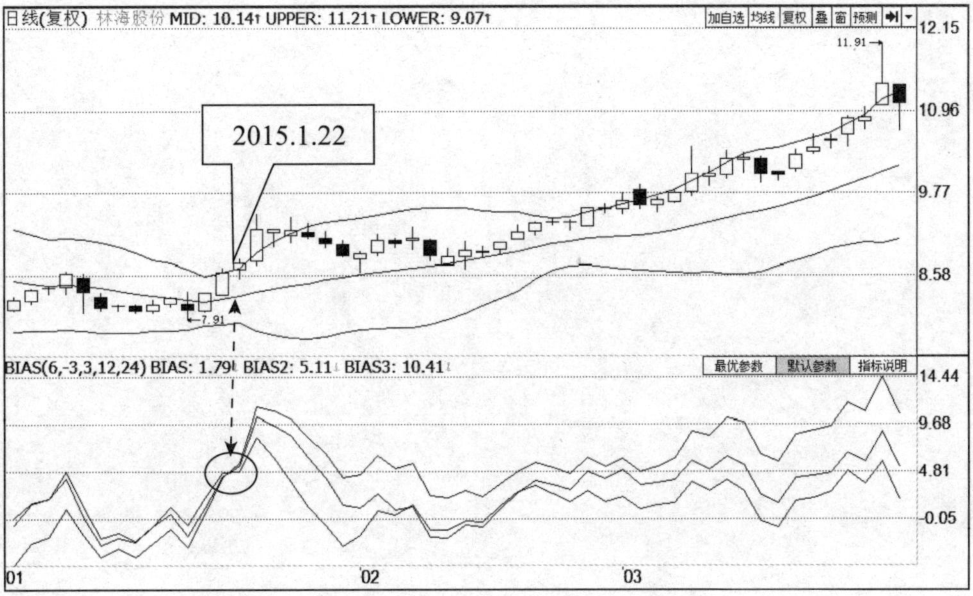

图 5-44　林海股份（600099）日 K 线走势图

说明未来股价上涨空间较大，投资者可以考虑追涨买入该股。

第六章

布林线指标经典交易信号

这里重点介绍几类基于布林线的实战交易技术，以供读者在日常交易实战中参考和有选择性地应用。

第一节　布林线实战交易信号

实战交易信号是布林线最基本的功能之一。投资者可以借助布林线发出的信号，结合交易背景，制定详细的交易计划。

持币信号 1：股价跌破中轨线，并一直运行于中轨线与下轨线之间

股价运行于中轨线与下轨线之间的区域时，尽管可能也会出现上升走势，但因整体上处于下降趋势，因而投资者应避免交易。

其操作要点如下。

第一，股价跌破中轨线，并一直在中轨线与下轨线之间的区域运行。

第二，股价偶尔出现反弹走势，但股价并未有效突破布林线中轨线，即连续 3 个交易日位于中轨线之上。

第三，布林通道呈向右下方倾斜态势，且布林通道喇叭口并未出现异常放大或收缩。

第四，若某一个交易日股价放量突破中轨线，且布林通道喇叭口开始放大，则可考虑放弃持币策略。

如图 6-1 所示，中信证券的股价在 2015 年初启动了一波上涨行情，股价不断创出新高。

2015 年 4 月，该股股价出现上涨乏力状况，布林通道喇叭口开始收缩。4 月 30 日，该股股价跌破中轨线，说明股价转为弱势，投资者宜卖出手中的股票。

此后该股股价一路下跌，且一直运行于中轨线与下轨线之间，说明股价

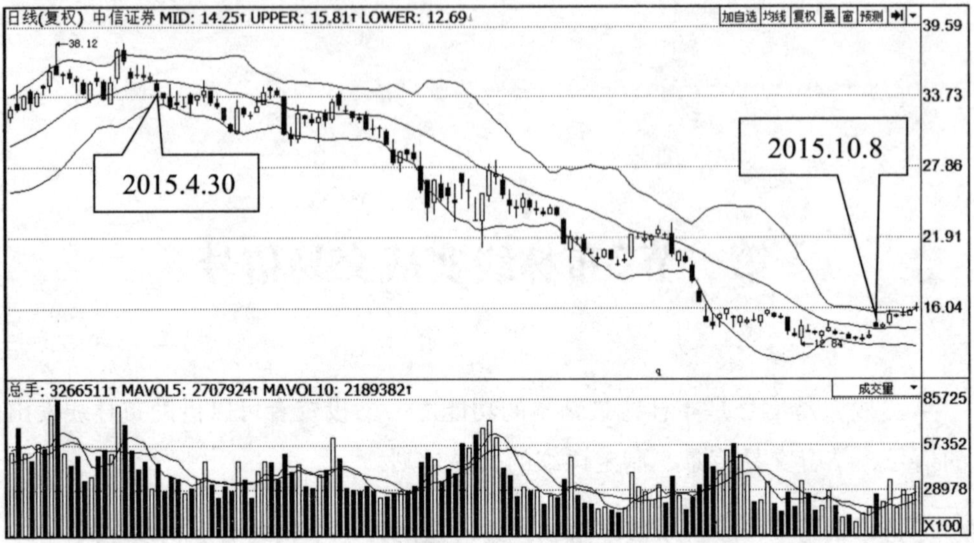

图 6-1 中信证券（600030）布林线指标走势图

走势极弱，投资者应避免参与交易。期间，该股股价也曾几次向上突破中轨线，不过股价在中轨线以上的时间都没有超过 3 个交易日，此时投资者只需持币观望即可。

2015 年 10 月 8 日，中信证券的股价放量突破中轨线，且此后并未跌至中轨线以下，说明股价运行趋势将发生转变，投资者可以在此时介入该股。

持股信号 2：股价向上突破中轨线，并一直运行于中轨线与上轨线之间

股价运行于中轨线与上轨线之间的区域时，尽管可能也会出现回调走势，但因整体上处于上升趋势，因而投资者应持股待涨，减少卖出操作。

其操作要点如下。

第一，股价向上突破中轨线，并一直在中轨线与上轨线之间区域运行。

第二，股价偶尔出现回调走势，但并未跌破布林线中轨线。

第三，布林通道呈向右上方倾斜态势，且布林通道喇叭口并未出现异常放大或收缩。

第四，若某一个交易日股价有效跌破中轨线，且布林通道喇叭口开始放大，则可考虑放弃持股策略。

如图 6-2 所示，上海机场的股价在 2015 年初结束了底部盘整走势，并开启上升模式。

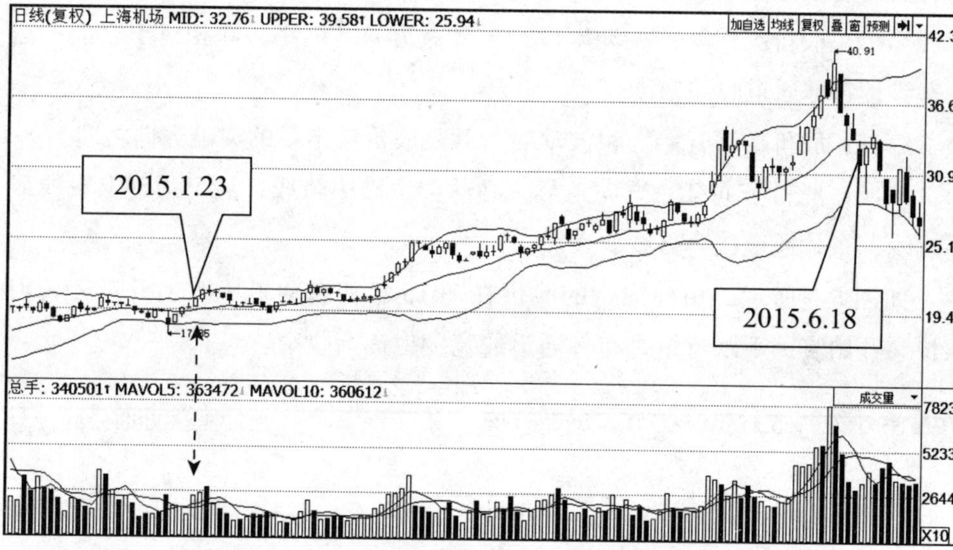

图 6-2 上海机场（600009）布林线指标走势图

2015 年 1 月 23 日，该股股价继续前几个交易日的上升态势，高开高走，放量突破布林线中轨线。这说明股价已经进入强势上升通道，投资者可以考虑买入该股。

此后该股股价一路震荡上升，且一直运行于中轨线与上轨线之间，说明股价走势极强，投资者应持股待涨，尽量减少卖出操作。期间，该股股价曾几次向下回调，但均因中轨线的支撑作用而再度上升。

2015 年 6 月 18 日，上海机场的股价跌破中轨线，并且此后再未反弹至中轨线以上，这说明股价运行趋势将发生转变，投资者可以在此时卖出该股。

趋势转折信号 1：布林通道突然收缩

股价处于上升、下跌或盘整趋势时，若布林通道突然收缩，则说明股价正在重新选择运行的趋势。也就是说，股价未来可能会发动一波较大的上涨或下跌行情。

其操作要点如下。

第一，股价按照某一趋势运行，布林通道的缩放处于比较稳定的状态，即收缩和放大比较有规律，且幅度不大。

第二，股价突然降低波动幅度，布林通道异常缩小，即相对于之前的运行态势，布林通道收缩幅度较大。

第三，股价重新开始大幅波动时，就是股价选定新的突破方向之时。

第四，股价若向某一方向运行，必然会突破中轨线，甚至达到上轨线或下轨线，布林通道就会再度放大。

如图 6-3 所示，招商银行的股价在 2015 年初启动了一波上升走势，但很快又开始震荡下跌行情，布林通道的宽度也逐渐收窄。

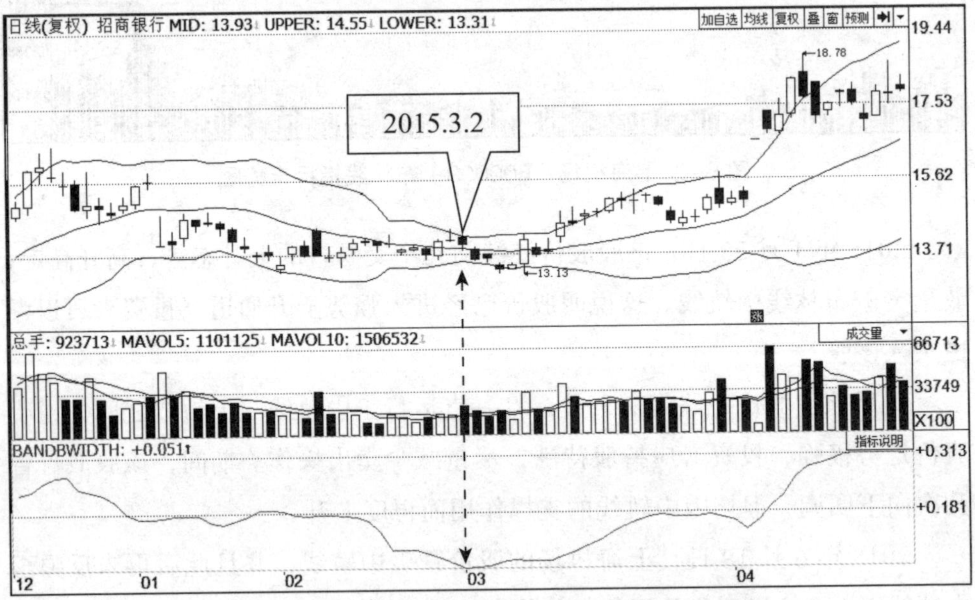

图 6-3 招商银行（600036）布林线指标走势图

进入 2015 年 2 月底和 3 月初，招商银行的布林通道突然大幅收缩。3 月 2 日，该股的布林通道宽度指标降到极低水平，这说明股价正在重新选择突破的方向，投资者可以耐心等待。直到股价突破方向确立，投资者再追随趋势即可。

其后，该股股价稍作下探即反向上攻，并一度突破布林线上轨线，布林通道宽度指标触底反弹向上运行，此后开始沿上轨线运行。这说明股价大幅上涨的概率很高，投资者可执行买入操作。

趋势转折信号 2：布林通道突然放大

股价处于上升、下跌或盘整趋势时，若布林通道突然放大，则说明股价正在重新选择运行的趋势。也就是说，股价未来可能会发动一波较大的上涨或下跌行情。

其操作要点如下。

第一，股价按照某一趋势运行，布林通道的缩放处于比较稳定的状态，即收缩和放大比较有规律，且幅度不大。

第二，股价突然降低波动幅度，布林通道异常放大，即相对于之前的运行态势，布林通道收缩幅度较大。

第三，布林通道突然放大，说明股价进入高波动性阶段，股价将会出现快速拉升或快速下跌行情。

如图 6-4 所示，国投安信的股价在 2015 年 4 月以后出现了震荡筑顶走势，股价一直在一个比较稳定的区间内波动，布林通道宽度指标也一直在底部区域运行，说明股价处于盘整态势中。

进入 2015 年 7 月中旬，国投安信的股价波动幅度加大，但仍处于一个温和放大的状态。7 月 27 日，该股股价以跌停报收。与此同时，布林通道宽度指标出现异常放大，说明布林通道喇叭口出现了异常放大。鉴于此时股价已经启动下跌行情，未来股价大幅下跌的概率极大，投资者离场观望即可。

加仓信号：突破布林线中轨线 +MACD 金叉 + 布林通道收缩

股价自布林线下轨线附近启动上升，并放量突破中轨线。此时 MACD 指标在 0 轴附近出现黄金交叉，且布林通道喇叭口有所收敛，则意味着股价将启动一波上涨走势，投资者可以考虑加仓买入该股。

其操作要点如下。

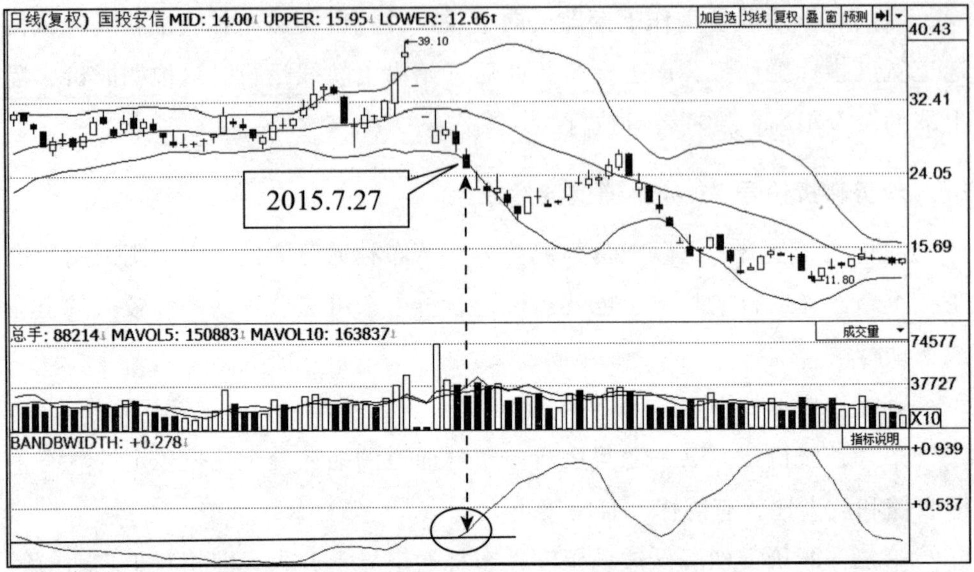

图 6-4 国投安信（600036）布林线指标走势图

第一，股价经过一段时间的下跌后，遇布林线下轨线或跌破下轨线后反弹向上，说明股价运行趋势有可能发生转变，激进的投资者可以在此时少量建仓。

第二，股价继续上攻并突破了中轨线，此时 MACD 指标在 0 轴附近形成了黄金交叉形态，这说明未来股价还会上涨。

第三，股价突破布林线中轨线时，布林通道喇叭口走出收敛动作，说明后市将启动一波较大的上涨行情。

如图 6-5 所示，皖维高新的股价在 2015 年 4 月以后出现震荡回调走势，股价一路下跌至布林线下轨线位置。

2015 年 5 月 8 日，股价因受到布林线下轨线支撑而再度反弹向上，并开始上升走势。由于此时股价上升并未突破中轨线，且成交量配合并不理想，激进型投资者可以考虑少量建仓，保守型投资者可以暂时观望。

2015 年 5 月 21 日，皖维高新的股价放量突破布林线中轨线，且 MACD 指标在 0 轴附近形成了黄金交叉形态，同时布林通道喇叭口出现了收敛趋势。

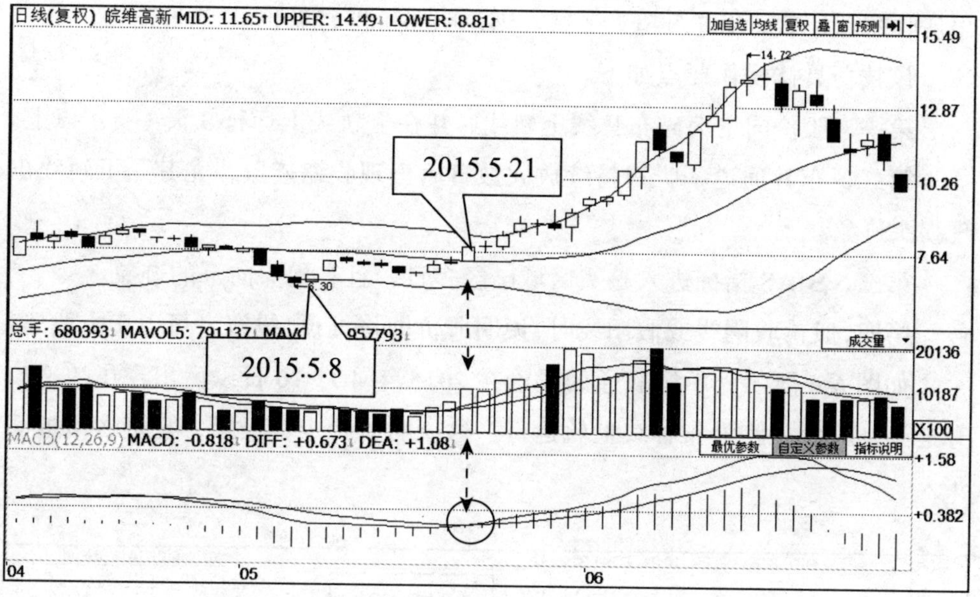

图 6-5 皖维高新（600063）布林线指标走势图

这说明股价即将启动大幅上涨，投资者可以考虑加仓买入该股。

其后，该股出现了一波快速拉升行情。

第二节 布林线抄底逃顶信号

作为一种技术分析框架，布林线对股价波动区间确实具有一定的预测作用。当股价运行至上轨线上方时，往往都不会持续太长时间。同样，股价运行至下轨线下方时，也不会持续太长时间。借助布林线与其他技术指标组合分析，往往能获得较为准确的抄底逃顶信号。

逃顶信号 1：布林通道收缩 +BIAS 超买 + 股价在上轨线上超 3 天

股价经过一段时间的上涨后，股价已经越过了上轨线。若此时布林通道出现收缩，且 BIAS 进入超买区域，则说明股价即将见顶。

该技巧具体操作要点如下。

第一，股价向上突破布林线上轨线，并在上轨线上运行 3 天（含）以上。

第二，布林通道喇叭口持续放大数日后出现收缩迹象，尤其是下轨线出现拐头迹象。

第三，BIAS 指标进入超买区域已经多日，且有拐头向下的迹象。

第四，股价收阴线或假阳线时，说明股价即将见顶，投资者可以卖出股票。

如图 6-6 所示，中国联通的股价在 2015 年 4 月 16 日以后出现了快速拉升走势，股价一路沿布林线上轨运行。这说明股价走势极强，投资者可追涨买入。

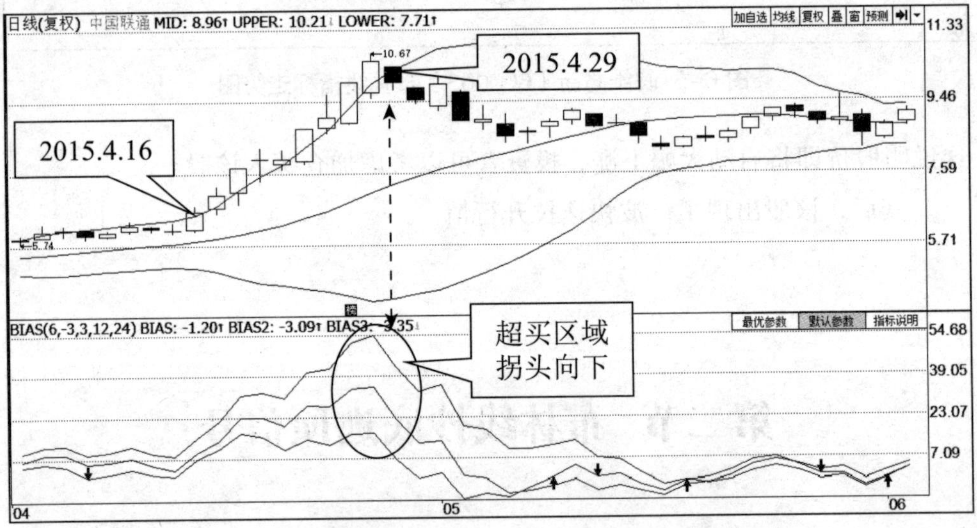

图 6-6 中国联通（600050）布林线指标走势图

2015 年 4 月 29 日，该股以阴线收盘，且跌破了布林线上轨线。此前股价已经连续多日运行于布林线上轨线之外，说明多方力量有可能耗尽。与此同时，布林线下轨线向上拐头，布林通道出现收缩迹象，这也是股价即将下跌的前兆。同时，BIAS 指标自超买区域拐头向下，说明股价向上运行趋势可能转向。

基于以上分析，投资者可在 4 月 16 日当天卖出全部或大部分股票。其后该股出现了一波震荡回调行情。

逃顶信号 2：%b 顶背离 + 股价跌破上轨线

股价经过一段时间的上涨后，股价与 %b 指标形成顶背离。当股价跌破布林线上轨线时，是较佳的卖出点位。

该技巧具体操作要点如下。

第一，股价沿上轨线运行，并在创下高点时一度突破上轨线。

第二，股价连续创出新高时，%b 指标形成的高点却一个比一个低，说明 %b 指标与股价形成了顶背离。

第三，%b 指标与股价形成顶背离后，股价跌破上轨线时，就是该股最佳卖出点位。

如图 6-7 所示，黄山旅游的股价在 2015 年上半年出现了一波快速拉升行情，股价一路沿布林线上轨线震荡运行。这说明股价走势极强，投资者可以追涨买入。

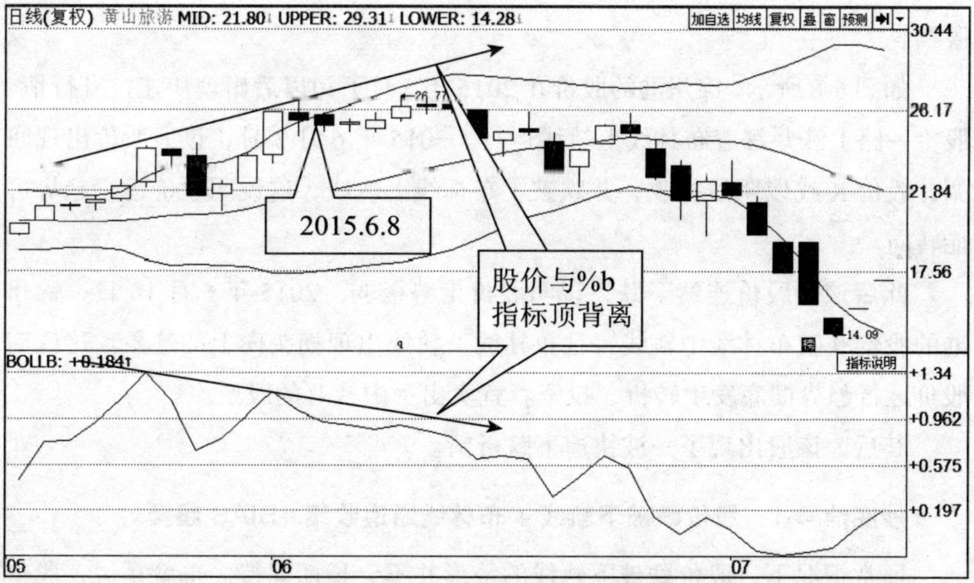

图 6-7 黄山旅游（600054）布林线指标走势图

进入 2015 年 5 月底至 6 月初，该股股价连续创出新高，且股价一度在布林线上轨线上方运行。不过在股价连续创出新高时，%b 指标形成的高点却一个比一个低。这说明 %b 指标与股价形成了顶背离，未来股价将出现下跌走势。

2015 年 6 月 8 日，该股股价自上而下跌破了布林线上轨线，说明股价上升趋势难以持续，投资者可以选择部分或全部卖出手中的股票。

逃顶信号 3：股价连续跌穿布林线上轨线和中轨线

缓涨急跌，是很多处于上涨行情中的股票具有的一个共同特征。不过，处于上涨行情中的股票，若连续跌穿布林线上轨线和中轨线，则说明股价上涨行情可能结束。

该技巧的操作要点如下。

第一，股价进入快速拉升行情，股价 K 线运行于布林线上轨线之上。

第二，布林线下轨线出现拐头向上迹象。

第三，股价出现回调，且在几个交易日连续下挫，并接连跌破布林线上轨线和中轨线。这说明股价运行趋势可能会发生转向，投资者宜卖出手中的股票。

如图 6-8 所示，锦州港的股价在 2015 年 5 月下旬以后出现快速拉升行情，股价一路上涨并踩着布林线上轨线运行。2015 年 6 月 3 日，该股股价出现回调，股价 K 线以阴线报收，并跌破了布林线上轨线，这说明股价运行趋势可能转向。

此后该股股价连续下跌，说明股价走势极弱。2015 年 6 月 16 日，锦州港的股价跌破布林线中轨线，且布林线下轨线出现拐头向上的迹象。这说明股价运行趋势彻底发生转折，投资者宜卖出手中持有的股票。

其后，该股出现了一波快速下跌行情。

抄底信号 1：股价跌破下轨线 + 布林线通道收缩 +BIAS 超卖

通常情况下，股价跌破下轨线的情形并不会长期保持。也就是说，股价

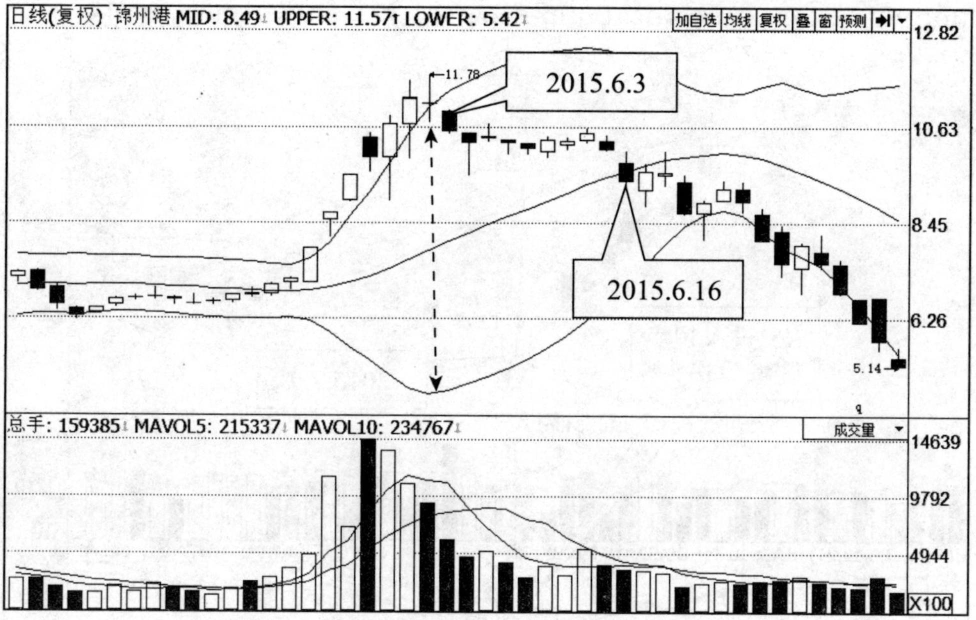

图 6-8　锦州港（600190）布林线指标走势图

跌破下轨线后，很快就会反弹至布林通道内部。若此时布林通道出现收缩，BIAS 指标进入超卖区后拐头向上，则说明股价回升的可能性极大。

该技巧操作要点如下。

第一，股价向下跌破布林线下轨线。

第二，布林通道喇叭口持续放大数日后出现收缩迹象，上轨线出现拐头向下迹象。

第三，BIAS 指标进入超卖区域已经多日，且有拐头向上的迹象。

第四，股价收阳线或假阴线后，向上突破布林线下轨线时，说明股价已经见底，投资者可部分建仓该股。

如图 6-9 所示，云天化的股价在 2015 年 6 月中旬随着大盘的下跌出现了暴跌走势，股价一路沿布林线下轨线下跌，甚至一度跌破下轨线。

2015 年 7 月 9 日，该股股价触底反弹，并以大阳线放量突破下轨线报收。与此同时，BIAS 指标进入超卖区域后拐头向上，布林线上轨线也出现拐头向上走势，这说明股价将出现一波反弹走势。

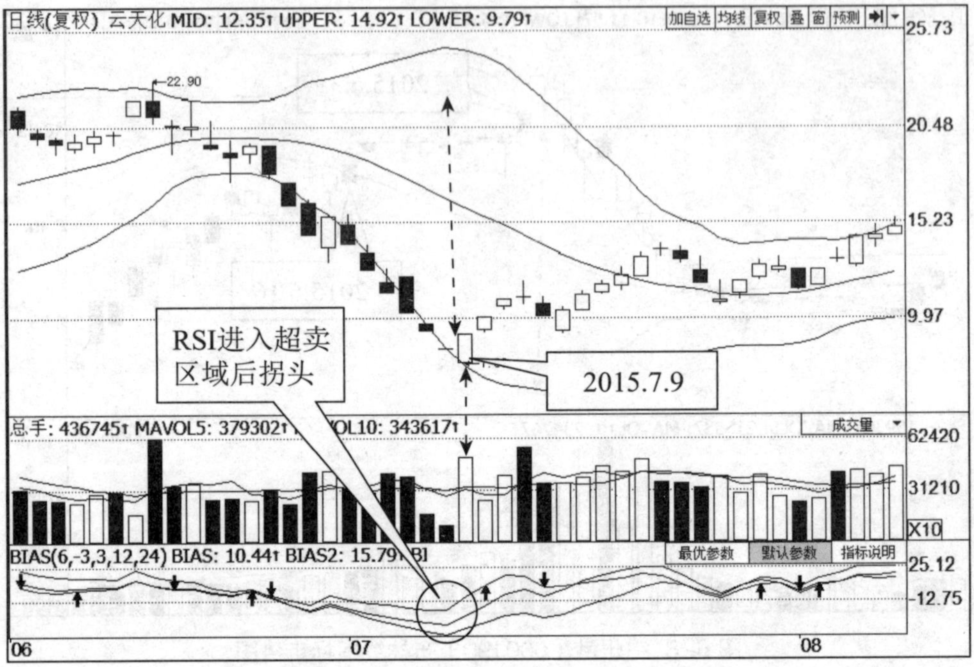

图 6-9 云天化（600063）布林线指标走势图

基于当时的市场环境，投资者可以选择少量建仓的方式介入该股，并在股价突破中轨线后加仓买入该股。

抄底信号 2：%b 底背离 + 布林通道收缩

股价经过一段时间的下跌或回调后，股价与 %b 指标形成底背离。当股价自下而上突破布林线下轨线，或股价遇布林线下轨线受到支撑反弹时，则是较佳的买入点位。

该技巧具体操作要点如下。

第一，股价沿下轨线运行，并在创下低点时一度跌破下轨线。

第二，股价连续创出新低时，%b 指标形成的低点却一个比一个高，这说明 %b 指标与股价形成了底背离。

第三，布林通道收缩，说明股价波动性减小，未来有可能重新选择突破方向。

第四，%b 指标与股价形成底背离后，股价自下而上突破下轨线或股价遇下轨线支撑反弹时，就是该股最佳的买入点位。

如图 6-10 所示，兰花创科的股价在 2015 年初以后出现了震荡回调走势，股价一路下跌至布林线下轨线位置。2015 年 1 月 19 日和 2 月 6 日，该股股价连续两次下跌形成的低点一个比一个低。与此同时，%b 指标形成的低点却一个比一个高。这说明股价与 %b 指标出现了底背离形态。

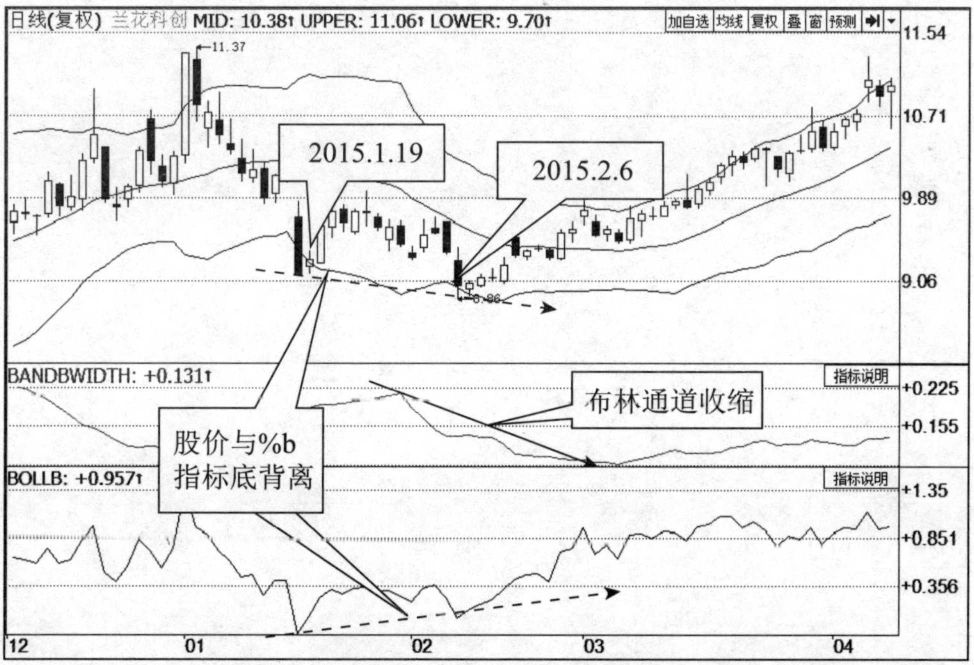

图 6-10 兰花科创（600063）布林线指标走势图

股价与 %b 指标形成底背离时，布林通道宽度指标出现了大幅收缩，这说明股价波动性减少，正在选择未来的突破方向。

2 月 7 日，该股股价遇布林线下轨线反弹向上，说明股价短期有走稳的可能，投资者可考虑少量建仓该股。

第七章

布林线周期共振交易技术

布林线作为一种有效的技术分析框架，能够在不同的分析周期中应用。同时，投资者可以利用分析周期的切换和组合，调整和设计自己的交易方法。

第一节 日线与周线、月线 BOLL 共振

相对于日线，周线和月线拥有更好的稳定性，也能够把一些无效的信号过滤掉，当然，也存在着信号滞后的问题。正因如此，中长线投资者比较偏好于周线和月线 BOLL。

一、周线与月线 BOLL 分析方法

周线 BOLL 与月线 BOLL 分析方法与日线 BOLL 相似，主要侧重于对上轨线、中轨线和下轨线的阻力和支撑作用，以及布林通道宽度变化的分析。当然，相对于日线 BOLL，周线和月线 BOLL 这三条轨道线对股价的影响更大。

周线和月线 BOLL 对股价的作用有些相似，下面以周线为例进行分析。

1. 中轨线的支撑与阻力作用

股价处于上涨趋势时，当股价自上而下回调至中轨线时，将会受到中轨线更强的支撑作用。一旦股价跌破中轨线，则意味着股价运行趋势发生改变。

如图 7-1 所示，中国平安的股价 2014 年 4 月 11 日自下而上突破布林线中轨线后，一直在中轨线与上轨线之间的区域震荡上升。该股股价不断创出新高，布林通道喇叭口也越开越大，中轨线向右上方倾斜，说明股价运行趋

势良好。期间，该股股价也曾几次出现回调，但均因中轨线的支撑作用而再度回升。

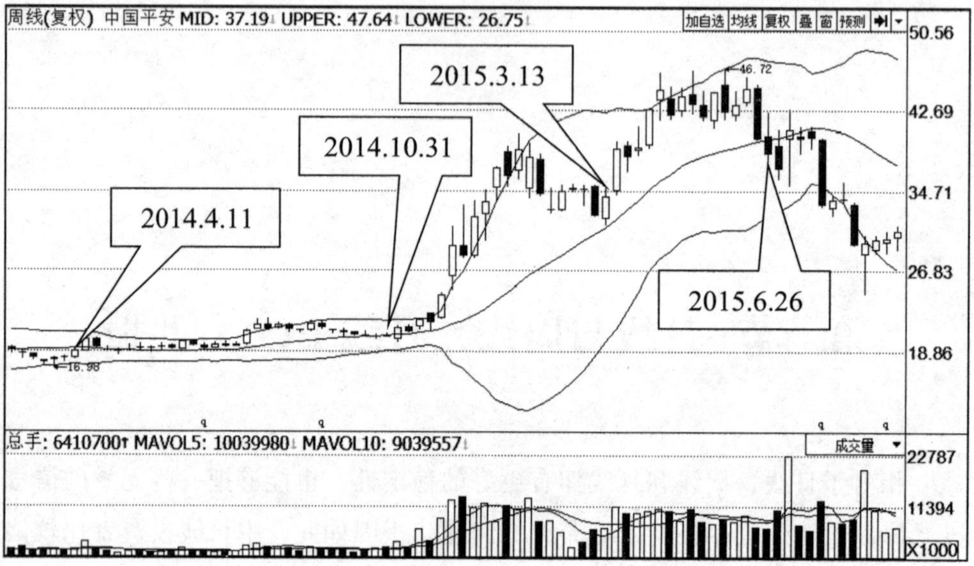

图 7-1 中国平安（601318）周线 BOLL 走势图

2015 年 6 月 26 日，该股股价跌破中轨线。这说明股价运行趋势发生了转变，投资者可在当日卖出该股。

从 2014 年 4 月 11 日到 2015 年 6 月 26 日一年多的时间里，该股股价涨幅超过 100%，属于一次比较成功的中长线操作。再来看一下此时段日线 BOLL 的走势，通过对比可以发现周线 BOLL 的优势，如图 7-2 所示。

从图 7-2 中可以看出，中国平安的股价在 2014 年 4 月到 2015 年 6 月期间曾多次跌破布林线中轨线，投资者若每次都采取卖出操作，可能就不会收获后面股价快速拉升时产生的利润。

将图 7-2 与图 7-1 对比可以发现：日线 BOLL 与周线 BOLL 描述的股价运行趋势是一致的，只是周线 BOLL 描述的趋势更加直观、稳定。

周线 BOLL 的中轨线比日线 BOLL 的中轨线拥有更强的支撑与阻力作用，当周线 BOLL 中轨线拐头时，往往意味着股价运行趋势发生改变。

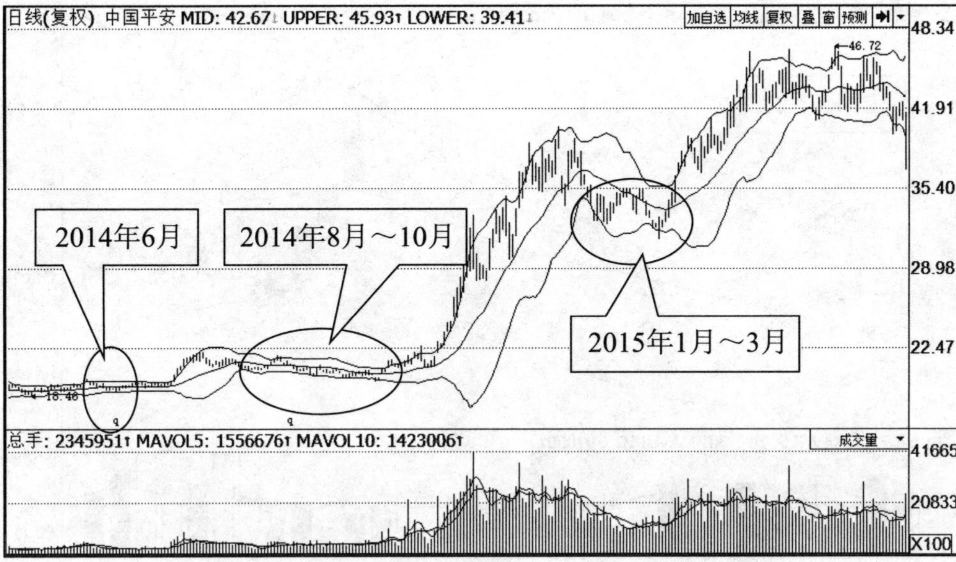

图 7-2 中国平安（601318）日线 BOLL 走势图

2. 上轨线的支撑与阻力作用

股价日 K 线运行至上轨线时，并不意味着股价一定会下跌。股价周 K 线上升至布林线上轨线时，则会感受到上轨线的强大阻力。与此同时，若中轨线出现拐头或走平时，那么股价回落的可能性非常大。

一般情况下，股价周 K 线很难连续 3 个交易周期处于上轨线的上方，有时甚至刚触及上轨线就会出现回落。

如图 7-3 所示，生意宝的股价在 2015 年上半年出现了一波上升行情，股价周 K 线在上升过程中曾经两次上攻至上轨线附近。其中，2015 年 2 月 27 日，股价还曾一度站上了上轨线，其后很快跌破上轨线并出现了回调。

2015 年 6 月 12 日，该股经过一波上升后，股价上涨至上轨线附近时，又因上轨线的阻力作用转为下跌。这说明股价运行趋势可能会发生转变，投资者可以考虑卖出股票。

在强势单边上升或下跌行情中，股价周 K 线也可能会出现沿着上轨线或下轨线运行的情况。若股价经过长时间的盘整后开始沿上轨线上升，且布林通道喇叭口放大，上轨线出现拐头向上的走势，则说明股价上升空间已经打

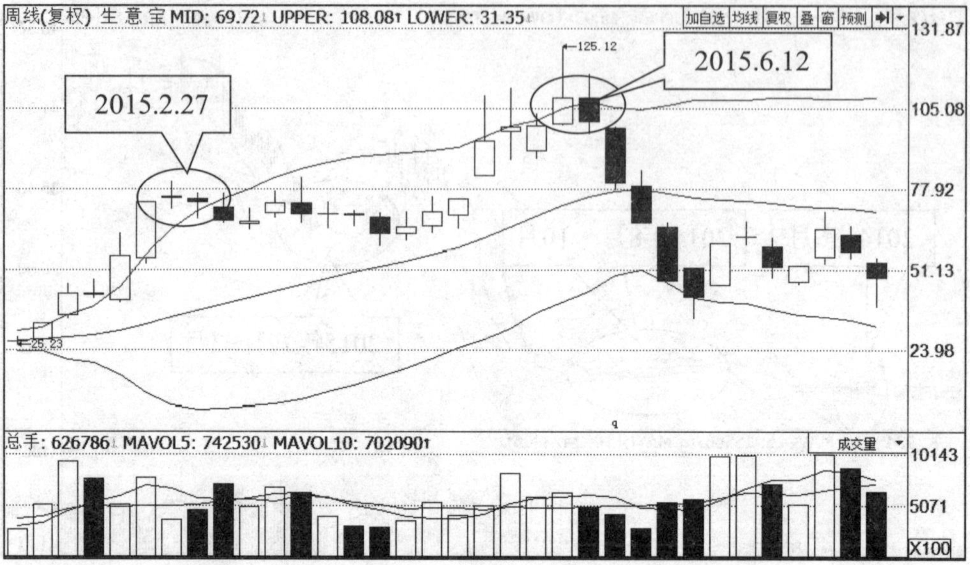

图 7-3 生意宝（002095）周线 BOLL 走势图

开，未来将有一段相当长时间的上涨行情。

从图 7-4 中可以看出，山东海化的股价在 2014 年 7 月之前一直处于底

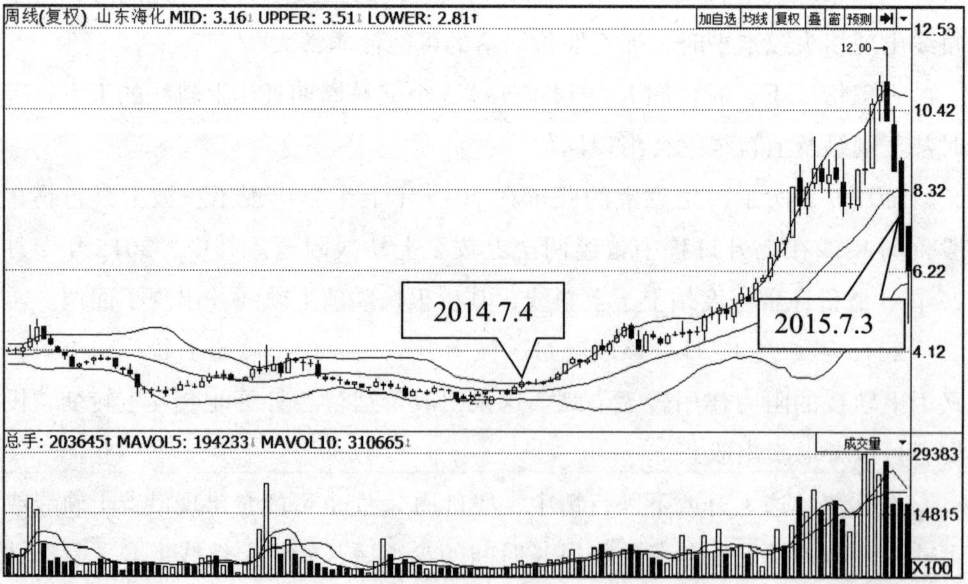

图 7-4 山东海化（000822）日线 BOLL 走势图

部盘整状态，股价波动范围十分有限，布林通道的喇叭口也呈收缩状态。

2014 年 7 月 4 日，该股股价经过几个交易日的上升来到布林线上轨线附近，其后一直沿着上轨线震荡上行。与此同时，布林通道的喇叭口越开越大，这说明股价将发动一波较大的上升行情，投资者可以追涨买入该股。

其后股价一直震荡上行，直至 2015 年 6 月底到 7 月初才结束上升趋势。

若股价周 K 线上升时遇上轨线出现回落后重新上升，再度上涨至上轨线附近甚至突破上轨线后二度回调，那么股价运行趋势发生反转的概率较大。

如图 7-5 所示，恒生电子的股价在 2015 年上半年出现了一波快速上升走势。在股价上涨过程中，周 K 线沿布林线上轨线运行，说明股价运行趋势呈强势。

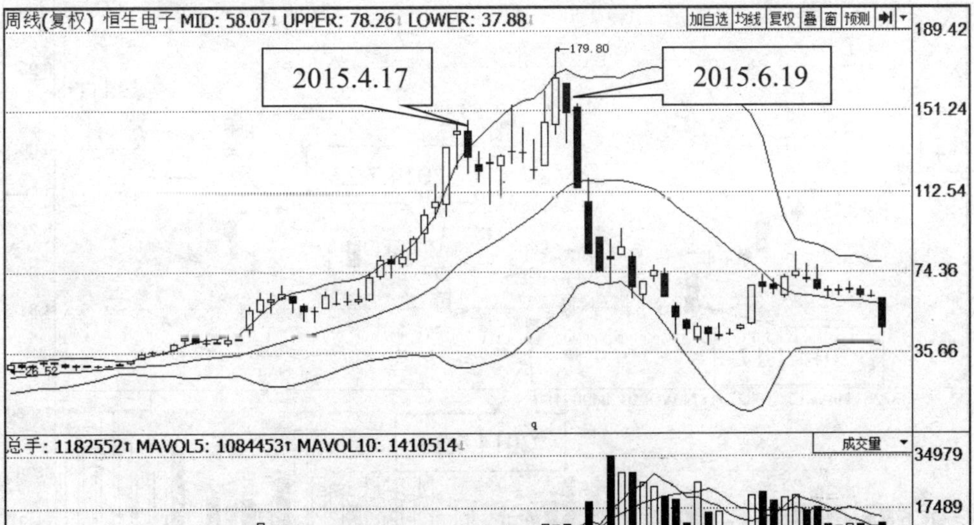

图 7-5 恒生电子（600570）周线 BOLL 走势图

2015 年 4 月 17 日，该股股价突破上轨线后，又迅速回落并跌破了上轨线。此后该股经过几个交易日调整后又再度上攻，不过当股价上升至上轨线附近时，又因上轨线的阻力而再度回调。这说明股价运行趋势即将反转，投资者宜卖出手中的股票。

3. 下轨线的支撑作用

在绝大多数行情中，股价周 K 线都很难跌破布林线下轨线。不过与日线 BOLL 相似，股价遇布林线下轨线获得支撑时，并不意味着股价将会反弹向上，也许只是稍作反弹后即重归下跌通道。

当股价周 K 线遇下轨线出现反弹时，投资者最好结合其他技术指标分析确认买入点，抑或等股价向上突破中轨线时再买入该股。

如图 7-6 所示，通宝能源的股价在 2014 年上半年出现了一波快速下跌走势。在股价下跌过程中，周 K 线沿布林线下轨线运行，说明股价运行趋势呈弱势。

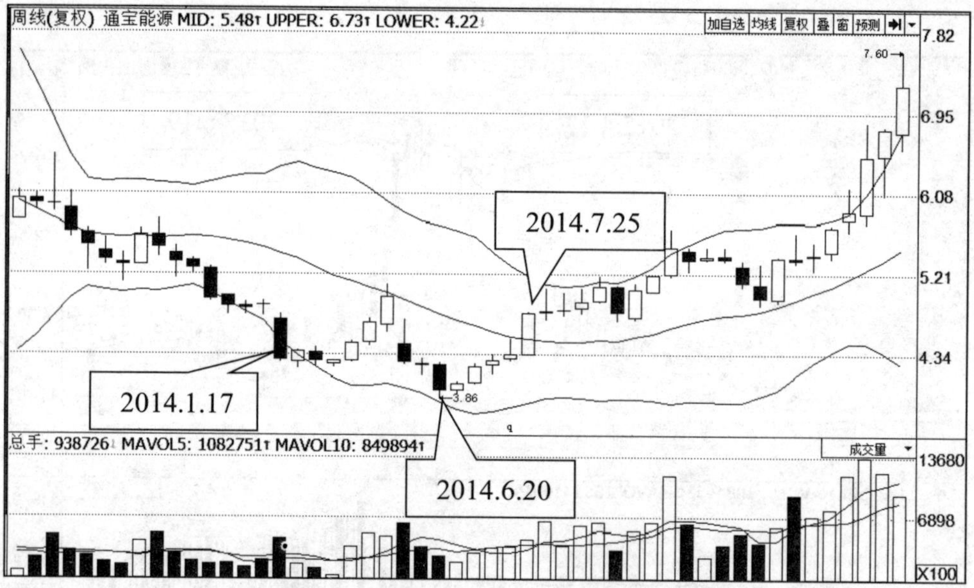

图 7-6 通宝能源（600780）周线 BOLL 走势图

2014 年 1 月 17 日，该股股价下跌至布林线下轨线位置，因下轨线支撑而反弹向上。不过这次反弹力度十分有限，很快该股就重归下跌通道，这说明股价触及下轨线并不能引发股价反弹。随后的 6 月 20 日，该股股价再次触及下轨线后反弹向上。

7 月 25 日，该股股价向上突破中轨线。这说明股价运行方向可能发生改变，投资者可以考虑买入股票。

二、日线与周线 BOLL 结合分析

对于中短线投资者来说，选择一个相对安全的环境来实施自己的交易计划是比较理想的选择。日线与周线 BOLL 结合，则可以满足这部分投资者的需求。日线与周线 BOLL 结合分析，比较容易获得一个相对安全的短线买入点。

其具体操作要点如下。

第一，股价周 K 线处于中轨线与上轨线之间的区域，说明该股中线处于上升趋势中，比较适宜短线操作。

第二，股价日 K 线自下而上突破中轨线，或股价回调至中轨线位置，因受到中轨线的支撑而再度上升，这是一个比较好的短线入场点。

第三，股价自中轨线位置上升时，布林通道的喇叭口开始放大，且成交量有明显的增加，则说明该点买入成功率较高。

下面以红旗连锁为例，介绍一下日线 BOLL 与周线 BOLL 的组合应用，如图 7-7、图 7-8 所示。

如图 7-7 所示，红旗连锁的股价在 2014 年上半年出现了一波盘整走势，股价周 K 线波动范围很小，布林通道呈收缩状态，这也预示着股价正在选择未来的突破方向。

2014 年 7 月 11 日，该股股价自下而上突破中轨线。此后该股股价持续上升，布林通道喇叭口逐渐放大，说明股价已经进入上升趋势中，投资者可以考虑买入股票。

此时，投资者可以通过日线 BOLL 寻找有利于自己的短线买入点，如图 7-8 所示。

红旗连锁的股价在 2014 年上半年出现了一波盘整走势，股价日 K 线波动范围很小，布林通道呈收缩状态，这预示着股价正在选择未来的突破方向。

2014 年 7 月初，该股股价一直运行于中轨线上方，说明股价短期呈强势。7 月 11 日，该股周 K 线向上突破中轨线时，股价日 K 线也出现了放量上攻

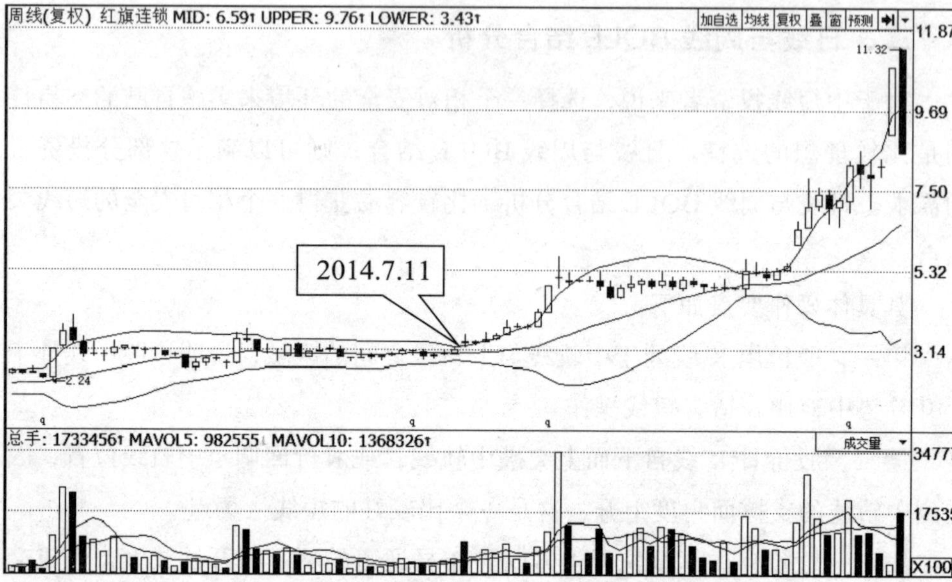

图 7-7 红旗连锁（002697）周线 BOLL 走势图

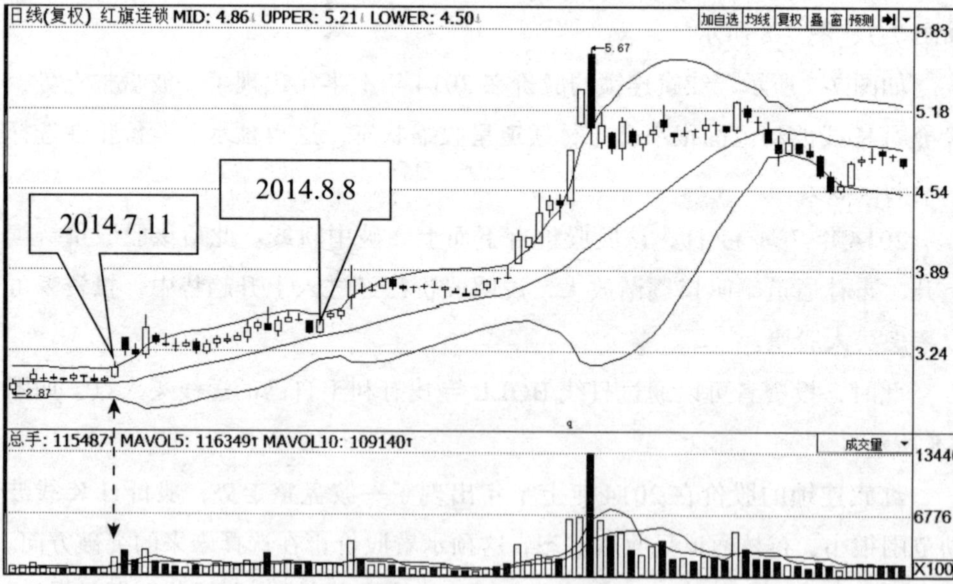

图 7-8 红旗连锁（002697）日线 BOLL 走势图

形态，且布林线上轨线出现了明显的拐头向上迹象，布林通道喇叭口开始放大，说明股价上升趋势已经开启。

投资者可在当日买入股票，抑或等到 8 月 8 日，股价回调至中轨线位置后，因受到中轨线支撑再度上升时入场买入股票。

三、周线与月线 BOLL 结合分析

对于中长线投资者来说，若月线布林线指标能够印证周线布林线指标的买入信号，或者为周线布林线指标提供一个较为安全的环境，则可以增加中长线买入信号的准确性。

其具体操作要点如下。

第一，股价月 K 线处于中轨线与上轨线之间的区域，说明该股长线处于上升趋势中，比较适宜中长线操作。

第二，股价周 K 线自下而上突破中轨线，或股价回调至中轨线位置，因受到中轨线的支撑而再度上升，这是一个比较好的中长线入场点。

第三，股价周 K 线自中轨线位置上升时，布林通道的喇叭口开始放大，且成交量明显增加，则说明该点买入成功率较高。

下面以新赛股份为例，介绍一下周线 BOLL 与月线 BOLL 的组合应用，如图 7-9、图 7-10 所示。

如图 7-9 所示，新赛股份的股价月线在 2014 年上半年出现了一波盘整走势，股价月 K 线波动范围很小，布林通道呈收缩状态，这也预示着股价正在选择未来的突破方向。

2014 年 5 月 30 日，该股股价月 K 线自下而上突破中轨线。此后该股股价持续上升，布林通道的喇叭口逐渐放大，说明股价已经进入长线上升趋势，投资者可以考虑中长线建仓该股。

此时，投资者可以通过周线 BOLL 寻找有利于自己的中长线买入点，如图 7-10 所示。

新赛股份的股价在 2014 年上半年出现了一波盘整走势，股价周 K 线波动范围很小，布林通道呈收缩状态，这也预示着股价正在选择未来的突

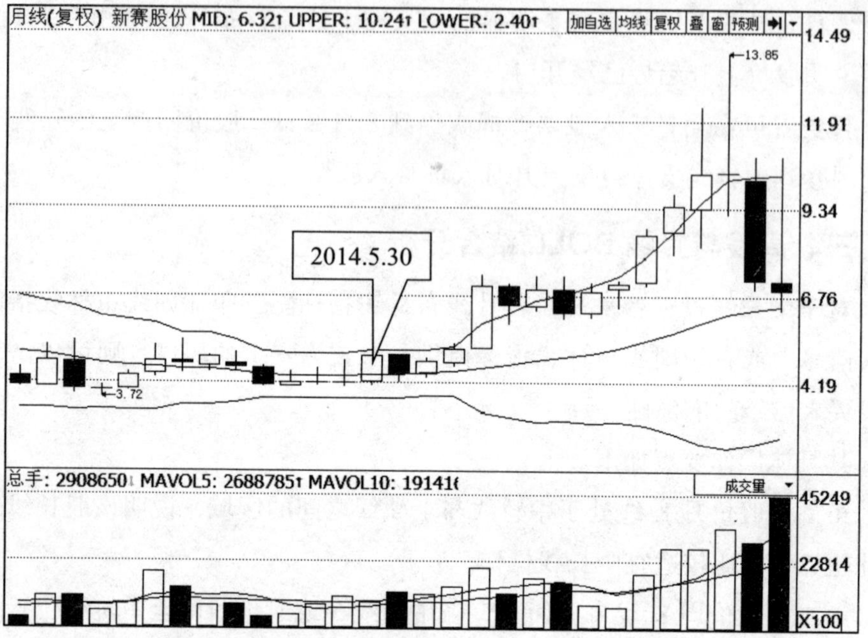

图 7-9 新赛股份（600540）月线 BOLL 走势图

图 7-10 新赛股份（600540）周线 BOLL 走势图

破方向。

2014 年 7 月初，该股股价周线自高位回落至中轨线附近。7 月 18 日，股价因受到中轨线的支撑作用而再度上升，且布林线上轨线出现了明显的拐头向上迹象。这说明布林通道喇叭口开始放大，股价上升趋势已经开启。投资者可在当日买入股票。

第二节 日线与 30 分钟线、60 分钟线 BOLL 共振

对于短线和超短线交易者来说，捕捉更快、更及时、更准确的交易信号，是一个永恒的目标。而 30 分钟 BOLL 和 60 分钟 BOLL，为这些交易者提供了一个可以达成目标的分析框架。

一、30 分钟 BOLL 与 60 分钟 BOLL 分析方法

30 分钟 BOLL 与 60 分钟 BOLL 分析方法与日线 BOLL 相似，主要侧重于对上轨线、中轨线和下轨线的阻力和支撑作用，以及布林通道宽度变化的分析。当然，相对于日线 BOLL，30 分钟 BOLL 和 60 分钟 BOLL 能够更快、更及时地发出交易信号，不过 BOLL 对股价的影响相对较弱。这就需要投资者结合其他周期 BOLL 和其他技术指标综合分析，以便优化交易信号，更准确地识别交易机会。

30 分钟 BOLL 与 60 分钟 BOLL 分析方法相似，下面以 30 分钟 BOLL 为例进行讲解。

1. 中轨线的支撑与阻力作用

相对而言，30分钟布林线指标的中轨线的支撑与阻力作用并不是特别强，

尤其是股价波动性较小的时候更是如此。不过在短线交易中，有一种情况是需要特别注意的，即股价自下而上突破中轨线或股价回调遇中轨线支撑再度上升时，若布林通道的喇叭口同步放大，则意味着股价将会在短期内出现上攻走势。

如图 7-11 所示，长高集团的股价在 2015 年上半年出现了一波震荡上升走势。进入 5 月中旬，股价 30 分钟 K 线波动范围很小，布林通道呈收缩状态，这也预示着股价正在选择未来的突破方向。

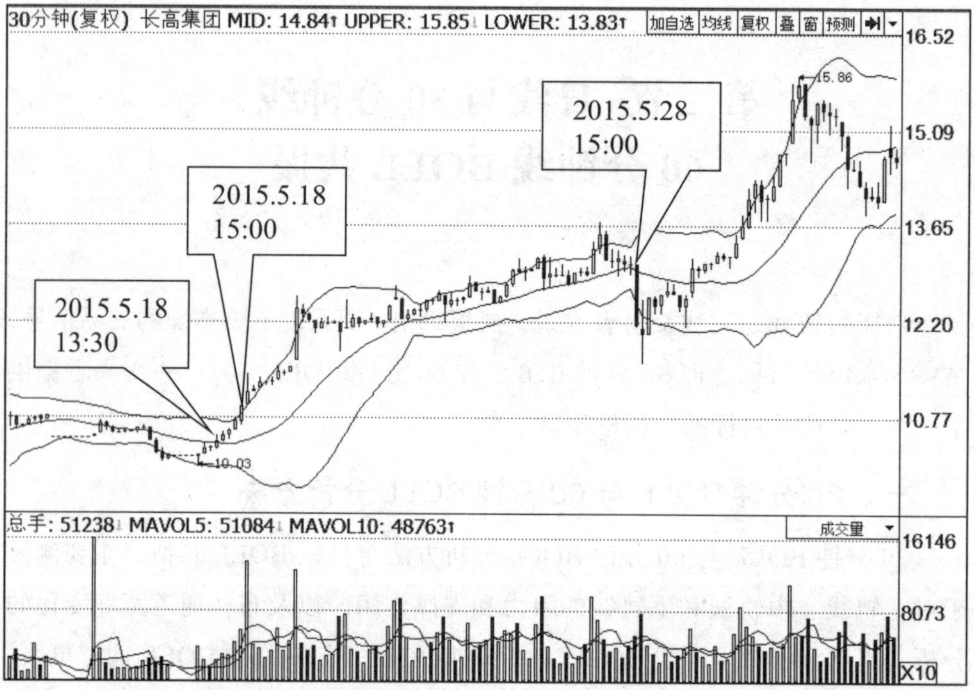

图 7-11 长高集团（002452）30 分钟 BOLL 走势图

5 月 18 日 13 点 30 分，该股股价自下而上突破布林线中轨线，这说明股价有走强的可能。投资者可以保持跟踪，一旦有更明确的买入信号发出，则可入场操作。

下午临近收盘时刻，该股股价上升至布林线上轨线附近，并有突破上轨线的趋势，且布林通道的喇叭口开始放大。这说明股价即将启动上升趋势，投资者可在收盘前买入该股。

其后该股股价一直震荡上升，并始终位于中轨线上方，投资者可继续持股。期间，该股股价几次回调至中轨线位置，均因中轨线的支撑作用而再度上升，这说明中轨线对股价具有较强的支撑作用。

不过观察布林通道可知，在股价上升一段时间后，布林通道出现了收缩迹象，这说明股价有重新选择方向的可能。5 月 28 日临近收盘时刻，该股股价跌破中轨线，投资者可考虑卖出该股。

2. 上轨线的阻力作用

通常情况下，30 分钟股价 K 线上升至布林线上轨线时，都会遇到一定的阻力。不过，若股价上升至布林线上轨线位置后，开始沿上轨线运行，则说明股价进入强势上升趋势，投资者可以追涨买入，待股价远离上轨线或跌破中轨线时卖出。

如图 7-12 所示，亿帆鑫富的股价在 2014 年下半年出现了一波震荡盘整

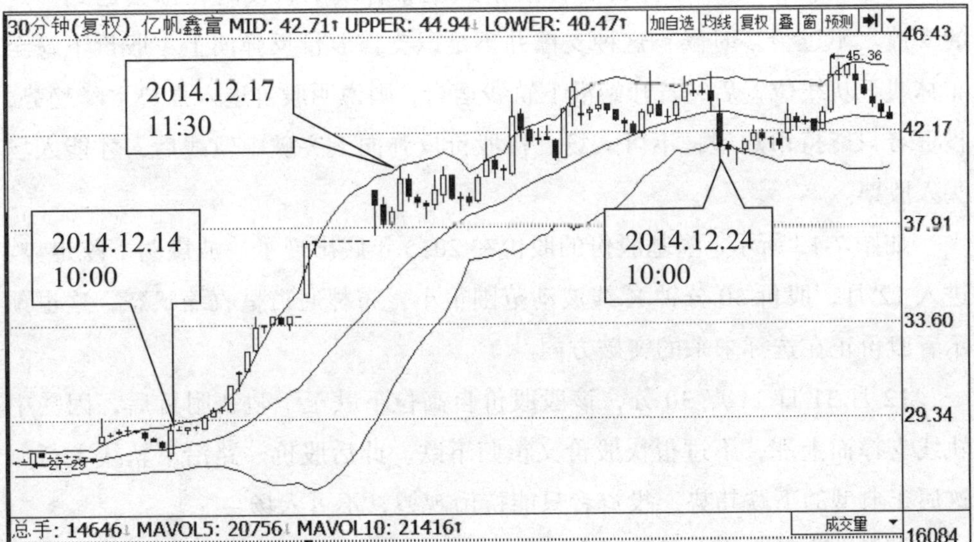

图 7-12 亿帆鑫富（002019）30 分钟 BOLL 走势图

走势。进入 12 月，股价 30 分钟 K 线波动范围很小，布林通道呈收缩状态，这也预示着股价正在选择未来的突破方向。

12 月 14 日 10 点，该股股价自高位回调至中轨线附近后，因受中轨线的支撑强力拉升，股价直接上升至上轨线附近，且布林通道的喇叭口开始放大。这说明股价即将进入强势运行区间，投资者可以跟进买入该股。

此后该股一直运行于布林线上轨线附近，有时甚至能够向上突破上轨线，这属于典型的强势上升趋势，投资者只需持股待涨。

12 月 17 日 11 点 30 分，该股股价经过回调再度上攻上轨线，因受到上轨线的阻力而回调。此后股价出现滞涨状态，投资者可在此时考虑卖出全部或部分股票。

12 月 24 日 10 点，该股股价跌破中轨线，这是投资者最后清仓的时刻。

3. 下轨线的支撑作用

通常情况下，30 分钟股价 K 线下跌至布林线下轨线时，都会遇到一定的支撑。不过很多时候，这种支撑并不足以支撑股价反弹向上。股价下跌至布林线下轨线位置后，若开始沿下轨线运行，则说明股价进入强势下降趋势，投资者只能持币观望，不可入场。待股价反弹向上突破中轨线后，才能入场买入股票。

如图 7-13 所示，隆基股份的股价在 2015 年底出现了一波震荡下跌走势。进入 12 月，股价 30 分钟 K 线波动范围很小，布林通道呈收缩状态，这也预示着股价正在选择未来的突破方向。

12 月 31 日 11 点 30 分，该股股价自高位下跌至下轨线附近后，因受中轨线支撑而上涨，不过很快股价又重归下跌。此后股价一路沿下轨线下行，这属于典型的下跌趋势，投资者只能持币观望，不可入场。

期间，该股股价出现了几次反弹，但均因中轨线的阻力作用而再度下跌，这说明中轨线对股价具有较强的阻力作用。

直到 2016 年 1 月 8 日，该股股价才突破中轨线的压制，这说明股价有启动上涨的可能。

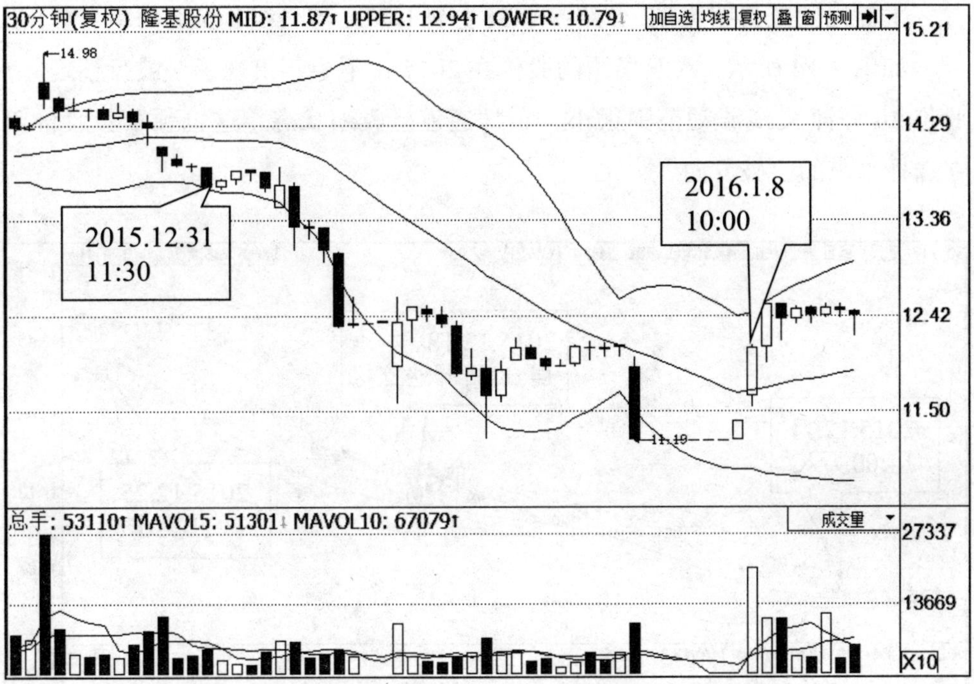

图 7-13　隆基股份（601012）30 分钟 BOLL 走势图

二、30 分钟 BOLL 与日线 BOLL 结合分析

对于短线和超短线交易者来说，一个安全的操作环境与选准入场点同样重要，不过他们并不需要太长时间的安全。正因如此，30 分钟 BOLL 与日线 BOLL 结合起来分析是一个不错的选择，可以通过日线 BOLL 识别环境是否安全，通过 30 分钟 BOLL 寻找合适的入场和离场点。

其具体操作要点如下。

第一，股价日 K 线处于中轨线与上轨线之间的区域，这说明该股中短线处于上升趋势，比较适宜短线和超短线操作。

第二，股价 30 分钟 K 线自下而上突破中轨线，或股价回调至中轨线位置，因受中轨线的支撑而再度上升，这是一个比较好的短线入场点。

第三，股价自中轨线位置上升时，布林通道的喇叭口开始放大，且成交量有明显增加，则说明该点买入成功率较高。

下面以欧亚集团为例，介绍一下30分钟BOLL与日线BOLL的组合应用。

如图7-14所示，欧亚集团的股价在2015年下半年出现了一波盘整走势，股价30分钟K线波动范围很小，布林通道呈收缩状态，这也预示着股价正在选择未来的突破方向。

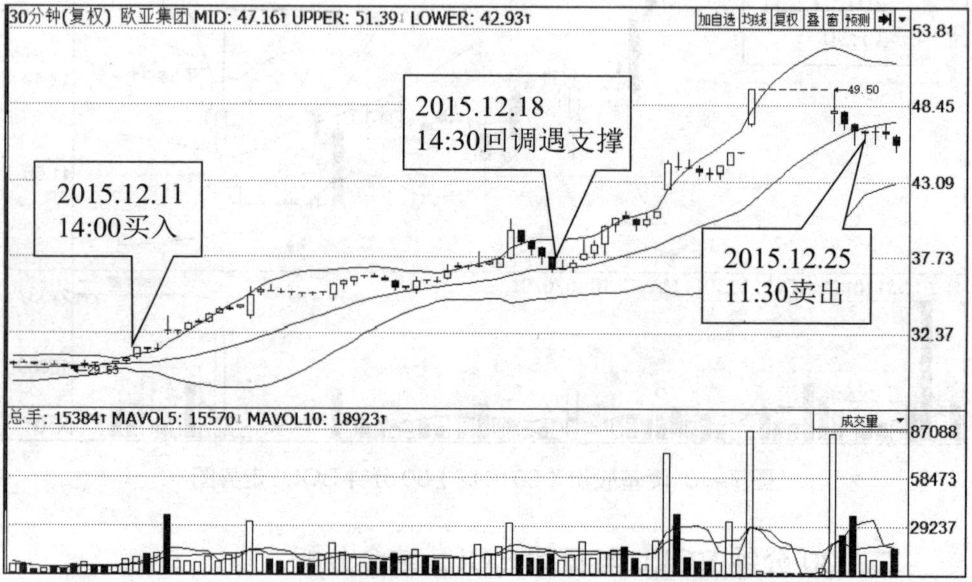

图7-14 欧亚集团（600697）30分钟BOLL走势图

2015年12月11日，该股股价自高位回调至中轨线后，因受到中轨线的支撑而上升。下午14点的时候，股价已经上升至布林线上轨线位置，甚至一度突破上轨线。这说明股价进入强势上升区间，投资者可以考虑追涨买入该股。

12月18日，该股股价在上升过程中出现回调。回调至中轨线位置时，因受到中轨线的支撑而再度上升，投资者可以继续持股。

12月25日11点30分，该股股价跌破中轨线，说明股价短期运行趋势可能发生变化，投资者可以考虑卖出股票。

从投资安全角度考虑，投资者需要参考一下该时段股价日K线的走势情况，以便制定更加安全的交易计划。

如图 7-15 所示，欧亚集团的股价在 2015 年下半年出现了一波盘整走势，股价日 K 线波动范围很小，布林通道呈收缩状态，这也预示着股价正在选择突破方向。

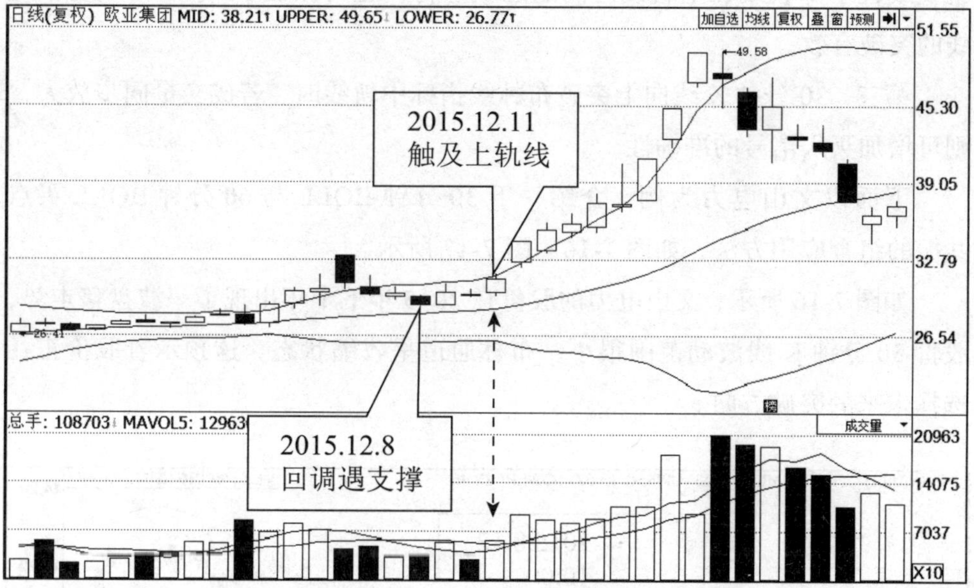

图 7-15 欧亚集团（600697）日线 BOLL 走势图

2015 年 12 月 8 日，该股股价自高位回调至中轨线后，因受到中轨线的支撑而上升。12 月 11 日，该股股价放量上攻至上轨线位置，说明股价处于强势上升区间，投资者可以放心进行短线交易。

基于以上分析，投资者可在 12 月 11 日当天执行短线买入操作，并在股价 30 分钟 K 线跌破中轨线时（即 12 月 25 日 11 点 30 分）卖出该股。

三、30 分钟 BOLL 与 60 分钟 BOLL 结合分析

有时候，为了提升买入信号的准确性，投资者可以使用多种技术指标买入信号共振的方法确认买点。30 分钟 BOLL 与 60 分钟 BOLL 买入信号共振也是一个不错的选择。

其具体操作要点如下。

第一，股价 30 分钟 K 线自下而上突破布林线指标中轨线，且布林通道喇叭口同步放大，说明股价即将启动上升。

第二，30 分钟 K 线突破中轨线时，若 60 分钟 K 线也能同步向上突破中轨线或位于中轨线和上轨线之间的区域运行，也可印证 30 分钟 K 线对中轨线的突破有效。

第三，30 分钟 K 线向上突破布林线指标中轨线时，若成交量同步放大，则可增加买入信号的准确性。

下面以文山电力为例，介绍一下 30 分钟 BOLL 与 60 分钟 BOLL 买点共振的组合应用方法，如图 7-16、图 7-17 所示。

如图 7-16 所示，文山电力的股价在 2015 年下半年出现了一波盘整走势，股价 30 分钟 K 线波动范围很小，布林通道呈收缩状态，这预示着股价正在选择未来的突破方向。

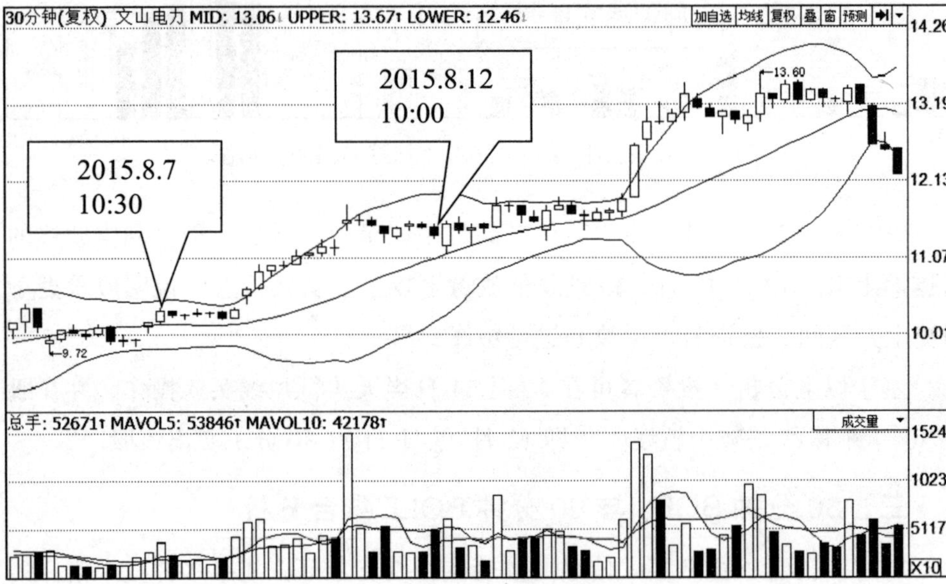

图 7-16 文山电力（600995）30 分钟线 BOLL 走势图

2015 年 8 月 7 日，该股股价自下而上突破中轨线，不过布林通道的喇叭口并未出现明显放大，投资者需要进一步观察其后的走势。

随后该股股价横盘调整了一段时间，之后继续走高，上攻至上轨线附近，且布林通道喇叭口开始放大。这说明股价即将开始大幅上涨，投资者可以考虑买入该股。

为了验证自己的判断，投资者可以参考一下 60 分钟 K 线与布林线指标的情况。

如图 7-17 所示，文山电力的股价 60 分钟 K 线在 2015 年 8 月初波动幅度逐渐减小，布林通道喇叭口也逐渐萎缩。8 月 7 日 10 点 30 分，该股股价放量向上突破了中轨线，且布林通道喇叭口也逐渐放大，这说明股价启动了一波上升行情。

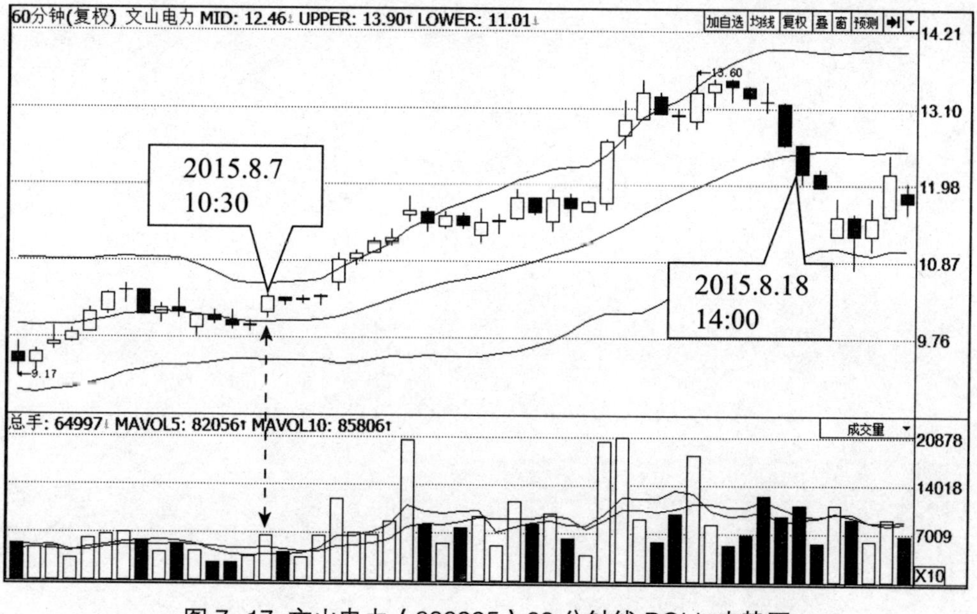

图 7–17　文山电力（600995）60 分钟线 BOLL 走势图

综合以上分析可以看出，文山电力的股价在 8 月 7 日出现了 30 分钟 BOLL 和 60 分钟 BOLL 买点共振的情况，属于一个增强版的买入信号，投资者可以在当日买入该股。

其后该股出现了回调，但均因受到中轨线的支撑而回升。直至 8 月 18 日，该股股价才跌破中轨线。此时，投资者可以考虑卖出该股。

第八章

以布林线为核心的交易系统设计

建立完善的交易系统并严格执行，是专业投资者必须具备的素养。然而很多散户，尤其是新进入股市的散户，却很少能够为每次交易设计完整的交易计划。

第一节　布林线基本交易系统设计

前面介绍了布林线指标的各种用法以及实战操作技巧，但是要落实到实战层面，还需要有一套完整的交易系统。通常情况下，基于布林线指标的交易系统至少包括三个基本要件，即市场环境分析、股票运行趋势分析、交易执行以及资金仓位控制。

一、市场环境分析

这里的市场环境主要是指整个股票市场所处的大势氛围，即目前股市处于上升趋势、下跌趋势还是盘整趋势。对于投资者来说，当股市处于上升趋势时，入场交易获利的可能性会非常大；反之，当股市处于下跌趋势时，入场交易获利的可能性则会很低。

投资者可以借助布林线的长线时间框架来对整个大盘指数走势进行分析，其具体方法如下。

第一，以周线为分析周期对大盘指数的走势进行分析。以周线为分析周期，主要是出于我国股票市场特色考虑的。市场上大多数股票的上市时间都不长，若以月线或年线为周期进行分析，可能获得的数据十分有限。

另外一个因素，我国股市并不成熟，波动性也比较大，这就使得股市的大规模行情很少能持续数年。一般一波大行情短则几个月，多则一两年。这种情况下，以周线为周期进行分析，基本上能够满足对股市大环境分析的需求。

第二，大盘指数自下而上穿越布林线中轨线后，一直运行于中轨线上方，且布林通道喇叭口开始放大，或布林通道向右上方倾斜时，才是投资者进行个股投资的理想环境。

第三，大盘指数上穿中轨线后，资金呈持续流入状态，说明量价配合情况良好，未来上升的可能性较大。

如图 8-1 所示，上证指数 2014 年年中时段一直运行于底部区域，指数波动幅度逐渐减少，布林通道的喇叭口逐渐收缩。这说明指数正在选择突破的方向，投资者可以密切关注指数的走势变化，以便采取相应的行动。

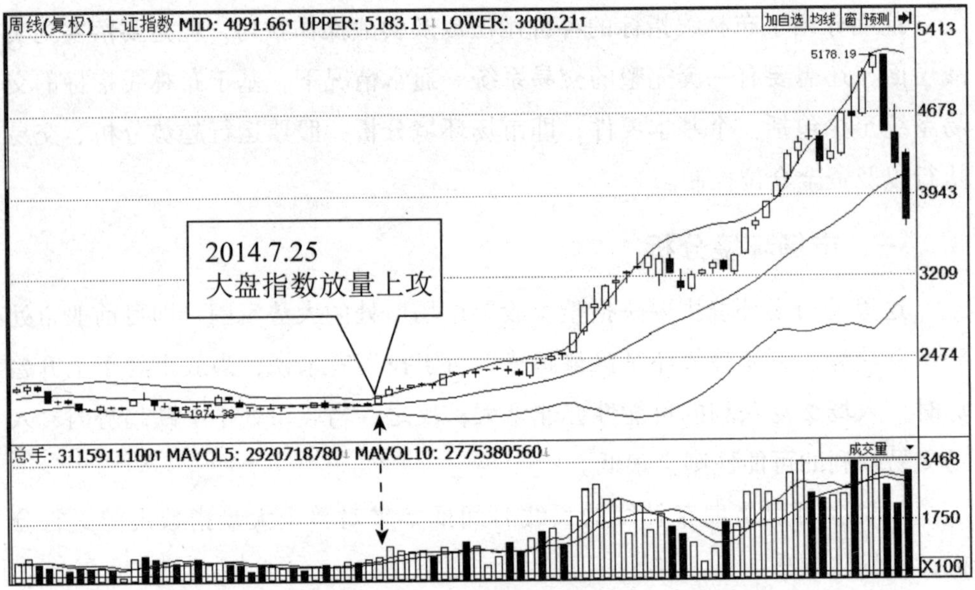

图 8-1 上证指数（1A0001）周线 BOLL 走势图

2014 年 7 月 25 日，上证指数在中轨线以下盘整多日后放量上攻中轨线，并直接拉升到上轨线位置，说明指数上升行情已经启动。此后，上证指数的布林通道喇叭口逐渐放大，说明股价上升趋势越发显著，投资者可以启动相应的交易行动。

此后，上证指数启动了一年左右的上升行情。

无论是中长线交易还是短线交易，在大盘环境向好时开展操作，成功的概率都要高于大盘环境不好的时刻。投资者在进行交易前，最好能对大盘环境进行仔细的分析。若从事超短线交易，可以将大盘指数的分析周期缩短，例如借助日线布林线指标分析大盘环境。

二、股票运行趋势分析

如果大盘环境是安全的，那么投资者就可以为下一步交易做好准备了，即选择适合操作的股票标的。

股票标的，是指投资者根据对市场大势的判断、选择的交易模式，结合个人偏好，确定的备选投资股票。通常情况下，交易模式不同，所选的投资标的也会有所区别。例如长线持股交易模式适合选择绩优股，抢反弹时，则适合选择短期热门的小盘股。

确定备选股票标的后，投资者还需要借助布林线研判股票当前所处的运行趋势。也就是说，只有处于上行或即将上行趋势中的股票，才能真正成为最终的投资标的。

借助布林线研判股票所处的趋势时，应该注意这样几点。

第一，以日线和周线为周期，分别对标的股票的走势进行分析。在大环境安全的前提下，投资者还需要研判当前股票所处的趋势，尤其是近期运行趋势，这时以日线为周期的布林线指标是一个比较理想的选择。当然，为了看清股票运行趋势的全貌，投资者也可以考虑用周线布林线指标佐证日线布林线指标的研判。

第二，股价周线自下而上穿越布林线中轨线后，一直运行于中轨线上方，且布林通道喇叭口开始放大，或布林通道向右上方倾斜时，说明该股符合操作要求。

第三，股价日线自下而上穿越布林线中轨线后，一直运行于中轨线上方，且布林通道喇叭口开始放大，或布林通道向右上方倾斜时，说明该股买入时机成熟。

第四，股价日线上穿中轨线后，资金呈持续流入状态。这说明量价配合情况良好，未来上升的可能性较大。

假定投资者运用图 8-1 的分析方法，确定 2014 年 7 月下旬比较适宜买入股票，下面以机器人为标的进行分析，如图 8-2、图 8-3 所示。

如图 8-2 所示，机器人的股价在 2014 年 6 月 13 日先于大盘启动上升行情，并放量突破布林线中轨线。此后，该股股价一直运行于中轨线与上轨线之间，这说明股价走势较强。

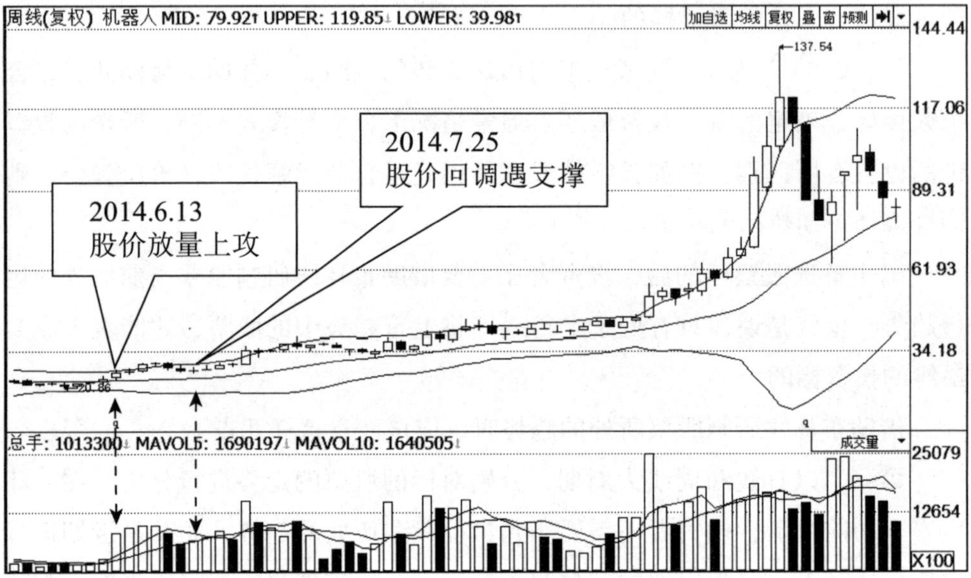

图 8–2 机器人（300024）周线 BOLL 走势图

进入 2014 年 7 月，该股股价出现回调。7 月 25 日，股价回调至中轨线位置时，因受到中轨线的支撑而再度上升。对照图 8-1 可知，此时上证指数向上突破了中轨线，这说明大盘环境和个股趋势都发出了股价即将上升的信号。

周线发出买入信号后，投资者可以再对股价日线图进行分析。若日线图同步发出买入信号，则说明该股买入时机到来。

如图 8-3 所示，机器人的股价在 2014 年 7 月出现了一波回调走势。2014 年 7 月 25 日，该股股价下跌至布林线下轨线位置，因受到下轨线的支撑而反弹向上。这说明股价运行趋势有转好的可能，但短期仍是空头占据优势地位，投资者此时不宜买入该股。

图 8-3 机器人（300024）日线 BOLL 走势图

鉴于周线走势良好，投资者可以继续观察该股后期的走势。7 月 30 日，该股股价放量突破中轨线，说明股价上涨的通道打开了，投资者可在当日或次日择机入场。

其后股价出现了震荡调整，但均受到中轨线的支撑而再度上升，投资者可以放心持股。

三、交易执行及仓位控制

1. 交易执行控制

交易执行控制是整个交易系统的核心，是指投资者对整个交易过程进行的详细规划。

交易执行控制包括如下细节。

（1）入场方法及条件。入场点的选择，对于交易成败和投资者心理都有重要的影响。基于布林线指标的交易系统，可以将 30 分钟布林线指标作为买入执行的参考框架。即股价 30 分钟线自下而上放量突破布林线中轨线，即执行买入操作。

下面还以前面讲过的机器人为例进行说明，如图 8-4 所示。

基于之前的判断，假定投资者想要在 2014 年 7 月 30 日买入机器人。如图 8-4 所示，机器人的股价 7 月 30 日开盘后直接跳空到布林线中轨线以上，并接近上轨线位置。投资者此时应该注意：若股价能够向上突破上轨线，则可以跟涨买入；若股价回调，回调至中轨线位置后，因受到中轨线的支撑而再度上攻时，即可执行买入操作。

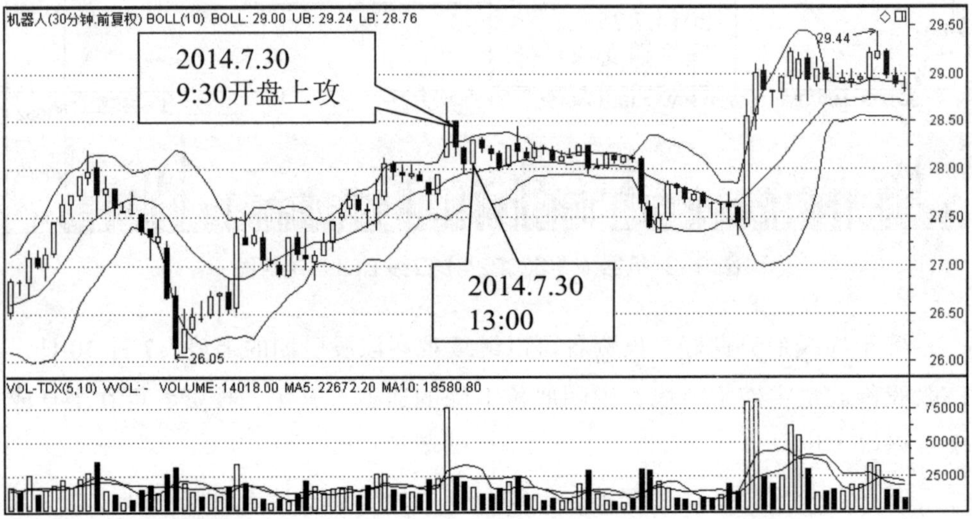

图 8-4 机器人（300024）30 分钟线 BOLL 走势图

7 月 30 日下午 1 点，该股股价遇中轨线支撑而上升，此时投资者可以考虑买入该股。

从图 8-4 中可以看出，股价 30 分钟 K 线经过两日的盘整后跌破布林线中轨线。不过投资者只需关注股价日 K 线或周 K 线是否跌破中轨线即可，无须过分关注 30 分钟 K 线的走势。也就是说，若其后股价日 K 线有效跌破中轨线，投资者即考虑卖出股票。

初次买入股票时，应尽量控制好仓位，不宜全仓进入，以免判断失误给自己的本金带来风险。

（2）加仓方法及条件。买入股票后，当股价突破某一重要阻力位或回调遇某支撑位再度上升时，可以考虑适当加仓。加仓无须一次到位，可分批次进行。原则上，前期加仓量可以大一些，股价上涨到高位时加仓宜谨慎。例如，投资者可以将股价回调遇中轨线支撑再度上升作为一个加仓参考位。

（3）减仓方法及条件。买入股票后，当股价运行趋势与预期不一致，即遇到某一重要阻力位或出现回调时，可以考虑适当减仓。与加仓相似，减仓也可以分批次进行。例如，股价上攻至布林线上轨线上方后，重新回归布林通道内部时，可以适量减仓。

（4）止损设定。由于短线操作讲究快进快出，所以很多时候设定的卖出条件就可以作为止损条件。但有时也会不一致，这时需要另设止损位。如买入条件为：股价向上突破布林线中轨线；卖出条件为：股价向下跌破布林线中轨线。这时可以设定止损位为：股价跌破布林线中轨线。

2. 资金仓位控制

资金仓位控制主要包括对整体仓位和个股所占仓位控制、预留资金控制等。

（1）整体仓位控制。投资者可以将总仓位水平线划分为空仓、30%线、50%线、70%线、满仓五个水平。不过，鉴于股市中没有绝对安全的时间，因而满仓是应该尽量避免的。通常情况下，当股市处于上升趋势时，可以适当提升仓位水平；反之，当股市处于下跌趋势中，应降低仓位水平，直至空仓。

（2）单只股票仓位占比。通常情况下，单只股票的仓位占比不应超过30%。当然，如果资金量很小，则可以突破这一限制。控制单只股票的仓位占比，本意是要分散风险。如果资金量太小，就失去了分散风险的意义了。

（3）预留资金比例控制。预留资金比例，因投资者个人投资偏好和风险承受能力不同而异，一般应不少于20%。牛市时，可以直接设定在20%的水平。熊市时，则要提高预留资金的比例。即使是一次非常强劲的反弹，也要保证预留资金不低于30%，而且投入预留资金时，还要做好资金回收计划。

第二节 布林线与左侧交易、右侧交易

左侧交易与右侧交易，是股市中常见的两种交易模式。左侧交易，是指在一个操作周期内，在股价下跌至波谷前买入股票，并在股价上涨至高峰前卖出的一种交易模式。右侧交易，是指在一个操作周期内，在股价走出波谷后买入股票，并在股价顶部形成后卖出股票的一种交易模式，如图 8-5 所示。

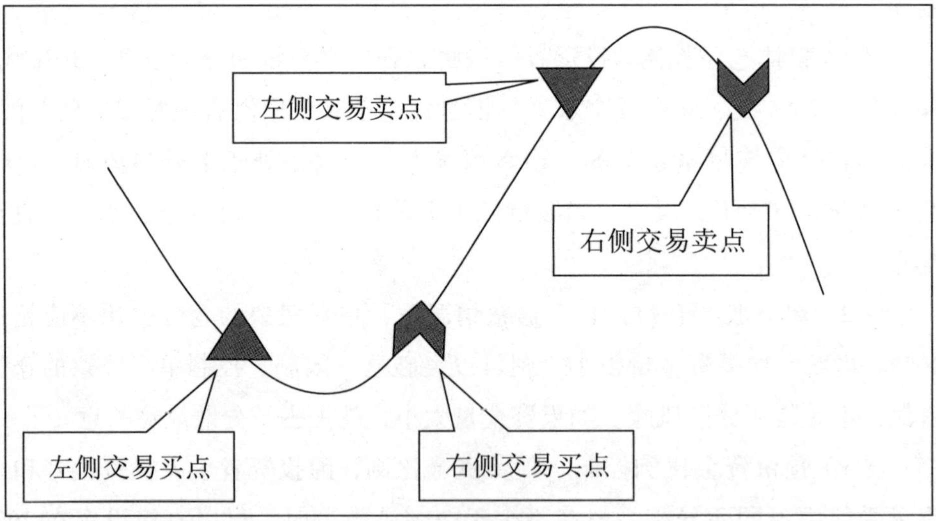

图 8-5 左侧交易与右侧交易

左侧交易模式强调对股价走势预判的及时性，即尽量做到在最低点前买入，在最高点前卖出。右侧交易模式则强调对股价真实运行趋势的确认，即当股价趋势走出低谷时买入，在股价顶部已经形成时卖出。

从本质上来说，两种交易模式并没有高低上下之分。投资者可以根据个人的投资偏好、性格做出适合的选择。

一、以布林线为核心的左侧交易系统

基于布林线指标的左侧交易系统，是指以布林线指标为基础，设置买入、卖出触发点位的一套交易系统。

该交易系统主要由以下几部分构成。

1. 买入条件及仓位控制

（1）股价处于下跌途中，且出现企稳迹象。股价跌破布林线中轨线后一路下跌，当股价触及下轨线或跌破下轨线后出现反弹时，第一次入场建仓。

（2）鉴于左侧交易的高风险性，一般入场仓位应控制在 30% 以下（计划总买入量的 30%）。

2. 加仓条件及仓位控制

（1）加仓条件。投资者建仓后，若股价经过一段时间的反弹后再度下跌，股价再度触及下轨线或跌破下轨线后企稳时，则可以考虑加仓买入。

（2）加仓仓位。

第一次加仓仓位控制在 30% 以下（计划投入资金量的 30%）。

第二次加仓仓位控制在 30% 以下（计划投入资金量的 30%）。

剩余资金留作备用资金，除非遇到特别好的获利机会，否则不再加仓。

3. 卖出条件

（1）股价向上触及上轨线或股价突破上轨线后，可以考虑卖出股票。

（2）股价自上轨线外侧返回布林通道内部时，清空股票。

4. 卖出条件

从理论上来说，基于布林线指标的左侧交易是不应该设定止损点的，因为股价反弹后再度下跌至下轨线位置时，投资者仍然可以考虑加仓买入，以此类推。

事实上，每个投资者都有自己的心理防线。也就是说，股价下跌超过一定幅度可能会难以接受，因而投资者最好能够将买入点向下一定的幅度作为止损位，例如 10% 或 20%。也就是说，投资者买入股票后，若股价下跌 10% 或 20%，则暂时离场。

基于布林线指标的左侧交易系统，如图 8-6 所示。

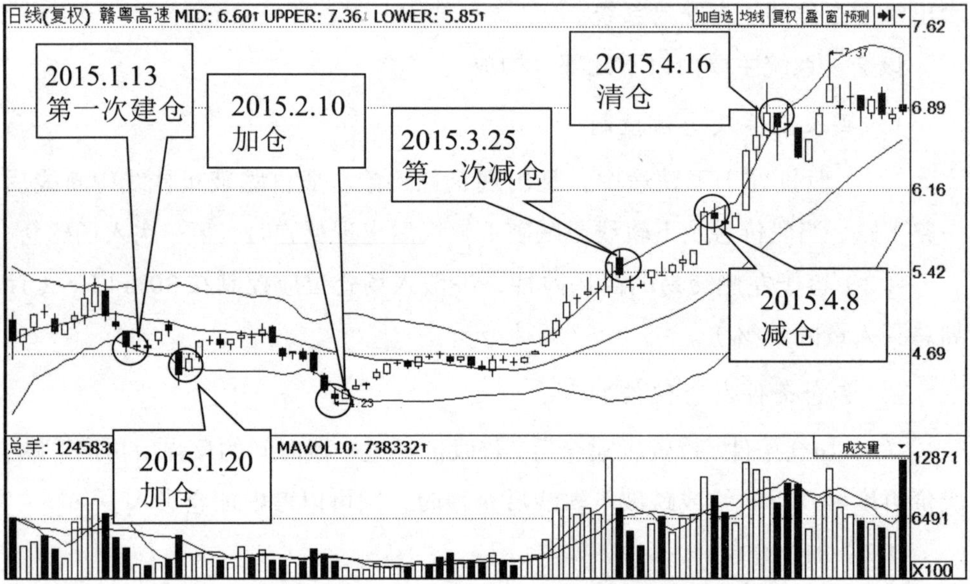

图 8-6 赣粤高速（600269）布林线指标走势图

赣粤高速的股价在 2015 年 1 月初经历了一波震荡下跌行情。在股价不断下跌的过程中，布林线指标同步出现向右下方倾斜的走势，这说明股价已步入下跌通道。

在下跌过程中，该股股价曾一路跌破中轨线并跌至下轨线位置。倾向于左侧交易的投资者，可以在股价下跌至下轨线或跌破下轨线反弹向上时分批买入该股。

2015 年 1 月 13 日，该股股价第一次下跌至下轨线位置，因受到下轨线的支撑而反弹向上。鉴于此时股价刚刚启动下跌趋势，投资者此时建仓风险较大，因而应尽量减轻仓位，如用 20% 的仓位入场。

1月20日，该股股价经过几个交易日反弹后，再度下跌至布林线下轨线位置，投资者可进行加仓操作。2月10日，该股股价经过一阵急跌后，再度跌至下轨线位置，此时投资者可再次加仓。

此后，该股股价启动了上涨行情，股价一路向上突破中轨线，这说明股价运行趋势发生了逆转。此后股价进入上升通道。

该股股价沿着上轨线经过几个交易日的上涨后，3月25日回调至布林通道内部，此时投资者可以进行第一次减仓操作。该股股价经过两个交易日回调，4月8日再度上攻至布林线上轨位置，且因上轨线阻力作用而再度下跌，此时投资者需要再次减仓。4月16日，该股股价又一次因上轨线的阻力作用而下跌，这说明如下两点。

其一，上轨线对股价确实有较强的阻力作用。

其二，股价上攻乏力，已经无力突破上轨线了，投资者此时应进行清仓操作。

此后，该股虽再度上升至上轨线附近，但还是在上轨线的压力下回调了。

通过对图8 6案例的分析可以看出，基于左侧交易系统的交易活动往往存在这样的问题：第一，买入过早，有可能被套在半山腰位置；第二，卖出过早，错过了股价后期大幅上涨的机会。正因如此，投资者可以根据个人的偏好和经验适度修正、完善这一交易系统，使买点与卖点的把握更加准确。

通常情况下，投资者可以采取的修正措施包括以下几个方面。

第一，引入均线系统和量价关系分析系统，使买入和卖出时间后移，并提升准确性。

第二，引入其他技术指标进行分析，使买入信号更加准确。

一般而言，左侧交易系统需要投资者具备更加专业的知识、更丰富的经验，因此笔者不建议新进入股市者参与左侧交易。

二、以布林线为核心的右侧交易系统

基于布林线指标的右侧交易系统，主要由以下几部分构成。

1. 买入条件及仓位控制

（1）股价处于上涨途中。股价自底部反弹向上，并放量突破布林线中轨线，且布林通道由收缩转为发散时，是执行买入操作的最佳时机。

（2）右侧交易入场仓位可以根据市场情况适当调整，一般应控制在 40% 以下（计划投入资金量的 40%）。

2. 加仓条件及仓位控制

（1）加仓条件。投资者建仓后，若股价上涨一段时间后出现回调，但股价回调至中轨线位置时，因中轨线支撑作用而再度上升，则是较好的加仓点。

（2）加仓仓位。

第一次加仓仓位控制在 40% 以下（计划投入资金量的 40%）。

第二次加仓仓位控制在 20% 以下（计划投入资金量的 20%）。

3. 卖出条件

（1）股价触及上轨线后出现回调，或股价自上而下跌破上轨线时，是该股第一次减仓的时机。

（2）股价自上而下跌破中轨线，则清空股票。

4. 止损条件

投资者第一次买入股票建仓后，若股价并未上升，而是向下跌破了中轨线，则执行止损操作。

基于布林线指标的右侧交易系统，如图 8-7 所示。

振华重工的股价在 2015 年 2 月到 5 月期间经历了一波震荡上涨行情。2015 年 2 月 26 日，该股股价放量突破布林线中轨线，且中轨线出现拐头向上迹象，这说明股价结束下跌重启上升的可能性很大。鉴于当时布林通道并未出现明显的放大，投资者当日建仓该股时，应适当将仓位控制在 30% 以下。

随后该股出现了回调走势。3 月 16 日，该股股价回调至中轨线位置时，因中轨线支撑而再度上攻，成交量在股价回调时呈现缩量状态，股价重拾升势时呈温和放大态势，这说明股价与成交量配合良好。由于布林通道开始放

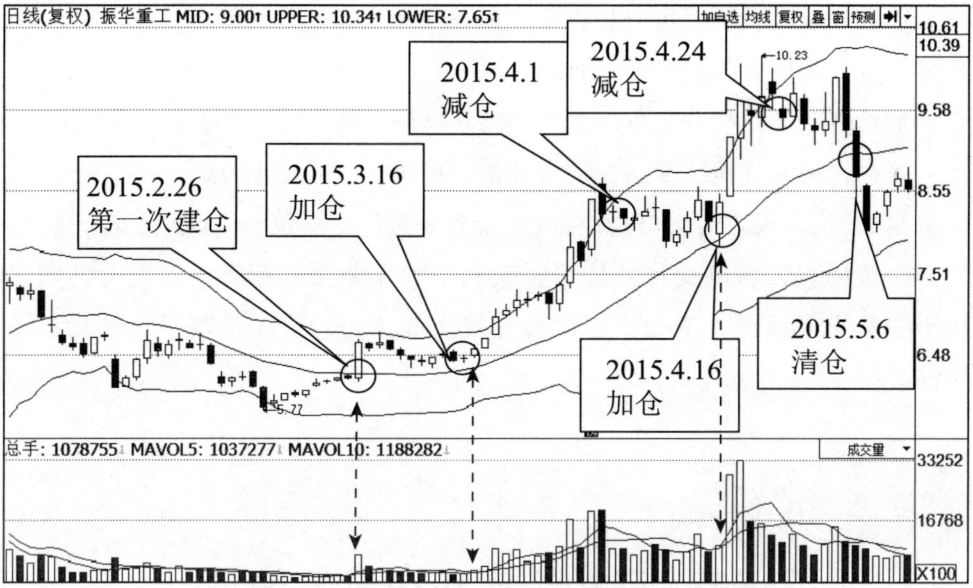

图 8-7　振华重工（600320）布林线指标走势图

大，这说明股价未来可能有一波可观的涨幅，投资者可以进行加仓操作。

4 月 1 日，该股沿上轨线运行多日后出现了回调走势，并跌破了上轨线，此时投资者可以进行第一次减仓操作。

4 月 16 日，该股股价回调至中轨线位置时，因受到中轨线的支撑而再度上攻，且成交量在股价回调时呈现缩量状态，股价重拾升势时呈温和放大态势，说明股价未来上涨的可能性仍旧很大，投资者可以考虑再度加仓。

4 月 24 日，该股沿上轨线运行多日后出现了回调走势，并跌破了上轨线，此时投资者可以进行第二次减仓操作。

5 月 6 日，该股股价跌破了布林线中轨线，说明股价运行趋势有结束的可能，投资者可以考虑清仓操作。

通过对图 8-7 案例的分析可以看出，基于右侧交易系统的交易活动，往往存在如下问题。

第一，买入过晚。买入时股价上升幅度较大。

第二，卖出过晚。错过了最佳卖出机会。

正因如此，投资者可以根据个人的偏好和经验适度修正、完善这一交易系统，使买点与卖点的把握更加准确。

通常情况下，投资者可以采取的修正措施包括以下两个方面。

第一，引入其他技术指标进行分析，使买入信号更加及时。

第二，调整买入与卖出仓位分布，设置完善的止盈位，确保盈利安全落袋。

一般而言，右侧交易系统尽管获利不如左侧交易系统，但安全性明显优于左侧交易系统。本书介绍的布林线实战技巧，也多是基于右侧交易系统的。

第三节 布林线实战交易系统设计

一、高抛低吸技术

股市中除了上升行情和下降行情外，还有横向震荡行情。其实，股市中大部分时间都是以震荡为主的。正因如此，很多投资者倾向于使用高抛低吸的策略来应对股市波动。

下面介绍一种布林线与KDJ指标结合的高抛低吸技术，供读者参考使用。

1. 技术应用要求

满足以下条件时，投资者可以采用高抛低吸技术。

（1）大盘处于震荡或筑底阶段。

（2）个股股价处于横盘或震荡筑底阶段。若股价处于高位或下跌行情中，不可使用本技术。

2. 操盘方法

本技术的操盘方法包括如下几个方面。

（1）选用的技术分析工具：30 分钟 K 线和 KDJ 指标。

（2）低吸的时机。满足以下条件时，可以考虑吸入筹码。

a. 股价 30 分钟 K 线遇布林线下轨线出现企稳反弹迹象，或股价自下而上突破布林线下轨线，说明股价短期内有结束下跌趋势的可能。

b. 股价自布林线下轨线反弹向上时，若 KDJ 指标同步在 20 线下方形成黄金交叉形态，则说明此时是比较可靠的买入时机。

（3）高抛的时机。满足以下条件时，可以考虑抛出筹码。

a. 股价 30 分钟 K 线遇布林线上轨线出现滞涨回调迹象，或股价自上而下跌破布林线上轨线，说明股价短期内有结束上升趋势的可能。

b. 股价自布林线上轨线回调向下时，若 KDJ 指标同步在 80 线上方形成死亡交叉形态，则说明此时是比较可靠的抛出时机。

（4）止损设置。低吸之后，若股价并未按照预期方向上行，反而出现了下跌走势，当股价跌破入场前形成的低点（即股价触及布林线下轨线反弹前形成的最低点）时，即可考虑止损操作。

下面来看一下多氟多的案例。

投资者若准备在 2015 年 8 月下旬介入多氟多，首先需要观察一下大盘和多氟多的日 K 线走势图，如图 8-8、图 8-9 所示。

如图 8-8 所示，上证指数 2015 年 8 月下旬出现了一波快速下跌行情。随着股价的暴跌，布林通道急速放大，此时不宜进行任何买入操作。

8 月 26 日，大盘指数剧烈震荡，并以带长上下影线的阴线报收，这说明多空双方争斗比较激烈，未来走势不明。其后的 8 月 27 日，大盘指数高开高走，向上突破布林线下轨线，这说明大盘指数有企稳的可能。此后大盘指数一直处于底部震荡筑底阶段。该阶段不宜进行中长线交易，经验丰富的短线和超短线交易者可以尝试高抛低吸操作。

此时再来看一下多氟多的日线走势图。

如图 8-9 所示，多氟多在 2015 年 6 月下旬随着大盘的暴跌出现了一波快速下跌行情。7 月 7 日以后，又随着大盘的企稳出现了震荡筑底行情。

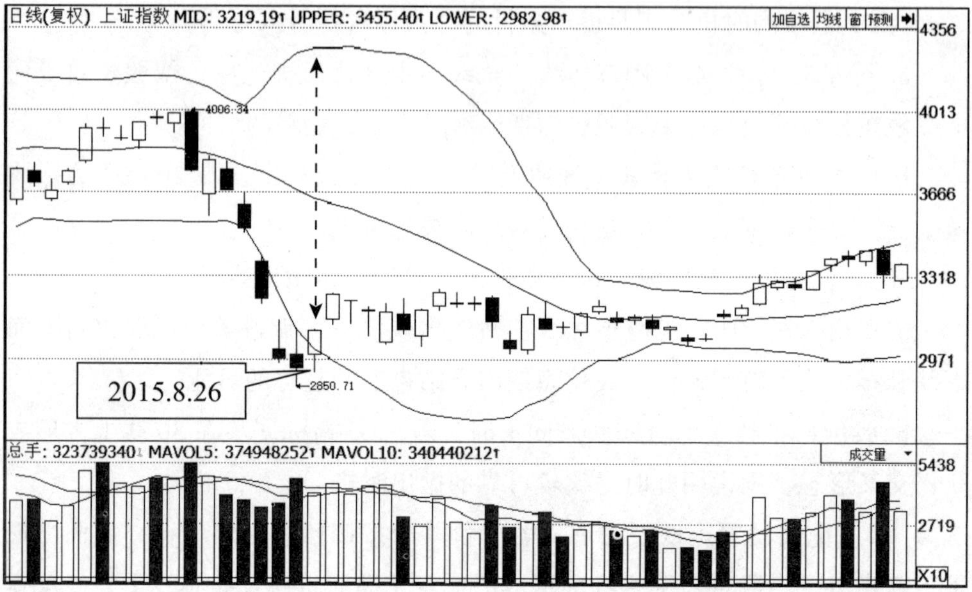

图 8-8 上证指数（1A0001）BOLL 日线走势图

图 8-9 多氟多（002407）BOLL 日线走势图

8 月 26 日，该股股价再次随大盘的下跌而跌至布林线下轨线位置，其后因下轨线的支撑而启动上升走势。

投资者观察该股的走势变化可知，该股股价在 8 月 26 日触及布林线下轨线回升后，与 7 月 7 日出现的底部形成了 W 底形态，且后一个底高于前一个底，这说明未来股价回升的可能性较大，激进的投资者可以采取高抛低吸操作。保守型投资者可以在股价突破布林线中轨线时买入股票并持股待涨。

基于对大盘和多氟多日线走势的分析，投资者可以在 8 月 26 日之后采取高抛低吸的交易策略，如图 8-10 所示。

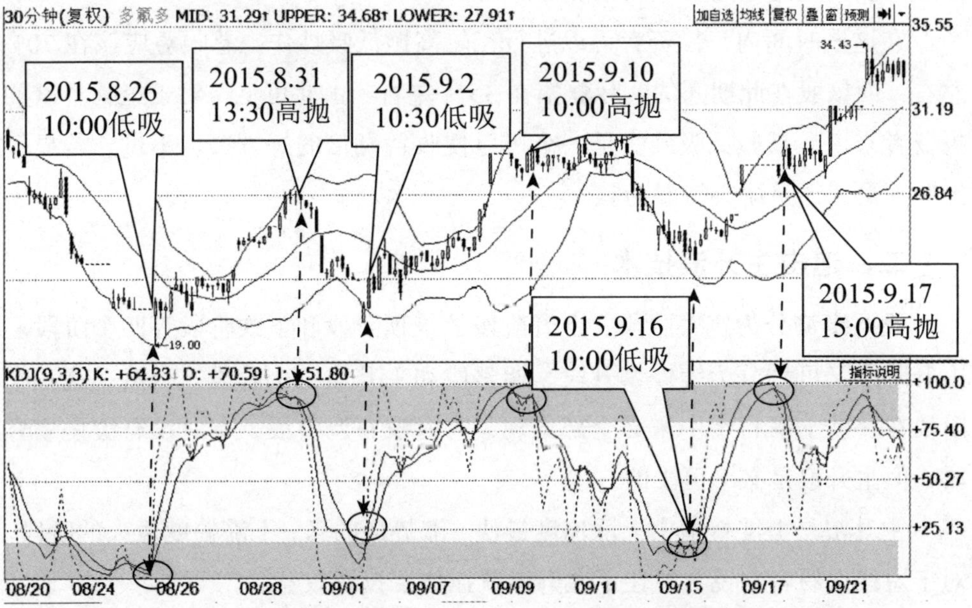

图 8-10　多氟多（002407）30 分钟 BOLL 走势图

8 月 26 日上午 10 点时，多氟多的股价触及布林线下轨线后回升，KDJ 指标也自 20 线以下区域向上回升，并出现底部黄金交叉形态，这说明此时是一个较好的低吸点。

8 月 31 日 13 点 30 分，该股股价触及上轨线后回调。KDJ 指标同步自 80 线以上区域向下，形成死亡交叉形态，这是一个较好的高抛点位。

9月2日，股价经过几个交易日的回调后，自下而上突破布林线下轨线。KDJ指标再度出现低位黄金交叉，低吸点又一次出现，投资者可以再次买入该股。

9月10日10点，该股在触及布林线上轨线后出现滞涨走势，而KDJ指标又一次出现高位死叉，高抛点再次来临。

股价经过几个交易日下跌后，9月16日10点又来到了布林线下轨线附近，而KDJ指标又一次出现低位黄金交叉，投资者可以再次低吸该股。

9月17日15点，该股在触及布林线上轨线后出现滞涨走势，而KDJ指标又一次出现高位死叉，高抛点再次来临。

在这段时间内，投资者可以进行三轮高抛低吸炒作，总收益应该在70%左右，而该股在此期间的实际涨幅在35%左右。由此可见，对于经验丰富的投资者来说，高抛低吸确实是一个可以使收益翻倍的好方法。不过，若投资经验不足，还是耐心持股为宜。

二、追击主升浪技术

股票走势分为筑底阶段、上升阶段、筑顶阶段和下跌阶段等四个阶段。上升阶段又可划分为缓慢攀升段、调整段和主升浪三个阶段。当然，这三个阶段在一波上涨行情中未必全部出现，有时没有调整段，有时没有缓慢攀升段，但主升浪是必不可少的。

主升浪是上涨行情中上涨速度最快、涨势最凶猛、上涨幅度最大的阶段。对于短线交易者来说，抓住了主升浪就抓住了投资收益。

1. 主升浪的特征

主升浪一般具有如下几个特征。

（1）股价已经脱离底部区域，K线呈上升趋势，且上升角度较大，一般大于30度。

（2）均线出现多头发散排列，股价位于各条均线之上。上涨过程中，股价偶有跌破均线时，很快又会回到均线之上。

（3）成交量出现放大态势，且随着股价的上涨而增加。当股价出现回调时，成交量也同步萎缩。

2. 借助布林线追击主升浪

投资者可以利用日线 BOLL 和周线 BOLL 与 MACD 指标组合来追击主升浪。

借助布林线追击主升浪的要点如下。

（1）日线 BOLL 指标。股价经过底部震荡盘整，布林通道呈现收缩状态。当布林通道收缩至极点时，突然启动放大，股价日 K 线向上突破上轨线后反手向下。在下轨线或中轨线位置遇到支撑后再度上升，并重新放量突破上轨线，这说明股价上升通道打开。此后股价将沿布林线上轨线运行。

（2）日线 MACD 指标。股价启动上升前，MACD 指标一直在 0 轴附近横向盘整。DIFF 线与 DEA 线反复交叉，说明股价突破方向不明朗。股价第一次到达上轨线时，MACD 指标呈现金叉向上态势。此后随着股价的回调，MACD 指标的 DIFF 线自高位向下，当其与 DEA 慢线即将形成死亡交叉时，DIFF 快线却拐头向上。此时 MACD 指标形成了“将死不死”的形态，这是股价即将启动快速拉升的一个显著信号。

（3）周线 BOLL 指标。股价日 K 线处于底部震荡时，股价周 K 线一直运行于布林线上轨线与中轨线之间，这说明股价呈强势。股价日 K 线第一次到达上轨线时，股价周 K 线随之上升；股价日 K 线回调时，周 K 线同步回调至中轨线位置。此后股价日 K 线再度突破上轨线时，股价周 K 线因受到中轨线的支撑而再度上升。

（4）周线 MACD 指标。股价周 K 线第一次到达上轨线时，MACD 指标呈现金叉向上态势，此后随着股价的回调而呈现死叉。股价周 K 线遇中轨线支撑再度上升时，MACD 指标再次呈现黄金交叉形态，且这次黄金交叉位置远远高于第一次交叉点，这说明股价快速拉升期即将到来。

（5）主升浪买入点。股价日 K 线第二次突破上轨线时，就是主升浪的启动点，短线或超短线投资者可以在此时加仓介入该股。

下面来看一下中直股份的案例，如图 8-11 所示。

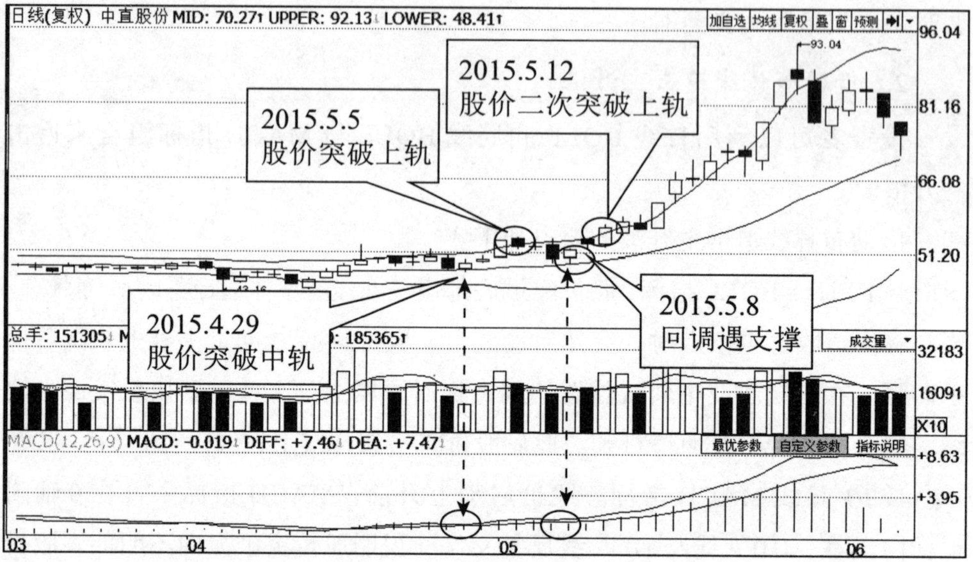

图 8-11 中直股份（600038）布林线指标日线走势图

中直股份的股价在 2015 年 3 月到 4 月期间一直处于横向盘整状态，布林通道逐步收窄，股价波动范围逐渐变小。这说明股价正在选择突破方向，投资者可以耐心观望。

2015 年 4 月中旬以后，股价波动幅度开始变大。4 月 29 日，该股股价自高位回调至中轨线后反弹向上，MACD 指标在 0 轴附近形成黄金交叉形态，这说明股价未来上涨的可能性较大。

5 月 5 日，该股股价突破上轨线后反向回调，此时 MACD 指标中的 DIFF 线自高位下降。5 月 8 日，股价在中轨线位置受到支撑并重新启动上升，而 DIFF 快线因受 DEA 慢线的支撑而再度上升。至此，MACD 指标形成了“将死不死”形态，这说明股价起飞在即。

5 月 12 日，该股股价再次向上突破布林线上轨线，预示股价主升浪即将启动。为了保险起见，投资者也可以对照周线 BOLL 进行研判。

如图 8-12 所示，从 2015 年初开始，中直股份的股价周线一直运行于布林线中轨线与上轨线之间，这说明股价运行极为强势，中长线投资者只需耐心持股即可。

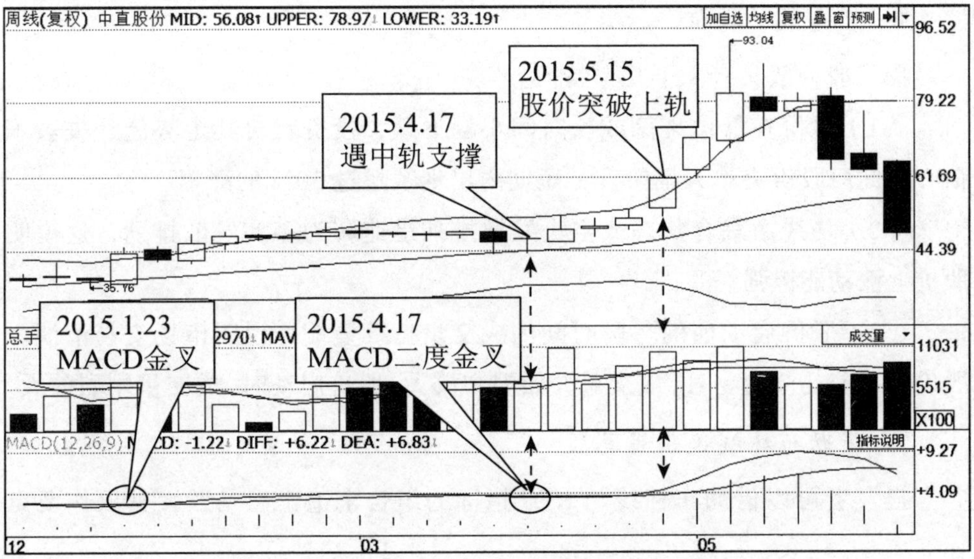

图 8-12 中直股份（600038）周线布林线指标走势图

4 月 17 日，该股股价自高位回调至中轨线位置，因受中轨线支撑而再度上升。MACD 指标同步出现高位黄金交叉形态，这是 MACD 指标短期内第二次金叉，且这一次交叉点高于第一次，说明股价即将启动快速上升。

5 月 15 日，股价周 K 线向上突破布林线上轨线。与此同时，布林通道开始放大，这说明股价即将迎来大幅上升。

基于以上分析，短线或超短线交易者可以在股价日线第二次向上突破布林线上轨线的 5 月 12 日买入该股。

此后，该股股价出现了一波幅度较大的上升行情。

当然，投资者也可以在主升浪未启动时提前介入，即股价日 K 线向上突破中轨线，布林通道喇叭口放大时买入。不过，提前介入成功捕获主升浪的概率要低于二次突破上轨线时买入。

三、捕捉黑马股技术

黑马股是一种能够快速脱离以前价位而在短期内大幅上涨的股票，是与白马股、绩优股相对而言的。也就是说，人人都看好的股票肯定不是黑马股。

1. 黑马股的特征

黑马股一般具有如下几个特征。

（1）股价在低位震荡或长时间小幅下跌，投资者对其走势已经失去了信心。此后股价突然大幅拉升，短期内出现了超过 50% 的涨幅。

（2）均线由黏合状态或空头发散排列迅速转为多头发散排列，这说明股价上涨动能极强。

（3）股价启动前的一段时间内成交量持续萎缩，说明市场交易清淡。股价启动前几个交易日，成交量开始温和放大。股价启动时，成交量剧烈放大。

2. 借助布林线追击黑马股

投资者可以借助布林线与 KDJ 指标的组合来追击黑马股，其操作要点如下。

（1）BOLL 指标。

股价横盘或小幅下跌期间，布林通道的喇叭口持续收缩，这说明股价正在重新选择突破的方向。

其后，股价下降至下轨线位置，遇支撑迅速反弹向上。一路向上突破中轨线和上轨线后，沿上轨线攀升（若能脚踩上轨线运行，则更显强者风范）。与此同时，布林通道的喇叭口由收缩转为持续放大，这说明股价大幅上升趋势来临。

（2）KDJ 指标。股价由盘整或下跌转为快速拉升后，KDJ 指标快速进入超买区域，曲线 J 直接到达 100 线，这说明股价运行极为强势。

3. 追击黑马股的买点

股价自布林线下轨线启动，若股价向上突破中轨线，且 KDJ 指标进入超买区域，则可考虑建仓该股。若股价继续上行，放量突破上轨线，且布林通道喇叭口逐步放大，则可考虑加仓该股。

4. 追击黑马股的卖点

黑马股的卖点包括以下两个。

（1）股价自上而下跌破上轨线（连续 3 个交易日运行于上轨线下方或低于上轨线 5%），则可考虑减仓。

（2）股价回调时，KDJ 指标跌破 80 线，并形成高位死叉时，清仓。

下面来看一下比亚迪的案例，如图 8-13 所示。

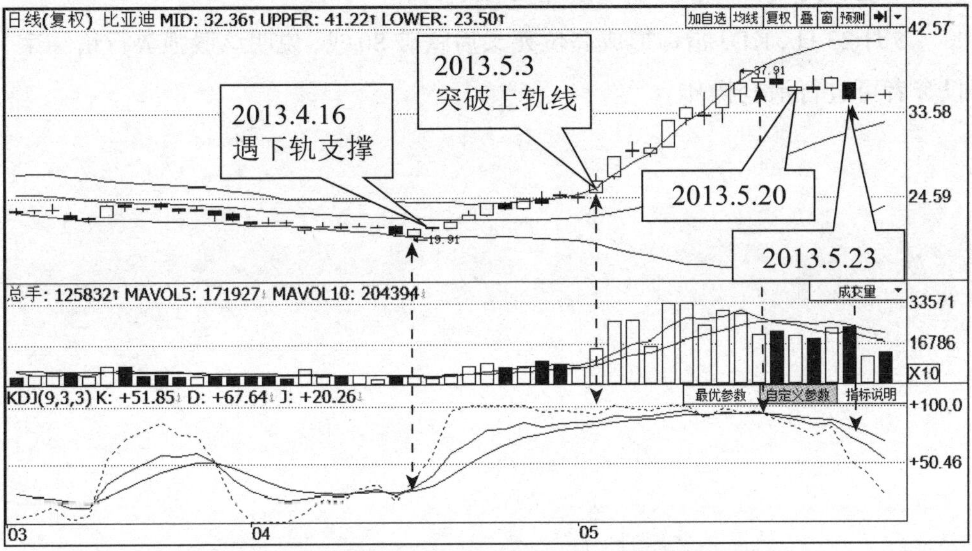

图 8-13　比亚迪（002594）布林线指标走势图

比亚迪的股价从 2013 年 2 月开始一直处于小幅下跌趋势中。股价运行于布林线中轨线与下轨线之间，说明股价运行极为弱势，投资者不宜介入。

基于该股当时的走势，中短线投资者都不看好该股。该股当时的交易比较清淡，且成交量呈逐步萎缩状态，说明股价可能还会继续下跌。

4 月 16 日，该股股价自布林线下轨线位置启动上升，KDJ 指标同步发出黄金交叉信号，这说明股价很可能会启动上升走势。

其后，随着股价的上升，成交量开始温和放大，KDJ 指标快速进入超买区域，曲线 J 更是达到 100 线位置，这说明买方力量已经转为强势。当股价向上突破中轨线时，投资者可以进行第一次建仓。

股价连续多日受上轨线压制后，5 月 3 日终于放量突破了布林线上轨线，且布林通道的喇叭口迅速放大。此时 KDJ 指标的三条指标线全部位于超买区域内，这说明股价将启动快速拉升行情，投资者可以在此时加仓买入该股。

此后该股一直沿布林线上轨线运行，强势尽显。

5 月 20 日，该股股价已经连续 3 个交易日运行于上轨线下方，说明股价有可能转为弱势，投资者可以进行减仓操作。

5 月 23 日，KDJ 指标形成高位死叉后跌破 80 线，说明该股强势行情结束，投资者可进行清仓操作。

投资理财类书目

序号	书名	作者	定价
1	布林线指标入门与实战精解	刘振清	35.00
2	MACD 指标入门与实战精解	刘振清	35.00
3	KDJ 指标入门与实战精解	刘振清	35.00
4	一本书读懂互联网投资理财	蔡余杰	38.00
5	玩转技术指标：九种技术指标精讲	金　铁	45.00
6	新手炒股快速入门与技巧	刘振清	38.00
7	银行理财产品全攻略	薄志红	35.00
8	决战牛熊：股市获利之道	曹明成　谭　文	35.00
9	短线出击：股市快速获利战术	麻道明	49.00
10	聚沙成塔：T+0 交易绝杀技	江南小隐	35.00
11	短线实战操盘技巧	伟　晴	42.00
12	一买就涨：买在底部的 101 个起涨信号	付　刚	38.00
13	一卖就赚：卖在顶部的 123 个卖出信号	刘　平	38.00
14	短线追涨与低吸技术	金　铁	38.00
15	实战交易密码之走向盈利	陈志文	45.00
16	吃定庄家	曹明成　谭　文	39.80
17	量价关系精要	徐子城	28.00
18	股票画线技术入门与实战	刘振清	38.00
19	股价结构：趋势与轨道	华　强	35.00
20	K 线操盘学	麻道明	58.00
21	如何做股票交易	杰西·利弗莫尔	20.00
22	从零开始炒股票	徐子城	35.00
23	江恩理论入门、精通与实战	景生辉	28.00
24	缠中说禅：教你炒股票	王培峰	48.00
25	如何看懂技术指标	麻道明	38.00
26	个股期权投资指南	付上金	32.00
27	索罗斯 32 个投机信条	孙恩棣	28.00
28	巴菲特 76 条投资准则	孙恩棣	28.00
29	波浪时空体系	王军凯	32.00
30	超级牛股操盘术	李　闻	48.00
31	发现身边的成长股	王春玮	35.00
32	股价结构：压力与支撑	华　强	35.00
33	趋势定位	付上金	35.00
34	量价精研	邢孝寒	32.80
35	K 线阳线战法	麻道明	39.00
36	K 线阴线战法	麻道明	39.00
37	零起点期货投资一本通	黄　金	28.00
38	零起点基金投资一本通	黄　金	29.80
39	零起点股票投资一本通	黄　金	35.00
40	股市交易特技	时空老人	38.00
41	夜话交易谋略	股峰求道	32.00
42	如何看懂分时图	江南小隐	28.00
43	易经演股法之个股攻略	第六感觉	35.00
44	艾略特波浪理论入门、精通与实战	景生辉	28.00
45	趋势与拐点交易法	戈　岩	35.00

续表

46	家庭投资理财规划一本通	雷　冰	35.00
47	股票易占交易系统	劳剑勇	35.00
48	实战擒庄	张　文	35.00
49	筹码实战分析	刘晓杰	28.00
50	趋势技术分析	邱立波	36.00
51	专业操盘原理	景生辉	38.00
52	背离技术分析	江南小隐	29.80
53	小女人理财锦镶	游凌燕	28.00
54	理财产品全攻略	罗显良	38.00
55	股票投资资金管理与止损止盈技巧	雷　冰	32.00
56	谁是股市赢家	梦　兮	25.00
57	春林涨停战法	张春林	29.80
58	龙头股实战技巧	张　文　赵振国	35.00
59	均线技术分析	邱立波	38.00
60	易经演股法	第六感觉	35.00
61	现货黄金投资技巧	邢孝寒	28.00
62	系统化交易——A 交易系统久赢真经	黄　根	39.00
63	缠论解析：缠中说禅技术理论图解	江南小隐	23.00
64	实战交易密码	陈志文	35.00
65	股票投资的 24 个关键财务指标	雷　冰	35.00
66	K 线技术分析	邱立波	38.00
67	破译 K 线图中的密码	江南小隐	38.00
68	你最想要的投资学	张潇云　徐　刚	25.00
69	四维操盘：基于价量时空分析的实战操盘技术	邢孝寒	29.80
70	波段操作实战精解	雷　冰	35.00
71	精准判断买卖点：炒股就这一招	曹千阳	38.00
72	崩溃点战术：基于市场心理分析的交易技术	铸剑先生	39.80
73	新手炒股也赚钱：量价实战技法	帝都操盘手	29.80
74	K 线综合实战分析	雷　冰	48.00
75	赢在股市 24 堂课	索氏门人	28.00
76	磁区理论：识别最佳买卖时机和位置的分析技术	江南小隐	38.00
77	告别亏损：从持续亏损到稳健盈利的修炼法则	冼　剑	38.00
78	顺势而为：道氏理论趋势指标交易系统	时空老人	35.00
79	炒股智赢秘诀：基于主力动向分析的操盘新法	邢　星	38.00
80	股票买卖信号	鲁周伦	38.00
81	实战技术精解	郭延明	36.00
82	超级翻倍：操作系统应用实战技巧	陈志文	36.00
83	量价实战分析	范江京	36.00
84	实战操盘之绝佳买卖时机	郝鸿雁	35.00
85	实战买卖点	范江京	36.00
86	看图炒股：股市实战操作技巧	王　剑	19.80
87	短线实战选股技巧	李意坚	35.00
88	短线实战看盘技巧	郝鸿雁	35.00
89	实战看盘	范江京	38.00
90	跟庄细节：跟庄获利实战技法	范江京	38.00
91	短线实战技法	范江京	29.80
92	擒庄实战技法——跟庄操作 18 招	曹明成　谭　文	36.00
93	股市 K 线实战技法	范江京	29.80